한 권으로 끝내는

Jump Up TOEIC

Basic LC+RC
해설집

LC 정답 및 해설

UNIT 1 한 사람 등장 사진

청취 집중 훈련 2 본책_p. 24

1. (A)   2. (B)   3. (D)   4. (D)

1. MA

(A) He is talking on the phone.
(B) He is typing on the computer.
(C) He is putting pictures on the wall.
(D) He is wearing a short-sleeved shirt.

(A) 그는 통화를 하고 있다.
(B) 그는 컴퓨터 자판을 치고 있다.
(C) 그는 벽에 사진을 붙이고 있다.
(D) 그는 반소매 셔츠를 입고 있다.

해설 (A) 남자가 통화하는 모습이므로 정답이다.
(B) 사진에 컴퓨터가 보이지 않으므로 오답이다. 사진에 보이지 않는 단어가 들리면 오답으로 간주한다.
(C) 남자가 사진을 붙이는 동작을 하고 있지 않으므로 오답이다. 현재 사진이 벽에 붙어 있으므로 There are some pictures on the wall(벽에 사진 몇 장이 붙어 있다)은 정답이 될 수 있다.
(D) 남자가 반소매 셔츠를 입고 있지 않으므로 오답이다. 소매를 걷어 올린 모습은 He has his sleeves rolled up으로 표현한다.

어휘 talk on the phone 통화하다   type (컴퓨터 자판을) 치다   put 놓다, 두다   picture 사진, 그림   wall 벽   wear 입다(상태를 나타냄) cf) put on 입다(동작을 나타냄)   short-sleeved 반소매의

2. WA

(A) She is running in the park.
(B) She is standing by the vehicle.
(C) She is pushing the stroller.
(D) She is walking into the building.

(A) 그녀는 공원에서 뛰고 있다.
(B) 그녀는 차량 옆에 서 있다.
(C) 그녀는 유모차를 밀고 있다.
(D) 그녀는 건물 안으로 걸어 들어가고 있다.

해설 (A) 여자가 뛰고 있는 것은 아니므로 오답이다. park는 명사로 '공원'이지만 동사로는 '주차하다'는 의미다.
(B) 여자가 자동차 옆에 서 있으므로 정답이다.
(C) 인도에 유모차(stroller)가 있지만 여자가 밀고 있지는 않으므로 오답이다.
(D) 사진에 건물(building)이 보이지만 여자가 건물 안으로 들어가는 모습은 아니므로 오답이다.

어휘 run 뛰다   park 공원, 주차하다   stand by ~ 옆에 서다   vehicle 차량, 탈것   push 밀다   stroller 유모차   walk into 걸어 들어가다

3. MB

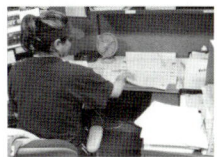

(A) The woman is wearing a suit.
(B) The woman is turning on the fan.
(C) The woman is using the computer.
(D) The woman is working at the desk.

(A) 여자가 정장을 입고 있다.
(B) 여자가 선풍기를 켜고 있다.
(C) 여자가 컴퓨터를 사용하고 있다.
(D) 여자가 책상에서 일하고 있다.

해설 (A) 여자가 입고 있는 옷은 정장(suit)이 아니므로 오답이다. 여자가 반소매 옷을 입고 있으므로 She is wearing a short-sleeved shirt라고 할 수 있다.
(B) 선풍기가 책상 위에 보이지만 여자가 켜는 동작이 아니므로 오답이다. 선풍기가 켜져 있는 모습은 The fan has been turned on이라고 표현한다.
(C) 여자가 컴퓨터를 사용하고 있는 모습이 아니므로 오답이다.
(D) 여자가 책상에 앉아서 일하고 있으므로 정답이다.

어휘 wear 입다   suit 정장   turn on 켜다 cf) turn off 끄다   fan 선풍기   use 사용하다   work 일하다

4. WB

(A) She is working out at the gym.
(B) She is walking up the stairs.
(C) She is putting on sunglasses.
(D) She is holding on to the railing.

(A) 그녀는 체육관에서 운동하고 있다.
(B) 그녀는 계단을 올라가고 있다.
(C) 그녀는 선글라스를 끼고 있다.
(D) 그녀는 난간을 잡고 있다.

해설 (A) 장소가 체육관(gym)이 아니며 운동하는(working out) 모습도 아니므로 오답이다.
(B) 계단을 올라가는 것이 아니라 내려가는(walking down the stairs) 모습이므로 오답이다.
(C) put on은 착용하는 동작을 나타내는데 현재 안경을 쓰고 있는 상태이므로 오답이다. 만약 She is wearing glasses(그녀는 안경을 쓰고 있다)라고 하면 정답이 될 수 있다.
(D) 여자가 난간(railing)을 잡고 있는(holding on to) 모습이므로 정답이다.

어휘 work out 운동하다   gym 체육관   walk up 걸어 올라가다
stairs 계단   put on 입다, 착용하다(*착용하는 동작을 나타냄)
cf) wear 입다, 착용하다(*착용한 상태를 나타냄)
hold on to 꽉 잡다   railing 난간

실력 점검 문제 본책_p.25

| 1. (D) | 2. (B) | 3. (A) | 4. (D) | 5. (B) | 6. (D) |

1. MA

(A) He is holding a bag.
(B) He is crossing his arms.
(C) He is pushing in the chair.
(D) He is looking at some documents.

(A) 그는 가방을 들고 있다.
(B) 그는 팔짱을 끼고 있다.
(C) 그는 의자를 밀어 넣고 있다.
(D) 그는 서류를 보고 있다.

해설 (A) 가방이 보이지만 탁자 위에 놓여 있고 남자가 가방을 들고 있는 것은 아니므로 오답이다.
(B) crossing his arms는 '팔짱을 끼고 있다'라는 의미인데 남자는 지금 팔짱을 낀 자세가 아니다. 아울러 '다리를 꼬다'라는 표현은 cross one's legs라고 한다는 것을 기억해 두자.
(C) 의자가 보이지만 남자가 의자를 밀어 넣는 동작을 하고 있지는 않으므로 오답이다.
(D) 남자가 서류를 보고 있으므로 정답이다.

어휘 hold 쥐다, 잡다, 들다   cross one's arms 팔짱을 끼다
push in 밀어 넣다   look at 보다   document 서류

2. WA

(A) She is dialing a number.
(B) She is writing something down.
(C) She is typing on a keyboard.
(D) She is copying the documents.

(A) 그녀는 전화를 걸고 있다.
(B) 그녀는 무언가를 적고 있다.
(C) 그녀는 자판을 치고 있다.
(D) 그녀는 서류를 복사하고 있다.

해설 (A) 전화기가 옆에 있지만 사용하고 있지는 않으므로 오답이다.
(B) 바인더 위에 적는 모습이므로 정답이다.
(C) 자판이 보이지만 여자가 자판을 치고 있지는 않으므로 오답이다.
(D) 서류를 copying(복사)하는 것이 아니라 적고 있는(writing) 모습이다.

어휘 dial 다이얼을 돌리다   dial a number 전화를 걸다
write down 적다   type (자판을) 치다   copy 복사하다

3. MB

(A) She is wearing a glove.
(B) She is putting on a name tag.
(C) She is closing the door.
(D) She is filling some boxes.

(A) 그녀는 장갑을 끼고 있다.
(B) 그녀는 명찰을 달고 있다.
(C) 그녀는 문을 닫고 있다.
(D) 그녀는 상자들을 채우고 있다.

해설 (A) 여자가 장갑을 끼고 있으므로(wearing) 정답이다.
(B) put on은 착용하는 동작을 나타내는 표현이므로 오답이다. 현재 명찰을 차고 있으므로 wearing a name tag(명찰을 차고 있다)이라고 해야 한다.
(C) 문이 열려 있으며 여자가 문을 닫는 동작은 하고 있지 않으므로 오답이다.
(D) 상자를 들고 있지 물건을 채우고 있지는 않으므로 오답이다.

어휘 wear (의복) 착용하다, 끼다   glove 장갑   name tag 명찰
close 닫다   fill 채우다

4. WB

(A) The woman is repairing a copier.
(B) The woman is faxing a document.
(C) The copier is next to a computer.
(D) The woman is looking through papers.

(A) 여자가 복사기를 고치고 있다.
(B) 여자가 서류를 팩스로 보내고 있다.
(C) 복사기가 컴퓨터 옆에 있다.
(D) 여자가 서류를 훑어보고 있다.

해설 (A) 여자 앞에 복사기가 있지만 고치는 모습은 아니므로 오답이다.
(B) 여자가 서류를 훑어보고 있으며 팩스를 보내고 있지는 않다.
(C) 복사기 옆에 컴퓨터가 없으므로 오답이다.
(D) 여자가 서류를 보고 있으므로 정답이다.

어휘 repair (= fix) 고치다   copier 복사기   fax 팩스로 보내다
next to ~ 옆에   look through ~을 훑어보다   papers 서류

5. MA

(A) She is giving a speech.
(B) She is playing an instrument.
(C) She is talking into a microphone.
(D) She is putting up the decorations.

(A) 그녀는 연설하고 있다.
(B) 그녀는 악기를 연주하고 있다.
(C) 그녀는 마이크에 대고 말하고 있다.
(D) 그녀는 장식품을 설치하고 있다.

해설 (A) give[make, deliver] a speech는 '연설하다'라는 의미이므로 오답이다.
(B) 여자가 바이올린을 연주하고 있으므로 정답이다.
(C) 여자가 마이크에 대고 말하고 있지는 않으므로 오답이다.
(D) 장식품(decorations)을 설치하고 있지 않으므로 오답이다.

어휘 give[make, deliver] a speech 연설하다   play 연주하다
instrument 악기   microphone 마이크   put up 설치하다
decoration 장식, 장식품

6. WA

(A) He is parking a car.
(B) He is driving a car.
(C) He is holding a sign.
(D) He is using a mobile phone.

(A) 그는 주차하고 있다.
(B) 그는 차를 운전하고 있다.
(C) 그는 표지판을 들고 있다.
(D) 그는 휴대전화를 사용하고 있다.

해설 (A) 남자 앞에 차가 있지만 주차하고 있지는 않으므로 오답이다.
(B) 자전거를 타는 모습이며 차를 운전하고 있지는 않으므로 오답이다.
(C) sign은 표지판을 뜻하는데 사진에는 표지판이 보이지 않으므로 오답이다.
(D) 남자가 오른손에 휴대전화를 들고 통화하고 있으므로 정답이다.

어휘 park 주차하다   drive 운전하다   sign 표지판   use 사용하다
mobile phone 휴대전화

UNIT 2 두 사람 이상 등장 사진

청취 집중 훈련 2 본책_p.32

1. (C) 2. (D) 3. (D) 4. (B)

1. MA

(A) The woman is driving a car.
(B) One man is getting into the vehicle.
(C) They are standing behind the vehicle.
(D) They are putting groceries into the vehicle.

(A) 여자가 차를 운전하고 있다.
(B) 한 남자가 차에 타고 있다.
(C) 그들은 차 뒤에 서 있다.
(D) 그들은 차에 식료품을 싣고 있다.

해설 (A) 사진에 여자가 한 명 있지만 운전하고 있지는 않으므로 오답이다.
(B) 남자가 차에 타는(getting into the vehicle) 모습이 아니므로 오답이다.
(C) 세 사람이 차량 뒤에 서 있는 모습이므로 정답이다. 또한 한 남자가 유모차(stroller)를 잡고 있으므로 One man is holding a stroller(한 남자가 유모차를 잡고 있다)라고 할 수도 있다.
(D) 사진에 식료품(groceries)이 보이지 않으므로 오답이다. 사진에 없는 단어가 들리면 오답으로 처리한다.

어휘 drive 운전하다 get into (차에) 타다 vehicle 차량, 탈것 behind ~ 뒤에 put into ~ 안에 넣다 groceries 식료품

2. WA

(A) The woman is setting the table.
(B) The man is looking at the menu.
(C) They are moving the tables and chairs.
(D) They are sitting across from each other.

(A) 여자가 식탁을 차리고 있다.
(B) 남자가 메뉴를 보고 있다.
(C) 그들은 탁자와 의자를 옮기고 있다.
(D) 그들은 서로 마주보고 앉아 있다.

해설 (A) 여자가 식탁을 차리고 있는(setting the table) 모습이 아니므로 오답이다.
(B) 사진에 메뉴판(menu)이 보이지 않으므로 오답이다. 사진에 없는 단어가 들리면 오답으로 처리한다.
(C) 사진 속에 있는 두 사람은 서로 얘기를 나누고 있으며 탁자와 의자를 옮기는 모습이 아니므로 오답이다.
(D) 서로 마주보고 앉아 있는 모습을 sit across from each other라고 하므로 정답이다. 또한 They are looking at each other(그들은 서로 마주보고 있다)라고 할 수도 있다.

어휘 set the table 식탁을 차리다 look at ~을 보다 move 옮기다 sit across from each other 서로 마주보고 앉다

3. MB

(A) They are washing the fruit.
(B) She is holding a box of apples.
(C) She is picking fruit from a tree.
(D) Some people are shopping for fruit.

(A) 그들은 과일을 씻고 있다.
(B) 그녀는 사과 상자를 들고 있다.
(C) 그녀는 나무에서 과일을 따고 있다.
(D) 몇 사람이 과일을 사고 있다.

해설 (A) 사람들이 과일 씻고 있는(washing) 모습이 아니므로 오답이다.
(B) 여자의 뒷모습만 보일 뿐, 사과 상자를 들고 있는(holding) 모습은 보이지 않으므로 오답이다.
(C) 사진에 과일나무가 보이지 않으므로 오답이다.
(D) 사람들이 과일 가판대 앞에서 과일을 고르고 있으므로 정답이다. 달리 표현하면 They are standing by a fruit stand(그들은 과일 가판대 옆에 서 있다)라고 할 수도 있다.

어휘 wash 씻다 fruit 과일 pick 따다 shop for ~을 사다

4. WB

(A) They are boarding the bus.
(B) One of the people is sitting under a tree.
(C) One of the people is riding a bicycle.
(D) They are crossing the street.

(A) 그들은 버스에 타고 있다.
(B) 사람들 중 한 명은 나무 아래에 앉아 있다.
(C) 사람들 중 한 명은 자전거를 타고 있다.
(D) 그들은 길을 건너고 있다.

해설 (A) 인도에 몇 사람이 보이지만 버스에 탑승하는(boarding the bus) 모습은 아니므로 오답이다.
(B) 사진 오른쪽에 한 사람이 나무 밑에 앉아 있으므로 정답이다.
(C) 사진 왼쪽에 자전거가 보이지만 누군가 자전거를 타고 있는 모습이 아니므로 오답이다. 자전거가 서 있는 모습은 A bicycle is parked by a tree(자전거가 나무 옆에 서 있다)라고 할 수 있다.
(D) 사람들이 길을 건너는(crossing the street) 모습이 아니므로 오답이다.

어휘 board (배, 비행기, 버스, 기차 등에) 타다 sit 앉다 under ~ 아래에 ride a bicycle 자전거를 타다 cross 건너다 street 길, 거리

실력 점검 문제 본책_ p.33

| 1. (D) | 2. (C) | 3. (D) | 4. (B) | 5. (B) | 6. (A) |

1. MA

(A) They are lying on the grass.
(B) They are sitting on a bench.
(C) They are swimming in a pool.
(D) They are standing on the sidewalk.

(A) 그들은 잔디에 누워 있다.
(B) 그들은 벤치에 앉아 있다.
(C) 그들은 수영장에서 수영하고 있다.
(D) 그들은 인도에 서 있다.

해설 (A) lying의 원형은 lie(눕다)인데 사람들이 누워 있는 모습이 아니므로 오답이다.
(B) 사람들이 앉아 있는 모습이 아닐 뿐만 아니라 사진에 벤치가 보이지도 않는다.
(C) 사람들이 인도(sidewalk)에 서 있으며 수영하는 모습이 아니므로 동작 표현 오류다.
(D) 몇 사람이 인도에 서 있으므로 정답이다.

어휘 lie 눕다 grass 잔디 pool 수영장 sidewalk 인도

2. WA

(A) She is making lunch.
(B) She is wearing a helmet.
(C) She is outside reading.
(D) They are walking in the alley.

(A) 그녀는 점심을 준비하고 있다.
(B) 그녀는 헬멧을 쓰고 있다.
(C) 그녀는 실외에서 책을 읽고 있다.
(D) 그들은 골목길을 걷고 있다.

해설 (A) 여자가 요리하는 모습이 아니므로 오답이다.
(B) 여자가 헬멧을 쓰고 있지 않으므로 오답이다. 사진에 없는 단어인 helmet을 사용한 오답이다.
(C) 여자가 실외에서 읽고 있으므로 정답이다.
(D) 사람들이 골목길에 앉아 있거나 서 있으며 걷는 모습이 아니므로 동작 표현 오류다.

어휘 make lunch 점심을 준비하다[요리하다] outside 밖에서, 실외에서 read 읽다 alley 골목

3. MB

(A) People are waiting in line.
(B) They are returning the books.
(C) They are shaking hands with each other.
(D) They are working behind a counter.

(A) 사람들이 줄 서서 기다리고 있다.
(B) 그들은 책을 반납하고 있다.
(C) 그들은 서로 악수하고 있다.
(D) 그들은 카운터 뒤에서 일하고 있다.

해설 (A) 직원들이 카운터에서 근무하고 있으며 기다리는 줄은 보이지 않는다.
(B) 사진에 책(the books)이 보이지 않으므로 오답이다.
(C) shake hands는 '악수하다'라는 의미인데 악수하는 모습은 보이지 않으므로 오답이다.
(D) 직원들이 카운터 뒤에서 일하고 있으므로 정답이다.

어휘 wait in line 줄 서서 기다리다 return 반납하다 shake hands with ~와 악수하다 each other 서로 behind ~ 뒤에서 counter 카운터, 계산대

4. WB

(A) The bag is open.
(B) Some seats are empty.
(C) They are sitting outside.
(D) People are sitting in a cafeteria.

(A) 가방이 열려 있다.
(B) 일부 좌석들은 비어 있다.
(C) 그들은 야외에 앉아 있다.
(D) 사람들이 구내식당에 앉아 있다.

해설 (A) 사진에 가방(bag)이 보이지만 열려 있는 모습은 아니다.
(B) 일부 좌석이 비어 있으므로 정답이다.
(C) 사람들이 앉아 있기는 하지만 야외가 아니라 실내(inside)에 앉아 있으므로 오답이다.
(D) 사진에 보이는 장소는 공항 내 대기장소이며 구내식당(cafeteria)이 아니므로 장소 표현 오류다.

어휘 seat 좌석 empty 텅 빈 sit 앉다 cafeteria 구내 식당

5. MA

(A) One man is driving a truck.
(B) One man is using some equipment.
(C) One man is blocking the road.
(D) They are looking through a camera.

(A) 한 남자가 트럭을 운전하고 있다.
(B) 한 남자가 장비를 사용하고 있다.
(C) 한 남자가 길을 막고 있다.
(D) 그들은 카메라를 통해 보고 있다.

해설 (A) 트럭이 보이지만 남자가 운전하고 있지는 않으므로 동작 표현 오류다.
(B) 한 남자가 장비를 쓰고 있으므로 정답이다.
(C) block은 '차단하다, 막다'라는 의미인데 남자가 도로를 막고 있는 모습이 아니므로 오답이다.
(D) 남자들이 카메라를 보고 있지 않으므로 오답이다. look through는 '~을 통해 보다'라는 의미로 He is looking through a telescope(그는 망원경을 통해 보고 있다)처럼 쓸 수 있다.

어휘 equipment 장비 block 막다, 차단하다 road 길, 도로 look through ~을 통해 보다

6. WA

(A) A man is wearing a backpack.
(B) People are next to a fountain.
(C) They are watching a musical performance.
(D) Children are running around in the park.

(A) 한 남자가 배낭을 메고 있다.
(B) 사람들이 분수 옆에 있다.
(C) 그들은 음악 공연을 보고 있다.
(D) 아이들이 공원에서 뛰어다니고 있다.

해설 (A) 배낭을 멘 남자의 뒷 모습이 보이므로 정답이다.
(B) 사진에는 분수(fountain)가 보이지 않으므로 오답이다.
(C) 사진에 음악 공연을 하는 사람이 없으므로 오답이다.
(D) 아이들이 뛰어다니는 모습이 아니므로 오답이다.

어휘 backpack 배낭 fountain 분수 musical performance 음악 공연 run around 뛰어다니다 park 공원

UNIT 3 사물/배경 사진

청취 집중 훈련 2 본책_ p. 40

1. (C)   2. (C)   3. (B)   4. (A)

1. MA

(A) They are carrying some boxes.
(B) There are some boxes next to the cabinet.
(C) The boxes have been placed in a corner.
(D) The boxes are being opened.

(A) 그들은 상자들을 나르고 있다.
(B) 캐비닛 옆에 상자 몇 개가 있다.
(C) 상자들이 구석에 놓여 있다.
(D) 상자들이 개봉되고 있다.

해설 (A) 사진에 상자를 나르는(carrying some boxes) 사람들이 없으므로 오답이다.
(B) 사진에 캐비닛(cabinet)이 없으므로 오답이다. 사진에 없는 단어가 들리면 오답으로 처리한다.
(C) 모퉁이에 상자들이 놓여 있으므로(have been placed) 정답이다. The boxes are stacked in a corner(모퉁이에 상자들이 쌓여 있다)라고 할 수도 있다.
(D) 〈be being+과거분사〉는 사람이 사물에 동작을 가할 때 쓸 수 있는 표현이다. 즉 The boxes are being opened.는 누군가가 상자를 여는 모습을 나타내는 것인데, 사진에는 사람이 없으므로 오답이다.

어휘 carry 나르다, 운반하다   next to ~ 옆에   place 놓다, 두다
corner 구석, 모퉁이

2. WA

(A) The cars are parked in the parking lot.
(B) People are waiting in line at the bus stop.
(C) The bus is turning the corner.
(D) Some people are taking a picture of the statue.

(A) 차들이 주차장에 주차되어 있다.
(B) 사람들이 버스 정거장에서 줄 서서 기다리고 있다.
(C) 버스가 모퉁이를 돌고 있다.
(D) 몇 사람이 조각상 사진을 찍고 있다.

해설 (A) 건물 앞 주차장(parking lot)이 아니라 도로이므로 오답이다.
(B) 사람들이 줄 서서 기다리는(waiting in line) 모습은 보이지 않으므로 오답이다.
(C) 건물 앞에서 버스가 모퉁이를 돌고 있는(turning the corner) 모습이므로 정답이다. 또한 건물을 중심으로 The building overlooks the street(건물이 거리를 내려다본다)라고 묘사할 수도 있다.
(D) 사진에 조각상이 보이지만 사람들이 사진을 찍고 있는(taking a picture) 모습은 아니므로 오답이다.

어휘 park 주차하다   parking lot 주차장   wait in line 줄 서서 기다리다
bus stop 버스 정거장   turn 돌다   take a picture of ~을 찍다
statue 조각상

3. MB

(A) The clothes are being folded.
(B) The rack is outside of a store.
(C) The store is closed for business.
(D) The clothes are hanging in a closet.

(A) 옷들을 개고 있다.
(B) 옷걸이가 상점 밖에 있다.
(C) 상점이 문을 닫았다.
(D) 옷이 벽장 안에 걸려 있다.

해설 (A) 'are being folded'는 누군가 옷을 개고 있다는 의미인데 사진에는 옷을 개는 사람이 없으므로 오답이다.
(B) 상점 앞에 옷걸이(rack)가 있으므로 정답이다.
(C) 상점 앞에 옷을 내놓은 것으로 보아 상점 문을 닫았다고(closed for business) 할 수 없으므로 오답이다
(D) 옷이 벽장(closet)이 아니라 옷걸이에 걸려 있으므로 오답이다. 만약 The clothes are hanging on the rack(옷이 옷걸이에 걸려 있다)이라고 하면 정답이 될 수 있다.

어휘 fold 개다, 접다   rack 걸이   outside of ~의 밖에
closed for business (상점이 영업을 하지 않고) 문을 닫은
hang 걸다, 걸리다   closet 벽장

4. WB

(A) Papers are stacked on a work counter.
(B) There are some mailboxes on the floor.
(C) The copier is being used.
(D) The shelf is filled with books.

(A) 서류들이 작업대 위에 쌓여 있다.
(B) 바닥에 우편함들이 있다.
(C) 복사기가 사용 중이다.
(D) 선반이 책으로 가득 차 있다.

해설 (A) 서류들이 탁자 위에 쌓여 있는(stacked on a table) 모습이므로 정답이다.
(B) 우편함이 바닥에 놓여 있지 않으므로 오답이다. 만약 The mailboxes are placed[put] on a work counter(우편함이 작업대 위에 놓여 있다)라고 하면 정답이 될 수 있다.

(C) 동사 are being used는 누군가 복사기를 사용하고 있을 때 쓸 수 있는 표현인데 사진 속에 복사기를 쓰는 사람이 없으므로 오답이다.

(D) 선반이 비어 있으므로 오답이다.

어휘 stack 쌓다 work counter 작업대 mailbox 우편함 floor 바닥 copier 복사기 shelf 선반 be filled with ~로 가득 차다

실력 점검 문제 본책_p. 41

| 1. (B) | 2. (A) | 3. (C) | 4. (C) | 5. (B) | 6. (D) |

1. MA

(A) There are pictures in the box.
(B) The shelf is against a wall.
(C) The shelves are filled with books.
(D) Cases of paper are next to the shelf.

(A) 상자 안에 사진들이 있다.
(B) 선반이 벽에 기대어 있다.
(C) 선반이 책들로 가득 차 있다.
(D) 종이가 든 상자들이 선반 옆에 있다.

해설 (A) 선반 앞에 상자가 있지만 비어 있으므로 The box is empty라고 해야 한다.
(B) 선반이 벽에 기대어 있으므로 정답이다.
(C) 선반 위칸에 책 몇 권이 놓여 있을 뿐 책이 가득 꽂혀 있지는 않다.
(D) 선반 옆에 종이가 든 상자가 없으므로 상태 묘사 오류다.

어휘 picture 사진 shelf 선반 be filled with ~로 가득 차다 case 상자

2. WA

(A) The cars are parked.
(B) A tree has fallen over.
(C) The leaves are in a bag.
(D) She is raking the leaves.

(A) 차들이 주차되어 있다.
(B) 나무 한 그루가 쓰러져 있다.
(C) 나뭇잎들이 자루에 담겨 있다.
(D) 그녀는 나뭇잎을 긁어모으고 있다.

해설 (A) 주차된 차들이 보이므로 정답이다.
(B) 나무가 있지만 쓰러진 상태가 아니므로 오답이다.
(C) 낙엽 더미가 보이지만 자루에 담겨 있지 않으므로 오답이다. 낙엽 더미는 a pile of leaves라고 한다.
(D) 사진에 여자가 보이지 않으므로 오답이다.

어휘 park 주차하다 fall over 넘어지다, 쓰러지다 leave 나뭇잎 bag 자루 rake (갈퀴로) 긁어모으다, 그러모으다

3. MB

(A) The cars are moving in one direction.
(B) People are working on the road.
(C) The cars are stopped at a traffic light.
(D) People are crossing the street.

(A) 차들이 한쪽 방향으로 달리고 있다.
(B) 사람들이 도로에서 작업하고 있다.
(C) 차들이 신호등 앞에 서 있다.
(D) 사람들이 길을 건너고 있다.

해설 (A) 차들이 달리지 않고 신호 대기로 서 있는 상태이며 도로 또한 일방통행로가 아니다.
(B) 사진에 사람들이 보이지 않으므로 쉽게 오답임을 알 수 있다.
(C) 차들이 신호 대기로 정차한 모습이므로 정답이다.
(D) 마찬가지로 사진에 사람이 없으므로 오답이다.

어휘 in one direction 한 방향으로 cf) in both directions 양방향으로 traffic light 신호등 cross 건너다

4. WB

(A) The bags are on the ground.
(B) The container is being emptied.
(C) The container is completely filled.
(D) The container is next to the building.

(A) 자루들이 땅 위에 있다.
(B) 컨테이너가 비워지고 있다.
(C) 컨테이너가 가득 차 있다.
(D) 컨테이너가 건물 옆에 있다.

해설 (A) 자루가 모두 통에 담겨 있으며 땅에 놓여 있지 않으므로 상태 묘사 오류다.
(B) 〈사물+be+being+과거분사〉는 사람이 사물에 특정 동작을 가할 때 쓸 수 있는데 사진에 사람이 없으므로 오답이다.
(C) 컨테이너에 자루가 가득하므로 정답이다.
(D) 건물 옆이 아니라 건물 앞쪽에(in front of) 컨테이너가 있으므로 오답이다.

어휘 ground 땅 container 용기, 컨테이너 empty 비우다
completely 완전히 fill 채우다

5. MA

(A) The tables are being set up outside.
(B) The tables are lined in a row.
(C) The tables are inside the building.
(D) There are chairs next to the tables.

(A) 탁자들이 야외에 설치되고 있다.
(B) 탁자들이 한 줄로 놓여 있다.
(C) 탁자들이 실내에 있다.
(D) 탁자들 옆에 의자가 있다.

해설 (A) 〈사물+be+being+과거분사〉는 사람이 사물에 특정 동작을 가할 때 쓸 수 있는데 사진에 사람이 보이지 않으므로 오답이다. being을 못 들을 경우 정답으로 오인할 수 있으므로 조심해야 한다.
(C) 탁자들이 실내가 아니라 실외에 있으므로 오답이다.
(D) 탁자 밑에 좌석이 일체형으로 붙어 있으며 따로 옆에 의자는 없으므로 오답이다.

어휘 set up 설치하다, 세우다 outside 외부에, 야외에
be lined (up) 줄지어 놓이다
in a row 한 줄로 cf) in rows 여러 줄로 inside 내부에, 실내에

6. WA

(A) The shelves are empty.
(B) A woman is pushing a cart.
(C) A trash can has been positioned between the shelves.
(D) Boxes are stacked on a cart.

(A) 선반이 비어 있다.
(B) 여자가 손수레를 밀고 있다.
(C) 쓰레기통이 선반 사이에 놓여 있다.
(D) 상자들이 손수레 위에 쌓여 있다.

해설 (A) 선반이 비어 있지 않고 서류들로 가득하므로 The shelves are filled with file folders(선반이 서류철로 가득하다)로 표현할 수 있다.
(B) 사진에 여자가 없으므로 오답이다.
(C) 쓰레기통의 위치는 선반 사이가 아니라 손수레(cart) 옆이므로 A trash can is next to a cart(쓰레기통이 손수레 옆에 있다)라고 해야 한다.
(D) 손수레 위에 상자들이 쌓여 있으므로 정답이다.

어휘 push 밀다 cart 손수레 trash can 쓰레기통
be positioned 놓여 있다 be stacked 쌓여 있다

| Part 1 | Review Test | 본책_ p.42~43 |

| 1. (D) | 2. (B) | 3. (C) | 4. (B) | 5. (D) | 6. (A) |
| 7. (C) | 8. (A) |

1. MA

(A) She is shopping in a store.
(B) She is crossing her arms.
(C) She is carrying a bag.
(D) She is using a laptop computer.

(A) 그녀는 상점에서 쇼핑하고 있다.
(B) 그녀는 팔짱을 끼고 있다.
(C) 그녀는 가방을 들고 있다.
(D) 그녀는 노트북 컴퓨터를 사용하고 있다.

해설 (A) 사진 속의 여자가 쇼핑하는(shopping) 모습이 아니므로 오답이다.
(B) 여자가 팔짱을 끼고 있는(crossing her arms) 모습이 아니므로 오답이다.

(C) 탁자 위에 가방이 보이지만 여자가 들고 있지는(carrying) 않으므로 오답이다. 탁자 위 가방에 대한 묘사는 There is a bag on a table(탁자 위에 가방이 있다)이라고 할 수 있다.

(D) 여자가 탁자 위에 놓인 노트북 컴퓨터를 사용하고(using) 있으므로 정답이다.

어휘 store 상점   cross one's arms 팔짱을 끼다
carry a bag 가방을 들다   use 사용하다

2. WA

(A) He is eating in a restaurant.
(B) He is working in the kitchen.
(C) He is taking an order.
(D) He is putting on a hat.

(A) 그는 식당에서 식사하고 있다.
(B) 그는 주방에서 일하고 있다.
(C) 그는 주문을 받고 있다.
(D) 그는 모자를 쓰는 중이다.

해설 (A) 남자가 식당에서 식사하는(eating) 모습이 아니므로 오답이다.

(B) 남자가 주방에서(in the kitchen) 일하는(working) 모습이므로 정답이다. 다른 표현으로는 He is making[cooking, preparing, fixing] some food(그는 음식을 만들고 있다)라고 할 수 있다.

(C) 남자는 혼자서 일하고 있으며 손님에게 주문을 받는(taking an order) 모습이 아니므로 오답이다.

(D) put on은 착용하는 동작을 나타내는데 남자는 이미 모자를 착용한 상태이므로 오답이다. He is wearing a hat(그는 모자를 쓰고 있다)이라고 하면 정답이 될 수 있다.

어휘 kitchen 주방   take an order 주문을 받다   hat 모자

3. MB

(A) The women are walking on the path.
(B) The customers are standing behind the counter.
(C) One woman is talking on the phone.
(D) The women are facing each other.

(A) 여자들이 산책길을 걷고 있다.
(B) 고객들이 계산대 뒤에 서 있다.
(C) 한 여자가 통화하고 있다.
(D) 여자들이 서로 마주보고 있다.

해설 (A) 여자들이 산책길(path)에서 걷고 있는(walking) 모습은 아니므로 오답이다. walking은 working과 발음이 비슷해서 구별하기 어렵지만 사진의 장소가 사무실(office)이며 산책로(path)가 아니라는 점이 결정적 힌트가 된다. 사진 속 여자들이 일을 하고 있으므로 The women are working in an office(여자들이 사무실 안에서 일하고 있다)라고 할 수 있다.

(B) 사진에 고객들이(customers)이 보이지 않으므로 오답이다. 사진에 없는 단어가 들리면 오답으로 간주한다.

(C) 한 여자가 통화하는(talking on the phone) 모습이므로 정답이다. 또는 전화기를 사용하고 있으므로 One woman is using the phone(한 여자가 전화기를 사용하기 있다)라고 할 수 있다.

(D) 여자들이 서로 마주보고 있는(facing each other) 모습이 아니므로 오답이다.

어휘 path 산책로, 좁은 길   customer 고객   behind ~ 뒤에
talk on the phone 통화하다   face each other 마주보다

4. WB

(A) The man is writing notes on the board.
(B) The man is giving a lecture.
(C) They are sitting in a circle.
(D) They are clapping their hands.

(A) 남자가 칠판에 필기하고 있다.
(B) 남자가 강의하고 있다.
(C) 그들은 원형으로 앉아 있다.
(D) 그들은 박수를 치고 있다.

해설 (A) 남자가 칠판(board)에 필기하는(writing notes) 모습은 아니므로 오답이다.

(B) 남자가 사람들 앞에 서서 강의하는(giving a lecture) 모습이므로 정답이다. 만약 연설하는 모습이라면 He is giving [making, delivering] a speech(그는 연설을 하고 있다)라고 할 수 있다.

(C) 여러 사람이 앉아 있지만 원형으로(in a circle) 앉아 있지는 않으므로 오답이다.

(D) 사람들이 강의를 듣고 있으며 박수 치는(clapping their hands) 모습은 아니므로 오답이다. 강의를 듣는 모습은 They are attending[listening to] a lecture(그들은 강의를 듣고 있다)라고 할 수 있다.

어휘 write notes 필기하다   board 칠판   give a lecture 강의하다
in a circle 원형으로   clap one's hands 박수를 치다

5. MA

(A) Bicycles are leaning against a tree.
(B) He is throwing away the trash.
(C) They are locking their bicycles.
(D) A trash can has been placed next to the bicycles.

[A] 자전거들이 나무에 기대어 있다.
[B] 그는 쓰레기를 버리고 있다.
[C] 그들은 자전거를 잠그고 있다.
[D] 쓰레기통이 자전거들 옆에 놓여 있다.

해설 [A] 사진에 나무(tree)가 보이지 않으므로 오답이다.
[B] 사진에 쓰레기(trash)를 버리는(throwing away) 남자가 없으므로 오답이다.
[C] 자전거를 잠그고 있는(locking their bicycles) 사람들이 없으므로 오답이다. 만약 자전거가 보관대에 자물쇠가 채워져 있으면 The bicycles are locked to the rack(자전거가 보관대에서 자물쇠가 채워져 있다)라고 할 수 있다.
[D] 사진에 쓰레기통(trash can)이 자전거 옆에(next to) 놓여 있으므로 정답이다.

어휘 lean against ~에 기대다   throw away ~을 버리다
trash 쓰레기   lock 잠그다   trash can 쓰레기통   next to ~ 옆에

6. WA

(A) They are playing a game on the field.
(B) They are relaxing in the park.
(C) They are wearing gloves.
(D) They are lining up to see a match.

[A] 그들은 운동장에서 경기를 하고 있다.
[B] 그들은 공원에서 쉬고 있다.
[C] 그들은 장갑을 끼고 있다.
[D] 그들은 경기를 보기 위해 줄 서 있다.

해설 [A] 선수들이 유니폼을 입고 경기를 하는(playing a game) 모습이므로 정답이다.

[B] 선수들이 경기하는 모습이며 쉬고 있는(relaxing) 모습이 아니므로 오답이다.
[C] 선수들이 장갑을 끼고 있지 않으므로 오답이다. 사진에 없는 단어가 들리면 오답으로 간주한다. 대신 선수들이 모두 유니폼을 입고 있으므로 They are wearing a uniform(그들은 유니폼을 입고 있다)라고 할 수 있다.
[D] 사람들이 줄을 서 있는(lining up) 모습이 아니므로 오답이다. 사람들이 줄을 선 모습은 stand[wait] in line이라고도 한다.

어휘 play a game 경기를 하다   field 운동장   relax 쉬다   park 공원
glove 장갑   line up 줄을 서다   match 시합, 경기

7. MB

(A) Some cars are parked along the curb.
(B) The car is being repaired.
(C) There are trees on both sides of the road.
(D) The street is filled with cars.

[A] 차 몇 대가 연석을 따라 주차되어 있다.
[B] 차가 수리되고 있다.
[C] 도로 양쪽에 나무들이 있다.
[D] 거리가 차들로 가득하다.

해설 [A] 연석(curb)을 따라 차들이 주차되어 있는(parked) 모습이 아니므로 오답이다.
[B] 〈be+being+과거분사〉는 사람이 사물에 동작을 가할 때 쓸 수 있는 표현이다. 즉 누군가가 차를 수리하고 있어야 하는데 사진에는 수리하는 사람이 없으므로 오답이다.
[C] 도로 양쪽에(both sides) 나무들이 늘어서 있으므로 정답이다.
[D] 거리에 차들이 빼곡한(filled with cars) 것이 아니라 단 한 대밖에 없으므로 오답이다.

어휘 park 주차하다   along ~을 따라
curb (차도와 인도의 경계가 되는) 연석   repair 수리하다
on both sides of ~의 양쪽에   be filled with ~로 가득 차다

8. WB

(A) Some people are having a conversation.
(B) The curtains have been drawn shut.
(C) Some food is being served to the guests.

(D) They are seated around the table.

(A) 몇 사람이 대화를 나누고 있다.
(B) 커튼이 쳐져 있다.
(C) 음식이 손님들에게 제공되고 있다.
(D) 그들은 탁자 둘레에 앉아 있다.

해설 (A) 몇 사람이 대화를 하고 있으므로(having a conversation) 정답이다.
(B) 창문에 커튼이 쳐져 있는(drawn shut) 모습이 아니므로 오답이다. 참고로 '커튼을 걷다'는 draw[pull] the curtains open이라고 한다.
(C) 보기 문장은 누군가가 손님들(guests)에게 음식을 내놓고 있다는 의미인데 음식을 제공하는 사람이 없으므로 오답이다. 〈be+being+과거분사〉는 사람이 사물에 동작을 가할 때 쓸 수 있는 표현이라는 것을 알아 두자.
(D) 사람들이 앉아 있지(are seated) 않고 모두 서 있으므로 오답이다.

어휘 have a conversation 대화하다
draw[pull] the curtains shut 커튼을 치다
serve (음식을) 제공하다 guest 손님 be seated 앉다
around ~ 주변에

UNIT 4 | Who/What 의문문

청취 집중 훈련 2 본책_ p.52

| 1. (C) | 2. (A) | 3. (A) | 4. (B) | 5. (C) | 6. (A) |

1. MA-WA
What's the movie about?
(A) It starts at 8:15.
(B) It's about five euros.
(C) It's a remake of an action film.

그 영화는 무엇에 관한 것입니까?
(A) 영화는 8시 15분에 시작합니다.
(B) 약 5유로입니다.
(C) 액션 영화를 리메이크한 것입니다.

해설 (A) what 의문문과 어울리지 않는 시간 답변이므로 오답이다.
(B) 가격 답변이므로 오답이다.
(C) '액션 영화의 리메이크'라는 뜻으로 영화의 내용과 관련된 답변이므로 정답이다.

어휘 euro 유로(유럽 연합의 화폐 단위)
remake 리메이크(예전의 영화를 새롭게 만든 것)
action film 액션 영화

2. WA-MA
Who are you going to give the souvenirs to?
(A) My son.
(B) I spent about 20 dollars.
(C) No, I only bought two of them.

누구에게 기념품을 주실 건가요?
(A) 아들이요.
(B) 나는 약 20달러를 썼어요.
(C) 아니요, 저는 그중에서 두 개만 샀습니다.

해설 (A) who 의문문에 맞는 사람을 제시했으므로 정답이다.
(B) 금액 답변이므로 오답이다.
(C) 의문사 의문문에 yes나 no로 대답할 수 없으므로 오답이다.

어휘 souvenir 기념품 son 아들

3. MB-WA
What did the doctor say?
(A) He told me everything is fine.
(B) He didn't say that.
(C) Yes, I made an appointment.

의사가 뭐라고 하던가요?
(A) 아무 이상 없다고 하네요.
(B) 그는 그렇게 말하지 않았어요.
(C) 예, 예약했습니다.

해설 (A) 의사가 말한 내용을 담고 있으므로 정답이다.
(B) 질문에 있는 say를 반복해서 쓴 함정 보기로 질문과 어울리지 않으므로 오답이다.
(C) 의문사 의문문에 Yes나 No로 대답할 수 없으므로 오답이다.

어휘 make an appointment (특히 진료 등을) 예약하다

4. WB-MA
Who waters these plants?
(A) Yes, they are.
(B) My parents.
(C) My favorite flowers are roses.

누가 이 식물에 물을 주나요?
(A) 예, 그렇습니다.
(B) 부모님이요.
(C) 제가 제일 좋아하는 꽃은 장미입니다.

해설 (A) 의문사 의문문에 yes나 no로 대답할 수 없으므로 오답이다.
(B) who 의문문에 어울리는 사람 답변이므로 정답이다.
(C) 사람을 묻는 who 의문문에 대한 답변이 아니므로 오답이다.

어휘 water 물을 주다 favorite 가장 좋아하는

5. MA-WB
What time is the client coming?
(A) I found one online.
(B) He is a loyal customer.
(C) She should be here at three.

고객은 몇 시에 옵니까?
(A) 온라인에서 하나 찾았습니다.
(B) 그는 단골 고객입니다.
(C) 그녀는 세 시에 여기 올 겁니다.

해설 (A) 시간을 묻는 what time 의문문에 장소로 대답했으므로 오답이다.
(B) 시간 질문에 사람으로 대답했으므로 오답이다.
(C) 구체적인 시간을 언급하고 있으므로 정답이다.

어휘 client 고객 loyal customer 단골 고객

6. WA-MB
Who is scheduled to work the night shift?
(A) Alicia and Dan are.
(B) They left the office.
(C) Yes, I worked late last night.

누가 야간 근무를 할 예정입니까?
(A) 앨리샤와 댄입니다.
(B) 그들은 퇴근했습니다.
(C) 예, 저는 어젯밤 늦게까지 일했습니다.

해설 (A) who 의문문에 어울리는 사람 답변이므로 정답이다.
(B) They가 누군지 알 수 없으므로 오답이다.
(C) 의문사 의문문에 yes나 no로 대답할 수 없으므로 오답이다.

어휘 night shift 야간 근무 leave the office 퇴근하다
last night 어젯밤, 지난밤

실력 점검 문제 본책_p.53

| 1. (A) | 2. (C) | 3. (B) | 4. (B) | 5. (A) | 6. (C) |

1. MA-WA
What's causing the delay?
(A) Bad weather.
(B) Soon, I think.
(C) Yes, let's have a break.

무엇 때문에 지연되고 있나요?
(A) 악천후 때문입니다.
(B) 금방이요.
(C) 예, 잠깐 쉽니다.

해설 (A) 지연의 이유로 '악천후'를 제시하고 있으므로 정답이다.
(B) 지연의 이유가 될 수 없으므로 오답이다.
(C) 의문사 의문문에는 yes나 no로 대답할 수 없으므로 오답이다.

어휘 cause 일으키다 delay 지연 bad weather 악천후
have a break 쉬다

2. WA-MA
Who is in charge of purchasing office supplies?
(A) Well, that's a surprise.
(B) I will pay for it in cash.
(C) Ms. Avers, the manager.

누가 사무용품 구매를 담당합니까?
(A) 음, 놀랍군요.
(B) 현금으로 지불할게요.
(C) 애버스 부장입니다.

해설 (A) 사무용품 구매 담당자를 묻는 질문에 어울리지 않는 답변이다.
(B) 다의어 charge(청구하다 - 책임)를 사용해 혼동을 유발하고 있다. charge를 '청구하다'라는 의미로 이해할 때 연상하게 되는 오답이다.
(C) who에 대한 답변으로 사람 이름을 언급했으므로 정답이다.

어휘 be in charge of ~을 담당하다 purchase 구매하다
office supplies 사무용품 surprise 놀라운 일, 뜻밖의 사건
pay for ~에 대한 값을 지불하다 in cash 현금으로

3. MB-WA
What do I need to do to send this package?
(A) Express, please.
(B) Please fill out this form.
(C) It will take two to three days.

이 소포를 부치려면 어떻게 해야 하나요?
(A) 빠른 우편으로 해주세요.
(B) 이 양식을 작성해 주세요.
(C) 이삼일은 걸립니다.

해설 (A) 보통 우편인지 빠른 우편인지 묻는 질문에 대한 답변이므로 오답이다.
(B) fill out은 '(양식 등을) 작성하다'라는 의미로 질문과 어울리는 답변이므로 정답이다.
(C) How long will it take to send this package?(이 소포를 부치는 데 얼마나 걸리나요?)라는 질문에 어울리는 답변이므로 오답이다.

어휘 send 보내다, 부치다 package 소포 fill out 작성하다 form 양식
it+takes+기간 (기간이) 걸리다

4. WB-MA

Who will work for you during your sick leave?

(A) No, everyone is present today.

(B) It hasn't been decided yet.

(C) I am working as an intern.

병가 기간에 누가 당신을 대신해 근무하나요?
(A) 아니요, 오늘 모두 출근했습니다.
(B) 아직 결정되지 않았습니다.
(C) 저는 인턴으로 일하고 있습니다.

해설 (A) 의문사 의문문에는 yes나 no로 대답할 수 없다.
(B) 질문에 대한 직접적인 정보를 제공할 수 없을 때 지금처럼 불확실성 표현으로 대답할 수 있다. 최근에는 불확실성 표현이나 우회적 답변이 정답으로 자주 제시되고 있다.
(C) 질문과 어울리지 않는 답변으로 오답이다. 질문에 사용된 단어 work를 반복한 함정 보기다.

어휘 sick leave 병가   present 참석한, 출석한   intern 인턴, 수습사원

5. MB-WB

What floor is your office on?

(A) It's on the tenth.

(B) We have to work overtime.

(C) Yes, it is in the Garrison Building.

당신 사무실은 몇 층입니까?
(A) 10층입니다.
(B) 우리는 초과근무를 해야 합니다.
(C) 예, 게리슨 건물에 있습니다.

해설 (A) 몇 층인지에 대한 정확한 정보를 제공하고 있으므로 정답이다.
(B) 사무실이 몇 층인지를 묻는 질문에 어울리지 않으므로 오답이다.
(C) 의문사 의문문에는 yes나 no로 대답할 수 없으므로 오답이다.

어휘 floor 층   work overtime 초과근무를 하다

6. WB-MB

Who is designing the customer feedback survey?

(A) We need customer feedback.

(B) Thank you for your feedback.

(C) The marketing team is working on it.

누가 고객 평가 설문지를 입안하고 있습니까?
(A) 우리는 고객 평가가 필요합니다.
(B) 평가해 주셔서 감사합니다.
(C) 마케팅팀이 작업하고 있습니다.

해설 (A) 누구인지를 묻는 who 의문문에 어울리지 않는 답변이다. 또한 질문에 나온 단어(customer)를 반복한 함정 보기다. 같은 단어 또는 발음이 유사한 단어가 보기에서 반복되면 오답일 확률이 높다는 것을 염두에 두자.
(B) 입안자가 누구인지를 묻는 질문에 '감사하다'라는 답변은 적절하지 않으므로 오답이다.
(C) who에 대한 대답으로 마케팅팀을 언급하고 있으므로 정답이다.

어휘 feedback 피드백, 평가   survey 설문조사   marketing 마케팅, 영업   work on ~을 작업하다

UNIT 5 | When / Where 의문문

청취 집중 훈련 2 본책_p.60

1. (B) 2. (A) 3. (C) 4. (C) 5. (A) 6. (A)

1. MA-WA

When did you have a medical checkup?

(A) I forgot to bring it.

(B) Around two years ago.

(C) No, I canceled it.

언제 건강검진을 받았죠?
(A) 제가 갖고 오는 것을 깜박했네요.
(B) 약 2년 전이요.
(C) 아니요, 취소했어요.

해설 (A) 시점과 관계없는 답변이므로 오답이다.
(B) when 의문문에 적합한 시점을 제시하고 있으므로 정답이다.
(C) 의문사 의문문에 yes나 no로 대답할 수 없으므로 오답이다.

어휘 medical checkup 건강검진   forget 잊다   bring 가져오다   cancel 취소하다

2. WA-MA

Where is the headquarters located?

(A) In London, I think.

(B) I work at the headquarters.

(C) It was built 15 years ago.

본사가 어디에 있죠?
(A) 런던일 겁니다.
(B) 저는 본사에서 근무합니다.
(C) 그것은 15년 전에 건설되었습니다.

해설 (A) 장소를 묻는 where 의문문에 맞게 지역명을 언급하고 있으므로 정답이다.
(B) headquarters를 반복한 함정 보기로 오답이다.
(C) where 의문문에 시점으로 대답했으므로 오답이다.

어휘 headquarters 본사   be located 위치하다   build 짓다
기간+ago (기간) 전에

3. MB-WA
Where did you go last week?
(A) You can join us, too.
(B) I'll go with my coworkers.
(C) I attended a workshop in Hong Kong.

지난주에 어디에 갔죠?
(A) 당신도 합류하세요.
(B) 직장동료들과 함께 갈 겁니다.
(C) 홍콩에서 연수에 참석했어요.

해설 (A) 장소를 묻는 where 의문문에 적합하지 않은 답변이므로 오답이다.
(B) 장소 답변이 아니며 과거 시제 질문에 미래 시제로 대답했으므로 오답이다.
(C) 구체적인 장소를 언급하고 있으므로 정답이다.

어휘 join 합류하다   coworker 직장동료   attend 참석하다
workshop 연수

4. WB-MA
When is the deadline for registration?
(A) I did it yesterday.
(B) It is held at Room 515.
(C) It's next Friday at 3.

등록 마감일이 언제입니까?
(A) 제가 어제 했습니다.
(B) 515호실에서 열립니다.
(C) 다음 주 금요일 3시입니다.

해설 (A) yesterday라는 시점이 있지만 등록 마감일에 대한 답변이 아니므로 오답이다.
(B) where 의문문에 대한 장소 답변이므로 오답이다.
(C) when 의문문에 맞게 시점을 제시하고 있으므로 정답이다.

어휘 registration 등록   hold 열다, 개최하다

5. MA-WB
Where can I get more supplies?
(A) Look in the cabinet.
(B) It's supplied by the company.
(C) Of course.

어디에서 물품을 더 얻을 수 있죠?
(A) 캐비닛 안을 보세요.
(B) 그것은 회사에서 제공됩니다.
(C) 물론입니다.

해설 (A) where 의문문에 맞게 장소를 언급하고 있으므로 정답이다.
(B) supplies와 유사 발음인 supplied를 사용한 함정 보기다.
(C) 장소를 묻는 where 의문문에 어울리지 않는 답변이므로 오답이다.

어휘 get 얻다, 받다   supplies 용품, 물품   look in ~안을 보다
supply 제공하다

6. WA-MB
When will the president visit our plant?
(A) I'm not sure.
(B) Yes, he will.
(C) He was promoted last month.

사장님이 언제 우리 공장을 방문하죠?
(A) 잘 모르겠습니다.
(B) 예, 그렇습니다.
(C) 그는 지난달에 승진했어요.

해설 (A) 의문사 의문문에 불확실성 표현으로 대답할 수 있으므로 정답이다.
(B) 의문사 의문문에 yes나 no로 대답할 수 없으므로 오답이다.
(C) last month라는 시점은 있지만 내용상 질문과 어울리지 않으므로 오답이다.

어휘 president 사장   visit 방문하다   plant 공장
be promoted 승진하다   last month 지난달

실력 점검 문제   본책_ p.61

1. (C)   2. (C)   3. (C)   4. (B)   5. (A)   6. (A)

1. MA-WA
When would you like to discuss the contract?
(A) I will sign it.
(B) You can contact me anytime.
(C) I am available at 2 today.

언제 그 계약에 대해 논의하시겠어요?
(A) 제가 거기에 서명할 겁니다.
(B) 언제라도 연락주세요.
(C) 저는 오늘 2시에 시간이 됩니다.

해설 (A) contract(계약)에서 연상되는 단어인 sign(서명하다)을 사용한 함정 보기다. '언제' 논의할지를 묻는 질문과 상관없는 내용이므로 오답이다.
(B) contract와 유사 발음인 contact을 사용한 오답이다. Part 2에서 같거나 비슷한 발음이 제시되면 오답일 가능성이 높다는 것을 알아두자.
(C) when 의문문에 대해 시점을 구체적으로 제시하고 있으므로 정답이다.

어휘 would like to+동사원형 ~하고 싶다 discuss 논의하다
contract 계약 sign 서명하다 contact 연락하다
anytime 언제라도 available 시간이 있는

2. WA-MA
Where would you like to sit?
(A) Yes, I'd love to.
(B) I don't mind waiting for you.
(C) In the front row.

어디에 앉으시겠어요?
(A) 예, 좋아요.
(B) 기꺼이 당신을 기다릴게요.
(C) 앞줄이요.

해설 (A) 의문사 의문문에는 yes나 no로 대답할 수 없으므로 오답이다.
(B) 앉을 위치를 묻는 질문에 어울리지 않는 답변이므로 오답이다.
(C) 앉고 싶은 자리로 명확한 위치를 언급하고 있으므로 정답이다.

어휘 don't mind ~ing ~을 꺼리지 않다, 기꺼이 ~하다
wait for ~를 기다리다 front row 앞줄

3. MB-WA
Where should I put these books?
(A) I didn't read the books.
(B) Yes, I bought them online.
(C) On my desk, please.

이 책들을 어디에 놓아야 하나요?
(A) 저는 그 책들을 읽지 않았습니다.
(B) 예, 제가 온라인으로 구입했어요.
(C) 제 책상 위에요.

해설 (A) 질문과 어울리지 않는 오답이며 books를 반복한 함정 보기다.
(B) 의문사 의문문에는 yes나 no로 대답할 수 없으므로 오답이다.
(C) 책을 놓을 구체적인 위치를 말하고 있으므로 정답이다.

어휘 read 읽다 bought buy(구입하다)의 과거형 online 온라인으로

4. WB-MA
When will Martin be back?
(A) To the laboratory.
(B) Not until next month.
(C) I'll be right back.

마틴은 언제 돌아오나요?
(A) 실험실로요.
(B) 다음 달에요.
(C) 곧 돌아오겠습니다.

해설 (A) 시점을 묻는 질문에 방향을 나타내는 표현으로 대답했으므로 오답이다.
(B) 〈not until+시점〉은 '~가 되어서야'라는 의미로 시점을 나타내므로 정답이다.
(C) 인칭에 맞게 대답하려면 I가 아니라 마틴을 가리키는 He로 대답해야 한다.

어휘 be back 돌아오다 laboratory 실험실
not until+시점 (시점)이 되어서야

5. MB-WB
When did you order ink cartridges?
(A) It was on Monday of last week.
(B) From the store next to our office.
(C) The copier is out of ink.

당신은 언제 잉크 카트리지를 주문했나요?
(A) 지난주 월요일입니다.
(B) 우리 사무실 옆에 있는 가게에서요.
(C) 복사기에 잉크가 떨어졌어요.

해설 (A) 주문 시점을 정확하게 언급하고 있으므로 정답이다.
(B) 시점이 아니라 주문 장소를 언급하고 있으므로 오답이다.
(C) 시점에 대한 언급 없이 질문에 나온 ink를 반복한 함정 보기다.

어휘 order 주문하다 ink cartridge 잉크 카트리지
last week 지난주 next to ~ 옆에 be out of ~가 떨어지다

6. WB-MB
Where is the company going to open a branch office?
(A) No one has told me about that.
(B) No, it's closed now.
(C) I think sometime next year.

회사는 어디에 지점을 열 예정입니까?
(A) 아무도 제게 말해주지 않았어요.
(B) 아니요, 그곳은 지금 폐쇄되었어요.
(C) 내년쯤일 겁니다.

해설 (A) 지점의 위치를 묻는 질문에 들은 바 없다는 불확실성 표현으로 답하고 있으므로 정답이다.
(B) 의문사 의문문에는 yes나 no로 대답할 수 없으므로 오답이다.
(C) 장소가 아니라 시점을 묻는 의문문 When is the company going to open a branch office?(회사는 언제 지점을 열 예정입니까?)에 대한 답변이므로 오답이다.

어휘 be going to+동사원형 ~할 예정이다 open 열다
branch office 지점 closed 닫힌, 폐쇄된
sometime 언젠가, 조만간

UNIT 6 Why/How 의문문

청취 집중 훈련 2 본책_ p.68

1. (A) 2. (C) 3. (B) 4. (B) 5. (C) 6. (A)

1. MA-WA
Why did Stacy leave early?
(A) She has a meeting.
(B) Yes, she gets here at 7.
(C) I have to work late this week.

스테이시는 왜 일찍 나갔나요?
(A) 그녀는 회의가 있어요.
(B) 예, 그녀는 7시에 여기 도착합니다.
(C) 저는 이번 주에 늦게까지 일해야 해요.

해설 (A) 회의가 있다는 것이 일찍 나간 이유가 되므로 정답이다.
(B) 의문사 의문문에 yes나 no로 대답할 수 없으므로 오답이다.
(C) Stacy에 관한 질문과 무관하게 I를 주어로 대답했으므로 오답이다.

어휘 leave 나가다 get 도착하다 work late 늦게까지 일하다

2. WA-MA
Why don't we go for a walk?
(A) He went to work.
(B) You can walk there.
(C) Sure, the weather is nice.

산책 어때요?
(A) 그는 출근했어요.
(B) 거기는 걸어가면 돼요.
(C) 좋아요, 날씨가 좋군요.

해설 (A) 제안을 뜻하는 Why don't we ~? 의문문에 주어 He로 대답할 수 없으므로 오답이다.
(B) walk를 반복한 함정 보기다.
(C) 제안에 긍정적으로 대답했으므로 정답이다.

어휘 go for a walk 산책하다 go to work 출근하다

3. MB-WA
How much are these books?
(A) I usually read novels.
(B) They are $9 each.
(C) You can put them on the shelf.

이 책들은 얼마입니까?
(A) 저는 보통 소설을 읽습니다.
(B) 권당 9달러입니다.
(C) 선반 위에 올려놓으면 됩니다.

해설 (A) 의미상 금액을 묻는 질문과 관련이 없으므로 오답이다.
(B) 구체적인 금액을 제시하고 있으므로 정답이다.
(C) where 의문에 대한 답변이므로 오답이다.

어휘 how much+is[are]+물건? 물건은 얼마입니까? novel 소설
  each 각각 shelf 선반

4. WB-MA
How soon can you start?
(A) Yes, it was quick.
(B) In about 30 minutes.
(C) It starts at 7.

당신은 얼마나 빨리 시작할 수 있죠?
(A) 예, 빨랐습니다.
(B) 약 30분 후에요.
(C) 7시에 시작합니다.

해설 (A) 의문사 의문문에 yes나 no로 대답할 수 없으므로 오답이다.
(B) '얼마나 빨리'라는 How soon 의문에 적절한 답변이므로 정답이다.
(C) 의문문의 주어 you에 It으로 대답할 수 없으므로 오답이다.

어휘 how soon 얼마나 빨리 in+기간 ~ 후에

5. MA-WB
Why do you want to return the shoes?
(A) You can try them on.
(B) I like the color.
(C) They are the wrong size.

왜 신발을 반품하려는 거죠?
(A) 신어보셔도 됩니다.
(B) 색깔이 마음에 들어요.
(C) 치수가 안 맞아요.

해설 (A) try on이 신발과 연상 작용을 일으킬 뿐, 질문과는 무관한 답변이므로 오답이다.
(B) 색깔이 마음에 든다는 것이 신발을 반품하는 이유가 될 수 없으므로 오답이다.
(C) 신발을 반품하는 이유를 제시하고 있으므로 정답이다.

어휘 return 반품하다 try on 신어보다, 입어보다
  wrong size 잘못된 치수

6. WA-MB
How was your food?

(A) It was wonderful.
(B) I already ordered.
(C) I cooked it.

음식이 어땠나요?
(A) 훌륭했습니다.
(B) 벌써 주문했어요.
(C) 제가 요리했어요.

해설 (A) 의견을 물어보는 질문에 적합한 답변이므로 정답이다.
(B) 음식의 맛에 대한 답변이 아니므로 오답이다.
(C) 음식에서 연상되는 cooked를 사용한 함정 보기로 의미상 관련이 없으므로 오답이다.

어휘 order 주문하다 cook 요리하다

실력 점검 문제 본책_p.69

| 1. (A) | 2. (A) | 3. (A) | 4. (C) | 5. (B) | 6. (B) |

1. MA-WA
Why was the fundraiser canceled?

(A) They couldn't find a proper venue.
(B) I attended the event.
(C) You will need more funds.

모금 행사가 왜 취소되었죠?
(A) 그들은 적절한 장소를 찾지 못했어요.
(B) 저는 그 행사에 참석했어요.
(C) 당신은 더 많은 자금이 필요할 겁니다.

해설 (A) why 의문에 대해 모금 행사의 취소 이유를 언급하고 있으므로 정답이다.
(B) 모금 행사(fundraiser)에서 연상되는 attended와 event를 사용한 함정 보기다.
(C) 질문과 관계없이 fundraiser와 유사 발음인 funds를 사용한 오답이다.

어휘 fundraiser 모금 행사 cancel 취소하다 find 찾다 proper 적절한 venue 장소 attend 참석하다 funds 자금

2. WA-MA
How long is the workshop?

(A) Just two days.
(B) It will be very informative.
(C) By train.

연수는 얼마나 오래 하죠?
(A) 단 이틀입니다.
(B) 매우 유익할 겁니다.
(C) 기차로요.

해설 (A) 연수를 얼마나 오래(how long) 하는지에 대해 정확한 기간을 언급하고 있으므로 정답이다.
(B) How will the workshop be?(연수는 어떨까요?)에 대한 답변이므로 오답이다.
(C) How will you go to ~?(~에 어떻게 갈 건가요?)에 적절한 답변이므로 오답이다.

어휘 how long 얼마나 오래 workshop 연수, 워크숍 informative 유익한 by+교통수단 ~을 타고

3. MB-WA
How is the construction going?

(A) Everything is fine.
(B) Yes, you can go.
(C) It's under construction.

공사는 어떻게 진행되고 있나요?
(A) 모두 순조롭습니다.
(B) 예, 가도 됩니다.
(C) 공사 중입니다.

해설 (A) 공사의 진행 상황을 묻는 질문에 어울리는 답변이므로 정답이다.
(B) why don't you[we] ~? 같은 제안 의문문을 제외하고는 의문사 의문문에 yes나 no로 대답할 수 없으므로 오답이다.
(C) 의미상 질문과 연결되지 않으며 질문에 나온 construction을 반복한 함정 보기다.

어휘 How is[are]+주어+going? ~는 어떻게 진행되고 있나요? fine 좋은 under construction 공사 중

4. WB-MA
Why do we have to hire additional workers?

(A) Yes, they are outstanding employees.
(B) Because I want to apply.
(C) In order to meet the deadline.

우리가 왜 추가로 직원을 고용해야 하죠?
(A) 예, 그들은 뛰어난 직원들입니다.
(B) 지원하고 싶어서요.
(C) 마감일을 맞추기 위해서요.

해설 (A) 제안 의문문을 제외한 의문사 의문문에는 yes나 no로 대답할 수 없으므로 오답이다.
(B) 이유의 접속사 because로 시작하지만 의미상 질문과 어울리지 않으므로 오답이다. Why 의문문이라고 해서 무조건 because로 시작하는 답변을 정답으로 고르지 않도록 주의해야 한다.

(C) why 의문문에 목적을 나타내는 〈in order to+동사원형〉을 써서 적절하게 답변하고 있다.

어휘 hire 고용하다　additional 추가의　worker 직원, 근로자　outstanding 뛰어난　employee 직원　apply 지원하다　meet the deadline 마감일을 맞추다

5. MB-WB
How did you know about the position?
(A) Yes, we met before.
(B) Through your Web site.
(C) The position is still vacant.

그 자리는 어떻게 아셨죠?
(A) 예, 우리는 전에 만난 적이 있죠.
(B) 귀사의 웹사이트를 통해서요.
(C) 그 자리는 아직 공석이에요.

해설 (A) 의문사 의문문에 yes나 no로 대답할 수 없으므로 오답이다.
(B) 웹사이트를 통해 알았다며 방법을 말하고 있으므로 정답이다.
(C) 질문과 무관하게 position을 반복해 혼동을 유발하는 함정 보기다.

어휘 position 자리, 직위　through ~을 통해　still 여전히, 아직　vacant 빈, 공석인

6. WB-MB
Why don't we have lunch sometime?
(A) This is a healthy food.
(B) Great, I would love to.
(C) I don't remember where.

언제 점심 같이 먹는 거 어때요?
(A) 이건 건강에 좋은 음식입니다.
(B) 좋아요, 그러죠.
(C) 어딘지 기억이 안 나요.

해설 (A) 질문과 무관하게 lunch에서 연상되는 food를 써서 혼동을 유발하는 오답이다.
(B) why don't we로 시작하는 제안 의문문에 긍정으로 적절하게 답변했다.
(C) where 의문문에 대한 답변이므로 오답이다.

어휘 have lunch 점심을 먹다　healthy 건강에 좋은　remember 기억하다

UNIT 7　일반/선택 의문문

청취 집중 훈련 2　본책_p.76

| 1. (A)　2. (A)　3. (C)　4. (B)　5. (C)　6. (B) |

1. MA-WA
Did anyone call while I was out?
(A) Yes, Tony left a message.
(B) Yes, you can call me Jane.
(C) It's inside the building.

제가 없는 사이 전화한 사람이 있나요?
(A) 예, 토니가 메시지를 남겼어요.
(B) 예, 제인이라고 부르세요.
(C) 그것은 건물 내부에 있습니다.

해설 (A) 긍정 답변과 함께 메시지를 남긴 사람을 언급하고 있으므로 정답이다.
(B) call을 반복한 함정 보기로 의미상 질문과 관련이 없으므로 오답이다.
(C) It으로 대답할 수 없으므로 오답이다.

어휘 while ~ 동안　leave 남기다

2. WA-MA
Are you looking for a two-door or four-door car?
(A) I prefer four doors.
(B) I'll sit in the back seat.
(C) I took a test drive.

문 두 개와 네 개짜리 차 중 무엇을 찾으시죠?
(A) 저는 문이 네 개인 것을 선호합니다.
(B) 저는 뒷좌석에 앉을 겁니다.
(C) 저는 시운전했습니다.

해설 (A) 두 가지 선택 사항 중 하나를 선택하고 있으므로 정답이다.
(B) 차종의 선택과 어울리지 않는 답변이므로 오답이다.
(C) test drive가 질문에 있는 car와 연상 작용을 일으키지만 의미상 관련이 없으므로 오답이다.

어휘 look for ~을 찾다　prefer 선호하다　back seat 뒷좌석　take a test drive 시운전하다

3. MB-WA
Could I exchange this for a smaller size?
(A) It's a medium.
(B) Here is your receipt.
(C) Let me see if we have one.

더 작은 치수로 교환할 수 있나요?
(A) 그것은 미디엄 사이즈입니다.
(B) 여기 영수증 있습니다.
(C) 더 작은 것이 있는지 볼게요.

해설 (A) 교환 가능 여부를 묻는 질문과는 어울리지 않는 답변이므로 오답이다.
(B) exchange에서 연상되는 receipt를 썼지만 의미상 무관하므로 오답이다.
(C) 확답을 피한 비단정적 표현이므로 정답이다.

어휘 exchange A for B A를 B로 교환하다   medium 중간 크기
receipt 영수증

4. WB-MA
Would you like to come in the morning or afternoon?
(A) I'll be at the dentist.
(B) How about after lunch?
(C) Yes, I will come to you.

오전과 오후 중 언제 오시겠어요?
(A) 저는 치과에 있을 겁니다.
(B) 점심시간 이후는 어떠세요?
(C) 예, 제가 당신에게 가겠습니다.

해설 (A) 언제 올지에 대한 답변이 아니므로 오답이다.
(B) 질문에 쓰인 afternoon을 달리 표현한 것이므로 정답이다.
(C) 선택 의문문에 yes나 no로 대답할 수 없으므로 오답이다.

어휘 dentist 치과의사   how about ~? ~은 어떠세요?

5. MA-WB
Have you seen today's newspaper?
(A) Today is Tuesday.
(B) I saw it in the news.
(C) I think it's on the table.

오늘 신문 보셨나요?
(A) 오늘은 화요일입니다.
(B) 뉴스에서 봤어요.
(C) 탁자 위에 있을 겁니다.

해설 (A) 질문과 무관하게 today를 반복한 함정 보기다.
(B) 신문이 어디에 있는지에 대한 답변이 아니므로 오답이다.
(C) 신문이 있는 곳을 말하고 있으므로 정답이다.

어휘 newspaper 신문

6. WA-MB
Are you going to Friday's luncheon?
(A) It's at the Japanese restaurant.
(B) No, I have too much work to do.
(C) It would start at 12:30.

금요일 오찬에 가시나요?
(A) 일식집에서 합니다.
(B) 아니요, 할 일이 너무 많습니다.
(C) 12시 30분에 시작합니다.

해설 (A) 장소에 대한 답변이므로 오답이다.
(B) 부정적 답변과 함께 이유를 제시하고 있으므로 정답이다.
(C) 참석 여부가 아니라 시작 시점만을 말하고 있으므로 오답이다.

어휘 how about ~이 어때요?   luncheon 오찬

실력 점검 문제 본책_ p.77

| 1. (C) | 2. (C) | 3. (A) | 4. (B) | 5. (B) | 6. (A) |

1. MA-WA
Are there enough chairs for everybody?
(A) We have enough time.
(B) This chair is very comfortable.
(C) No, I'll get some more from my office.

모두가 앉을 수 있도록 의자가 넉넉한가요?
(A) 시간이 넉넉합니다.
(B) 이 의자는 무척 편안합니다.
(C) 아니요, 제 사무실에서 좀 더 가져올게요.

해설 (A) enough를 반복했지만 시간을 묻는 질문이 아니므로 오답이다.
(B) 의자 개수를 묻는 질문에는 어울리지 않는 답변이므로 오답이다.
(C) 충분하지 않다고 no로 답한 뒤 의자를 더 가져오겠다는 내용이므로 정답이다.

어휘 enough 충분한, 넉넉한   comfortable 편안한   get 가져오다

2. WA-MA
Should we discuss the issue online or by phone?
(A) Let's do it on Tuesday.
(B) She's talking on the phone.
(C) It's better to meet in person.

우리가 그 문제를 온라인과 전화 통화 중 어떤 식으로 논의해야 할까요?
(A) 화요일에 합시다.
(B) 그녀는 통화 중입니다.
(C) 직접 만나는 게 좋겠어요.

해설 (A) 토론의 매개체에 대한 질문에 시점으로 대답했으므로 오답이다.
(B) 주어가 we인 의문문에 she로 대답할 수 없으므로 오답이다.
(C) 제3의 대안으로 직접 만나자고 제안하고 있으므로 정답이다.

어휘 discuss 논의하다   issue 문제   by phone 전화로
in person 직접

3. MB-WB
Do you mind if we leave a little early?
(A) No, that's fine.
(B) At six every morning.
(C) I think it starts at eleven.

저희가 조금 일찍 나가도 괜찮을까요?
(A) 예, 괜찮습니다.
(B) 매일 아침 6시입니다.
(C) 11시에 시작할 겁니다.

해설 (A) Do you mind if ~?에 대해 '괜찮다'는 의미로 부정어(no)로 대답했으므로 정답이다. Do you mind if ~?를 직역하면 '~을 꺼리십니까?'이므로 '꺼리지 않는다' 즉 '괜찮다'고 할 때는 부정어(no, not at all, never)를 써서 대답한다.
(B) 질문에 나온 leave a little early(조금 일찍 나가다)와 연상 작용을 일으키는 함정 보기다.
(C) '11시에 시작한다'는 말은 질문과 관련이 없으므로 오답이다.

어휘 mind 꺼리다   early 일찍

4. WB-MA
Do you think we'll get there in time?
(A) I've been there before.
(B) Yes, don't worry.
(C) John and Meg will join us.

우리가 거기 제시간에 도착할까요?
(A) 저는 거기 가본 적이 있습니다.
(B) 예, 걱정하지 마세요.
(C) 존과 멕이 합류할 겁니다.

해설 (A) there를 반복한 함정 보기로 의미상 질문과 무관하므로 오답이다.
(B) yes로 긍정으로 대답한 뒤 걱정하지 말라고 덧붙이고 있으므로 정답이다.
(C) 존과 멕이 합류한다는 말은 질문과 관련이 없으므로 오답이다.

어휘 get 도착하다   in time 때맞춰, 제시간에   worry 걱정하다
join 합류하다

5. MB-WB
Would you like the blue tie or the green one?
(A) No, I'll take three.
(B) I'll go with the blue one.
(C) Sure, I'd love to have one.

파란색 넥타이와 초록색 넥타이 중 어떤 것이 좋은가요?
(A) 아니요, 3개 살게요.
(B) 파란색으로 할게요.
(C) 그럼요, 하나 갖고 싶습니다.

해설 (A) 선택 의문문에는 yes나 no로 대답할 수 없으므로 오답이다.
(B) 제시된 두 가지 선택 사항 중에서 하나를 선택해 대답했으므로 정답이다.
(C) 넥타이 색깔에 대한 답변 없이 단순히 갖고 싶다고 말했으므로 오답이다.

어휘 tie 넥타이   take 사다   go with + 명사 ~을 사다

6. WB-MB
Have you been waiting a long time?
(A) About thirty minutes.
(B) I will wait for you.
(C) Sure, go ahead.

오래 기다리셨습니까?
(A) 30분쯤요.
(B) 기다릴게요.
(C) 물론이죠, 그러세요.

해설 (A) 오래 기다렸는지에 대한 질문에 기다린 시간을 구체적으로 제시하고 있으므로 정답이다.
(B) wait를 반복한 함정 보기로 내용상 질문과 무관하므로 오답이다.
(C) go ahead는 허락을 나타내는 말로 질문과 관련 없으므로 오답이다.

어휘 wait 기다리다   go ahead 그러세요

UNIT 8 간접/부정 의문문

청취 집중 훈련 2 본책_p.84

| 1. (B) | 2. (A) | 3. (B) | 4. (A) | 5. (C) | 6. (A) |

1. MA-WA
Do you know when the contract will expire?
(A) It was renewed.
(B) At the end of this year.
(C) Call me any time.

계약이 언제 만료되는지 아세요?
(A) 계약은 갱신되었습니다.
(B) 올해 말입니다.
(C) 언제라도 제게 전화하세요.

해설 (A) contract에서 연상되는 renewed를 썼을 뿐, 계약 만료 시점을 언급하고 있지 않으므로 오답이다.
(B) 구체적인 계약 만료 시점을 제시하고 있으므로 정답이다.
(C) 계약 만료 시점과 관계없는 답변이므로 오답이다.

어휘 contract 계약 expire 만기가 되다 renew 갱신하다

2. WA-MA
Aren't you coming back soon?
(A) Yes, in about 30 minutes.
(B) Yes, you came back early.
(C) No, I'll be right back.

곧 돌아오지 않으세요?
(A) 예, 30분쯤 뒤에요.
(B) 예, 일찍 돌아오셨네요.
(C) 아니요, 저는 바로 돌아올 겁니다.

해설 (A) 부정의문문에 긍정으로 적절하게 대답하고 있으므로 정답이다.
(B) you로 물어본 질문에 다시 you로 대답할 수 없으며 시제도 맞지 않으므로 오답이다.
(C) No로 '곧 돌아올 돌아올 수 없다'는 뜻을 전달한 뒤 I'll be right back이라고 했으므로 오답이다.

어휘 minute 분   early 일찍

3. MB-WA
May I ask why you want to take a day off?
(A) The plane just took off.
(B) I have plans with my family.
(C) Yes, I can.

왜 하루 쉬려는지 물어봐도 될까요?
(A) 비행기가 막 이륙했습니다.
(B) 가족과 약속이 있어요.
(C) 예, 할 수 있어요.

해설 (A) take off의 과거형 took off를 쓴 함정 보기로 의미상 관련이 없으므로 오답이다.
(B) 간접 의문문의 의문사 why에 맞게 이유를 제시하고 있으므로 정답이다.
(C) May I ask ~?의 질문에 1인칭 I로 대답할 수 없으므로 오답이다.

어휘 take+기간+off ~동안 쉬다, 휴가를 내다 plane 비행기 take off 이륙하다

4. WB-MA
Doesn't the meeting start soon?
(A) Yes, in ten minutes.
(B) It's with Mr. Peterson.
(C) I have everything ready.

곧 회의가 시작되지 않나요?
(A) 시작해요. 10분 후에요.
(B) 피터슨 씨와 회의합니다.
(C) 만반의 준비가 되었습니다.

해설 (A) 부정 의문문에 긍정으로 답변하고 있으므로 정답이다.
(B) 누구와 회의를 하는지에 대한 답변이므로 오답이다.
(C) 회의의 시작 시점에 대한 답변이 아니므로 오답이다.

어휘 have ~ ready ~가 준비되도록 하다

5. MA-WB
Shouldn't we get a gift?
(A) Thank you, I love it.
(B) Yes, my friend got it for me.
(C) We can pick one up on the way.

선물을 사야 하지 않을까요?
(A) 고마워요, 마음에 들어요.
(B) 예, 친구가 사줬어요.
(C) 가는 길에 사면 돼요.

해설 (A) 선물을 받았을 때 할 수 있는 말이므로 오답이다.
(B) 선물을 사야 할 상황과는 어울리지 않는 답변이므로 오답이다.
(C) 질문에서 '사다'라는 뜻의 get을 같은 의미의 pick up으로 달리 표현한 것으로 정답이다.

어휘 get 사다 pick up 사다 on the way 가는 길에, 도중에

6. WB-MB
Can you tell me where a bank is?
(A) Yes, there's one next to the bookstore.
(B) I don't know where she is.
(C) I want to open an account.

은행이 어디에 있나요?
(A) 예, 서점 옆에 하나 있어요.
(B) 그녀가 어디 있는지 모르겠어요.
(C) 계좌를 개설하고 싶어요.

해설 (A) 간접 의문문의 의문사 where에 맞게 장소를 제시하고 있으므로 정답이다.
(B) 3인칭 she가 질문과 무관하므로 오답이다.
(C) 장소를 묻는 질문과 어울리지 않는 답변이므로 오답이다.

어휘 account (금융) 계좌 open an account 계좌를 개설하다

실력 점검 문제 본책_p.85

| 1. (A) | 2. (A) | 3. (C) | 4. (C) | 5. (A) | 6. (B) |

1. MA-WA
Can you tell me what I need to get a refund?
(A) Just your receipt, please.
(B) Because of a lack of funds.
(C) I'd appreciate that.

환불 받으려면 무엇이 필요한가요?
(A) 영수증만 있으면 됩니다.
(B) 자금 부족 때문입니다.
(C) 그렇게 해주시면 감사하겠습니다.

해설 (A) Can you tell me 뒤에 있는 의문사 what에 대한 답변으로 '영수증(receipt)'을 언급하고 있으므로 정답이다.
(B) refund와 유사 발음인 funds를 썼지만 질문과는 무관한 내용이므로 오답이다.
(C) 환불을 받기 위해 필요한 것과는 관련이 없는 답변이므로 오답이다.

어휘 get a refund 환불 받다   receipt 영수증   because of ~ 때문에   lack 부족   funds 자금   appreciate 고맙게 여기다

2. WA-MA
Isn't there a quicker way to get to the station?
(A) Let's check the map.
(B) It's not fast.
(C) About 40 minutes ago.

역에 도착하는 더 빠른 길이 없나요?
(A) 지도를 확인해 봅시다.
(B) 그것은 빠르지 않아요.
(C) 약 40분 전이요.

해설 (A) 더 빠른 길을 찾는 질문에 '지도를 확인해 보자'라고 우회적으로 답변하고 있으므로 정답이다.
(B) 질문과 어울리는 내용이 아니며 quick의 유사어 fast를 사용한 함정 보기이다.
(C) 더 빠른 길이 있는지에 대한 답변이 아니므로 오답이다.

어휘 get to+장소 ~에 도착하다   check 확인하다   map 지도

3. MB-WA
Don't we have to buy tickets to get in?
(A) Your bill was $15.
(B) No, it's around the corner.
(C) Yes, but I already bought them.

입장하려면 표를 사야 하지 않나요?
(A) 요금은 15달러였습니다.
(B) 아니요, 모퉁이를 돌고 있습니다.
(C) 예, 하지만 제가 벌써 표를 샀습니다.

해설 (A) 과거의 요금을 묻는 질문이 아니므로 오답이다.
(B) '모퉁이 주변에 있다'는 것은 매표소의 위치에 대한 답변이므로 오답이다.
(C) '표를 사야 하지 않느냐'는 질문에 표를 이미 구입했다고 대답했으므로 정답이다.

어휘 get in 입장하다   around the corner 모퉁이를 돌면, 가까이에   already 벌써

4. WB-MA
Do you know when we can have a break time?
(A) Yes, you can.
(B) I already called a repairman.
(C) Why? Are you tired?

휴식 시간이 언제인지 아세요?
(A) 예, 그러세요.
(B) 저는 벌써 수리공에게 전화했습니다.
(C) 왜요? 피곤하세요?

해설 (A) Yes, you can은 '할 수 있다', '가능하다' 등 가능이나 허락을 나타내는 대답이므로 오답이다.
(B) 다의어 break(부수다; 휴식)를 사용해 혼동을 유발하고 있다. break를 동사로 '부수다'라는 의미로 이해할 때 연상하게 되는 오답이다.
(C) 휴식 시간이 언제인지 아느냐는 질문에 직접 시간을 언급하지 않고 질문하는 이유를 되묻고 있으므로 정답이다. 최근 이런 역질문이 정답 보기로 종종 등장하므로 주의하자.

어휘 break time 휴식 시간   have a break time 휴식 시간을 갖다, 쉬다   repairman 수리공   tired 피곤한

5. MB-WB
Would you let us know where the seminar will be held?
(A) The same hotel as last year.
(B) I'll see you there.
(C) On November 23.

세미나가 어디에서 열릴지 저희에게 알려주실래요?
(A) 지난해와 같은 호텔입니다.
(B) 거기서 뵙겠습니다.
(C) 11월 23일입니다.

해설 (A) Would you let us know(알려주실래요) 뒤에 있는 의문사

where에 해당하는 장소를 제시하고 있으므로 정답이다.

(B) 구체적인 세미나 장소에 대한 언급 없이 막연히 there라고 했으므로 오답이다.

(C) 세미나 장소가 아니라 날짜에 대한 답변이므로 오답이다.

어휘 hold (회의, 행사 따위를) 열다, 개최하다
the same+명사+as last year 지난해와 같은 ~

6. WB-MB
Shouldn't we stop to get gas?

(A) Yes, let's keep going.

(B) Yes, at the next gas station.

(C) We didn't stop.

차를 세우고 기름을 넣어야 하지 않을까요?

(A) 그래야죠. 계속 갑시다.

(B) 그래야죠. 다음 주유소에서요.

(C) 우리는 멈추지 않았어요.

해설 (A) Yes라고 대답하면 멈춰야 한다는 뜻인데 이어서 '계속 갑시다(let's keep going)'라고 했으므로 오답이다.

(B) 다음 주유소에서 차를 세우고 기름을 넣겠다는 함축적 의미이므로 정답이다.

(C) 질문에 나온 단어 stop을 반복했지만 의미상 질문과 관련이 없으므로 오답이다.

어휘 gas 휘발유 keep ~ing 계속 ~하다 gas station 주유소

Part 2 Review Test 본책_p.86

1. (B)	2. (A)	3. (C)	4. (A)	5. (B)
6. (C)	7. (C)	8. (B)	9. (A)	10. (C)
11. (B)	12. (C)	13. (B)	14. (A)	15. (C)
16. (A)	17. (B)	18. (A)	19. (A)	20. (C)

1. MA-WA
What time is the concert going to start?

(A) Yes, I'm going tonight.

(B) The tickets say seven thirty.

(C) I played the violin in high school.

콘서트는 몇 시에 시작합니까?

(A) 예, 저는 오늘 밤 갈 겁니다.

(B) 티켓에 7시 30분이라고 되어 있어요.

(C) 저는 고등학교 때 바이올린을 연주했어요.

해설 (A) 의문사 의문문에 yes나 no로 대답할 수 없으므로 오답이다.

(B) 시간을 묻는 What time ~? 의문문에 맞게 티켓에 나온 콘서트 시작 시간을 말하고 있으므로 정답이다.

(C) concert에서 연상되는 violin이라는 단어를 썼을 뿐, 콘서트 시작 시간에 대한 답변은 아니므로 오답이다.

어휘 play the violin 바이올린을 연주하다
be going to+동사원형 ~할 예정이다 say (표에) ~라고 써 있다

2. WA-MA
Who will be in the office early tomorrow?

(A) Paul always comes before seven.

(B) The photocopier is out of paper.

(C) It will be delivered soon.

누가 내일 사무실에 일찍 나옵니까?

(A) 폴이 항상 7시 전에 옵니다.

(B) 복사기에 종이가 없어요.

(C) 그것은 곧 배달될 겁니다.

해설 (A) 의문사 Who에 맞게 사람 이름인 Paul을 제시했으므로 정답이다. 일반적으로 인명이나 지명과 같은 고유명사는 발음이 낯설어서 알아듣기 힘든 면이 있다. 이 문장에서도 Paul이 사람 이름이라는 것을 빨리 알아차리는 것이 중요하다.

(B) 사무실에서 연상되는 photocopier(복사기)를 이용한 함정 보기로, 의미상 질문과 무관하므로 오답이다.

(C) 사람을 묻는 의문사 Who에 대해 사물을 지칭하는 It으로 대답할 수 없으므로 오답이다.

어휘 office 사무실 early 일찍 always 항상 photocopier 복사기
be out of+사물 ~이 떨어지다

3. MB-WA
What is the fundraiser for?

(A) Yes, I'm going to help out.

(B) It starts at two thirty.

(C) It's to buy books for needy children.

무엇을 위한 모금행사입니까?

(A) 예, 제가 돕겠습니다.

(B) 2시 30분에 시작합니다.

(C) 어려운 아이들을 위한 책을 사기 위한 것입니다.

해설 (A) 의문사 의문문에 yes나 no로 대답할 수 없으므로 오답이다.

(B) When does the fundraiser start?에 대한 답변이므로 오답이다. 의문사 의문문에서는 첫 단어로 나오는 의문사를 잘 듣고 의문사에 어울리는 답변을 선택해야 한다.

(C) 〈What+be동사+주어+for?〉는 주어의 용도나 목적을 묻는 질문이다. 답변으로 목적을 나타내는 to부정사로 대답했으므로 정답이다.

어휘 what is+주어+for? ~은 무엇을 위한 것입니까? help out 돕다
buy 사다 needy (경제적으로) 어려운

4. WB-MA
When is Mr. Hensley going to arrive?
(A) He said at four thirty.
(B) There were four instead of five.
(C) I should arrive in twenty minutes.

핸슬리 씨는 언제 도착하죠?
(A) 그는 4시 30분이라고 말했어요.
(B) 5명이 아니라 4명이 있었습니다.
(C) 저는 20분 후에 도착할 겁니다.

해설 (A) 의문사 When에 맞게 시점으로 four thirty(4시 30분)를 말하고 있으므로 정답이다.
(B) 도착 시간이 아니라 사람 수를 말하는 것이므로 오답이다.
(C) Mr. Hensley에 대한 질문에 대명사 I로 대답할 수 없으므로 오답이다. 만약 질문이 When are you going to arrive?라면 정답이 될 수 있는 답변이다.

어휘 be going to+동사원형 ~할 예정이다
instead of ~ 대신에, ~가 아니라   should ~일 것이다   in ~ 후에

5. MA-WB
Do you know why the shop is closed?
(A) It's not far from here.
(B) They aren't open on Sundays.
(C) I will go shopping after work.

상점이 왜 문을 닫았는지 아세요?
(A) 여기서 멀지 않아요.
(B) 일요일에는 열지 않아요.
(C) 저는 퇴근 후 쇼핑을 갈 겁니다.

해설 (A) closed(닫은)를 close(가까운)로 잘못 들었을 때 반의어로 far를 쓴 것이므로 오답이다.
(B) Do you know 뒤에 있는 의문사 who에 맞게 이유를 제시하고 있으므로 정답이다. 최근에는 Because를 생략한 채 바로 <주어+동사+~>로 정답을 제시하는 경우가 많다.
(C) shop의 유사 발음인 shopping을 이용한 함정 보기로 질문과 관련이 없으므로 오답이다.

어휘 closed (상점 등이) 문을 닫은   far 먼   go ~ing ~하러 가다
after work 퇴근 후

6. WA-MB
Where is the map?
(A) You can look at the map.
(B) No, I don't have one.
(C) It's on the shelf by the door.

지도가 어디에 있죠?
(A) 지도를 보시면 됩니다.
(B) 아니요, 저는 갖고 있지 않습니다.
(C) 문 옆 선반 위에 있어요.

해설 (A) map을 반복한 함정 보기로 의미상 질문과 무관하므로 오답이다. 이 답변은 How can I know where the park is?(공원이 어디에 있는지 어떻게 알죠?) 같은 질문에 어울린다.
(B) 의문사 의문문에 yes나 no로 대답할 수 없으므로 오답이다.
(C) 지도가 어디에 있는지를 장소의 전치사구 on the shelf를 써서 말하고 있으므로 정답이다.

어휘 map 지도   look at ~을 보다   shelf 선반   by ~ 옆에

7. MB-WB
Why don't we share the cost?
(A) I got it as a gift.
(B) Our market share is increasing.
(C) Yes, that's a good idea.

비용을 같이 부담하는 게 어때요?
(A) 저는 그것을 선물로 받았어요.
(B) 우리의 시장 점유율이 증가하고 있어요.
(C) 그러죠, 좋은 생각이에요.

해설 (A) it이 무엇인지 알 수 없으며 만약 질문에 쓰인 the cost를 가리키면 의미상 어색하므로 오답이다.
(B) share를 반복한 함정 보기로 market share(시장 점유율)는 질문과 무관하므로 오답이다.
(C) <Why don't we[you] ~?>는 '~하는 게 어떨까요?'라는 뜻의 제안 의문문인데 이에 맞게 긍정으로 답변하고 있으므로 정답이다. 제안 의문문은 의문사로 시작하지만 예외적으로 yes나 no로 대답할 수 있다는 것을 주의해야 한다.

어휘 Why don't we ~? 우리 ~하는 게 어때요?
market share 시장 점유율   increase 증가하다

8. WB-MB
How are we going to the workshop?
(A) It's in Boston.
(B) Let's rent a car.
(C) We have to work overtime.

우리 워크숍에 어떻게 가죠?
(A) 그건 보스턴에 있어요.
(B) 차를 빌립시다.
(C) 우리는 초과 근무를 해야 합니다.

해설 (A) 이동 수단을 묻는 질문에 위치로 답변했으므로 오답이다. 이 답변은 Where is the office?(사무실이 어디에 있습니까?) 같은 질문에 어울린다.
(B) <How+be동사+주어+going to+목적지?>는 목적지까지 가는 교통 수단을 물어보는 것이다. 이에 대한 답변으로 '차를 빌리자'는 제안을 했으므로 정답이다.

(C) workshop과 유사 발음인 work를 썼지만 의미상 질문과 무관하므로 오답이다.

어휘 workshop 워크숍, 연수회   rent 임대하다, 빌리다
work overtime 초과 근무를 하다

9. MA-WA
When did you get your hair cut?
(A) Last Saturday.
(B) It doesn't hurt.
(C) I went somewhere downtown.

언제 머리를 깎으셨나요?
(A) 지난주 토요일이요.
(B) 아프지 않아요.
(C) 저는 시내 어딘가로 갔어요.

해설 (A) 시간 의문사 When에 맞게 시점을 제시하고 있으므로 정답이다.
(B) cut을 '(살 등을) 베다'로 잘못 이해한 대답이므로 오답이다.
(C) 시점을 묻는 질문에 장소로 답변했으므로 오답이다. 질문이 Where did you get your hair cut?(어디에서 머리를 깎으셨어요?)이라면 정답이 될 수 있다.

어휘 get one's hair cut 머리를 깎다   hurt 아프다, 다치다
somewhere 어딘가   downtown 시내

10. WA-MA
Are you supposed to give a presentation this week or next week?
(A) It was very informative.
(B) Sure, I will attend it.
(C) It hasn't been decided yet.

발표를 이번 주에 합니까, 아니면 다음 주에 합니까?
(A) 무척 유익했어요.
(B) 물론 참석할 겁니다.
(C) 아직 결정되지 않았어요.

해설 (A) 발표 시점을 묻는 질문과 어울리지 않는 답변이므로 오답이다. How was the presentation?(발표가 어땠습니까?)에 대한 대답이 될 수 있다.
(B) 발표 시점에 대해 참석 여부로 대답했으므로 오답이다.
(C) 언제 발표할지 아직 결정되지 않았다는 불확실성 표현이므로 정답이다. Part 2에서는 불확실성 표현이나 우회적인 답변도 정답으로 제시된다는 것을 기억해 두자.

어휘 be supposed to+동사원형 ~하기로 되어 있다, ~해야 한다
give[make, deliver] a presentation 발표하다
informative 유익한   attend 참석하다   decide 결정하다
yet (부정문에서) 아직

11. MB-WA
Why is this mobile phone so expensive?
(A) I don't think it is cheap.
(B) It has a lot of features.
(C) I used it extensively.

이 휴대폰은 왜 이렇게 비싸죠?
(A) 싸다고 생각하지 않아요.
(B) 기능이 많거든요.
(C) 저는 그것을 두루 사용했어요.

해설 (A) expensive의 반의어인 cheap를 사용했지만 휴대폰이 비싼 이유에 대한 답변이 아니므로 오답이다.
(B) Because를 생략한 채 휴대폰의 기능이 많다는 것을 이유로 들었으므로 정답이다.
(C) expensive와 발음이 유사한 extensively를 이용한 함정 보기로 오답이다.

어휘 mobile phone 휴대폰   expensive 비싼   cheap 싼
feature 기능   extensively 폭넓게, 두루

12. WB-MA
How did the exhibition go?
(A) Sean went, too.
(B) It runs through October 31.
(C) Good, there were a lot of people.

전시회는 어떻게 진행되었나요?
(A) 션도 갔어요.
(B) 10월 31일까지 진행됩니다.
(C) 잘 진행됐어요. 사람들이 많았어요.

해설 (A) go의 과거형 went를 쓴 함정 보기로 의미상 질문과 무관하므로 오답이다. 질문이 Who went to the exhibition with you?(누가 당신과 함께 전시회에 갔나요?)라면 정답이 될 수 있다.
(B) How long will the exhibition run?(전시회가 얼마나 오랫동안 열립니까?)에 대한 답변이므로 오답이다.
(C) 〈How+be동사+행사[인터뷰, 업무 등]+go?〉에서 go는 '진행되다'라는 뜻을 나타낸다. 이에 대해 전시회가 잘 진행되었다고 긍정으로 답변하고 있으므로 정답이다.

어휘 exhibition 전시회   go (상황, 행사 등이) 진행되다
run through+시점 (행사 등이) ~까지 진행되다
There+be동사+주어 ~가 있다

13. MA-WB
Where did you put the marketing plan?
(A) We plan on leaving soon.
(B) I placed it in your mailbox.
(C) I'm getting rice and eggs.

마케팅 계획서를 어디에 두셨죠?

(A) 저희는 곧 떠날 계획입니다.
(B) 당신 우편함에 넣었어요.
(C) 저는 쌀과 달걀을 살 겁니다.

해설 (A) plan을 반복했을 뿐, 의미상 질문과 무관하므로 오답이다.
(B) 장소의 의문사 Where에 맞게 위치를 나타내는 전치사구 in your mailbox를 제시했으므로 정답이다.
(C) marketing을 market(시장)으로 잘못 이해했을 때 할 수 있는 답변으로 오답이다.

어휘 marketing plan 마케팅 계획서   plan on ~할 계획이다
leave 떠나다   place 두다, 놓다   mailbox 우편함   get 사다
rice 쌀

14. MA-WB
May I ask when the next train leaves?

(A) There is a schedule in the lobby.
(B) The training session starts soon.
(C) That's right.

언제 다음 기차가 떠나는지 물어봐도 될까요?

[A] 로비에 시간표가 있습니다.
[B] 교육 과정이 곧 시작됩니다.
[C] 맞습니다.

해설 (A) 의문사가 문장 중간에 있는 간접 의문문이다. 간접 의문문의 의문사가 when이므로 시간과 관련된 정답을 찾아야 한다. 이에 대한 응답으로 정확한 시점을 제시하지 않고 '로비에 시간표가 있다'고 우회적으로 답변했으므로 정답이다.
(B) train의 유사 발음인 training을 이용한 함정 보기로 기차 출발 시간에 대한 답변이 아니므로 오답이다.
(C) Is the train leaving soon?(기차가 곧 출발하나요?)에 대한 응답이므로 오답이다.

어휘 May I ask ~? ~을 물어봐도 될까요?   leave 떠나다
training session 교육 과정   soon 곧

15. MB-WB
How should we transport the cabinets?

(A) It will take three hours.
(B) We store office supplies there.
(C) Why don't we call a moving company?

캐비닛들을 어떻게 나르죠?

[A] 세 시간 걸립니다.
[B] 우리는 그곳에 사무용품을 보관합니다.
[C] 이삿짐 센터에 전화하는 게 어떨까요?

해설 (A) How long does it take to transport the cabinets?(캐비닛을 나르는 데 얼마나 걸리죠?)에 대한 답변이므로 오답이다.

(B) cabinet에 대한 연상 작용으로 office supplies(사무용품)를 썼지만 캐비닛 운송 방법과 무관한 대답이므로 오답이다.
(C) 캐비닛을 나르는 방법으로 이삿짐 센터에 전화하자고 제안했으므로 정답이다. 이처럼 역질문도 정답으로 나올 수 있다는 것을 알아 두자.

어휘 transport 수송하다, 나르다   take+기간 (기간이 걸리다)
store 보관하다   office supplies 사무용품
moving company 이삿짐 운송 회사

16. WB-MB
Would you mind if I open the window?

(A) Not at all.
(B) We often clean it.
(C) You can buy it at the ticket window.

창문을 열어도 될까요?

[A] 그럼요.
[B] 우리는 그걸 종종 닦아요.
[C] 매표소에서 구입할 수 있어요.

해설 (A) 〈Would[Do] you mind if ~?〉는 직역하면 '~하는 것을 꺼리십니까?'라는 뜻이므로 허락할 때는 Not at all(전혀 아닙니다), Of course not(물론 아닙니다), 또는 Certainly not(아닙니다)처럼 부정으로 대답해야 자연스럽다. 여기서도 Not at all이라고 대답했으므로 정답이다.
(B) 창문에서 연상되는 clean을 이용한 함정 보기로 의미상 질문과 무관하므로 오답이다. 또한 often도 open과 유사 발음으로 쓴 것이다.
(C) window를 반복했지만 의미상 질문과 무관하므로 오답이다.

어휘 Would[Do] you mind if ~? ~ 해도 괜찮을까요?
clean 청소하다, 닦다   ticket window 매표소

17. MA-WA
Where are you going for your next vacation?

(A) I went to Bali.
(B) I'm flying to Amsterdam.
(C) I have almost two weeks off.

다음 휴가 때 어디에 가시나요?

[A] 발리에 갔어요.
[B] 암스테르담에 갈 겁니다.
[C] 거의 2주 동안 휴가예요.

해설 (A) 다음 휴가 장소를 묻는 질문에 과거 시제로 대답했으므로 오답이다. 만약 I will go to Bali라고 답변하면 정답이 될 수 있다.
(B) 구체적인 휴가 장소를 제시하고 있으므로 정답이다. 가까운 미래의 행동은 현재 진행형을 쓸 수 있다는 것을 알아 두자.
(C) vacation에서 연상되는 two weeks off(2주간의 휴가)를 이용한 함정 보기로 휴가 장소에 대한 언급이 아니므로 오답이다.

어휘 vacation 휴가, 방학 fly to+장소 비행기로 ~에 가다 almost 거의
have+기간+off (기간 동안) 휴가를 받다

18. WA-MA
When would you like the report by?
(A) Thursday, at the latest.
(B) It was written by Sarah Smith.
(C) No, I didn't receive it.

언제까지 보고서를 받고 싶으세요?
(A) 늦어도 목요일입니다.
(B) 사라 스미스가 썼습니다.
(C) 아니요, 저는 못 받았어요.

해설 (A) 의문사 when에 맞게 구체적인 시점을 제시했으므로 정답이다.
(B) Who wrote the report?(누가 이 보고서를 썼습니까?)에 대한 답변이므로 오답이다.
(C) 의문사 의문문에 yes나 no로 대답할 수 없으므로 오답이다.

어휘 would like+명사 ~을 원하다 by ~까지 at the latest 늦어도
write 쓰다 receive 받다

19. MB-WA
Shouldn't we invite Mr. Stewart to the performance?
(A) No, he doesn't like plays.
(B) He is the manager in accounting.
(C) Yes, I am.

스튜어트 씨를 공연에 초대해야 하지 않을까요?
(A) 아니요, 그는 연극을 싫어해요.
(B) 그는 회계부장입니다.
(C) 예, 그렇습니다.

해설 (A) 부정 의문문에 No라고 대답했으므로 '초대하지 말자'는 의미이고 이어서 그 이유를 제시했으므로 정답이다.
(B) 스튜어트 씨의 신분을 나타내는 답변이므로 오답이다.
(C) Yes는 '초대해야 한다'는 의미인데, 이어진 내용에서 be동사로 대답했으므로 오답이다. 만약 Yes, we should(예, 그래야 합니다)로 대답하면 정답이 될 수 있다. 조동사(should, can, will)로 물어보면 질문에 쓰인 조동사를 써서 대답해야 한다.

어휘 invite 초대하다 play 연극 accounting 회계

20. WB-MA
Do you want to go to a movie tomorrow?
(A) I haven't seen it yet.
(B) No, I'm moving next month.
(C) Yes, at what time?

내일 영화 보러 가고 싶으세요?
(A) 저는 아직 못 봤어요.

(B) 아니요, 저는 다음 달에 이사 가요.
(C) 예, 몇 시예요?

해설 (A) Did you see the movie?(그 영화를 보셨나요?)에 대한 답변이므로 오답이다.
(B) movie의 유사 발음인 moving을 쓴 함정 보기로 의미상 질문과 무관하므로 오답이다.
(C) 긍정으로 답변한 뒤 영화 시간을 묻고 있으므로 정답이다.

어휘 haven't seen+명사 ~을 본 적이 없다 yet (부정문에서) 아직
move 이사 가다

UNIT 9 일반 업무/사무실

청취 집중 훈련 2 본책_p.96

1. (B) 2. (C) 3. (A)
interested, university, pick, grew, experience

WA: ¹⁾**What makes you interested in our company?**
MA: ²⁾**One of your architects, Mr. Claude Yano**, came to my university to talk to our class. He showed us a lot of his work, and I really like the style of what your company designs.
WA: OK. Why should we pick you over the other candidates?
MA: ³⁾**I grew up in Cleveland**, and I love this city and would be honored to contribute some of my talents to this city. Plus, I have a lot of relevant work experience.

여: 무엇 때문에 우리 회사에 관심이 있으신가요?
남: 귀사의 건축가 중 한 분인 클로드 야노 씨가 제가 다니는 대학에 와서 강의를 하셨습니다. 그는 우리에게 많은 작품을 보여주었는데 저는 귀사의 디자인 스타일이 정말로 마음에 듭니다.
여: 좋습니다. 왜 다른 지원자들을 놔두고 당신을 뽑아야 하죠?
남: 저는 클리블랜드에서 자라서 이 도시를 사랑합니다. 제 재능으로 이 도시에 기여할 수 있다면 영광이겠습니다. 또한 관련 근무 경험도 풍부합니다.

어휘 interested 관심이 있는 architect 건축가 work 작품 pick 뽑다
over ~에 우선하여 candidate 지원자 be honored to+동사원형
~하는 것이 영광이다 contribute A to B A를 B에 바치다, 기여하다
talent 재능 relevant 관련된 work experience 근무 경험

1. 이 대화는 어디에서 이루어지고 있는가?
(A) 비행기에서
(B) 취업 면접에서
(C) 모금 행사에서

해설 여자가 What makes you interested in our company?라고 묻고 있으므로 취업 면접 상황이라는 것을 알 수 있다.

2. 클로드 야노는 누구인가?
(A) 교수
(B) 음악가
(C) 건축가

해설 남자가 One of your architects, Mr. Claude Yano라고 했으므로 클로드 야노는 건축가이다.

3. 남자는 클리블랜드에 대해 뭐라고 말하는가?
(A) 그곳은 그의 고향이다.
(B) 그는 그곳에서 학교를 다녔다.
(C) 그는 그곳에 집을 사고 싶어한다.

해설 남자가 한 말에 관한 질문이므로 대화에서 남자의 말에 집중해야 한다. 또한 질문에 클리블랜드가 언급되어 있으므로 그 단어 주변에 정답의 단서가 있게 마련이다. 남자가 I grew up in Cleveland라고 했으므로 클리블랜드가 그의 고향이다.

실력 점검 문제   본책_ p. 97

1. (A)   2. (C)   3. (C)   4. (B)   5. (A)   6. (B)
7. (B)   8. (B)   9. (C)

1-3

MA: ¹⁾**I know you need the sales report** ²⁾**by Thursday night**, but could I get it to you early Friday morning?

WB: Hmm, Friday morning is a little late.

MA: Well, ³⁾**I want to update some new data**, which comes out on Thursday afternoon, so I'll need extra time.

WB: Why don't you just give me what you have on Thursday at five, and then you can just give me any changes on Friday.

남: 목요일 밤까지 매출 보고서가 필요하다는 건 알지만 금요일 아침 일찍 드려도 될까요?
여: 음, 금요일 아침은 좀 늦습니다.
남: 저, 몇 가지 새로운 자료를 업데이트 하고 싶은데 그 자료가 목요일 오후에 나와서 추가 시간이 필요합니다.
여: 목요일 5시에 되는 대로 주시고 수정 사항은 그냥 금요일에 주세요.

어휘 sales report 매출 보고서   come out 나오다   extra 추가의

1. 화자들은 어떤 종류의 보고서에 대해 이야기하는가?
(A) 매출
(B) 안전
(C) 마케팅
(D) 소비자 의견

해설 남자가 I know you need the sales report라고 말하고 있으므로 매출 보고서가 화제의 중심이다.

2. 보고서 마감 기한은 언제인가?
(A) 화요일
(B) 수요일
(C) 목요일
(D) 금요일

해설 남자가 말한 첫 번째 문장인 I know you need the sales report by Thursday night에서 마감 기한이 목요일임을 알 수 있다.

3. 남자는 무엇을 포함시키려고 하는가?
(A) 칼라 그래프
(B) 제품 정보
(C) 최신 정보
(D) 경쟁업체 정보

해설 질문이 '남자가 포함시키고 싶은 것'이므로 남자의 말에 초점을 맞추어야 한다. 남자가 I want to update some new data라고 말했으므로 정답은 새로운 정보다.

4-6

WB: Pedro, would you please make sure that the computer is set up for the new employee? ⁴⁾**He will start on Monday.**

MA: I'll set up the computer today. ⁵⁾**I'm just waiting for the monitor** to arrive. Do you need anything else such as office supplies?

WB: Yes, could you get some folders and some pens for the desk?

MA: Sure, I'll go to the office supply store today. ⁶⁾**Can you make me a shopping list?**

여: 페드로, 신입직원을 위해 컴퓨터를 꼭 설치해 주시겠어요? 그는 월요일에 근무를 시작합니다.
남: 오늘 컴퓨터를 설치하겠습니다. 저는 모니터가 도착하기를 기다리고 있어요. 사무용품이나 뭐 다른 건 필요 없나요?
여: 있죠, 책상에 놓을 폴더 몇 개와 펜 좀 사다 주실래요?
남: 물론이죠. 오늘 사무용품점에 갈게요. 쇼핑 목록을 작성해 주시겠어요?

어휘 make sure 반드시 ~하다   set up 설치하다
new employee 신입직원   start 시작하다
such as 예를 들면, ~와 같은   office supplies 사무용품
office supply store 사무용품점   make a list 목록을 작성하다
shopping list 쇼핑 목록

4. 월요일에 무슨 일이 일어나겠는가?
(A) 컴퓨터 한 대가 도착할 것이다.
[B] 신입직원이 근무를 시작할 것이다.
(C) 지역 매니저가 방문할 것이다.
(D) 여자가 늦게 출근할 것이다.

해설 여자가 He will start on Monday라고 말했는데 여기서 He는 앞 문장의 the new employee를 가리킨다. 따라서 월요일에 신입직원이 근무를 시작한다는 것을 알 수 있다.

5. 남자는 무엇을 기다리고 있는가?
[A] 모니터
(B) 송장
(C) 전화
(D) 비용 보고서

해설 남자가 I'm just waiting for the monitor라고 말했으므로 남자가 기다리는 것은 모니터다.

6. 남자가 여자에게 요청하는 것은?
(A) 하루 휴가
[B] 쇼핑 목록
(C) 더 넓은 사무 공간
(D) 마감일 연장

해설 남자의 요청 사항에 관한 문제이므로 남자의 말에 초점을 맞추어야 한다. 남자가 Can you make me a shopping list?라고 했으므로 남자는 쇼핑 목록을 요청하고 있다.

7-9

WA: ⁷⁾**I can't get this copier to work.** It makes a noise when I turn it on.

MA: ⁸⁾**I could call a technician** to have a look at it for you.

WA: That would be great. ⁹⁾**I have an important presentation** tomorrow with Ms. Dixon. I don't want to have any problems.

MA: OK. If it can't be fixed, you can go to the copy shop near the company.

여: 이 복사기를 작동시킬 수가 없어요. 전원을 켜면 소음이 나네요.
남: 제가 기술자에게 전화해서 복사기를 봐달라고 할게요.
여: 그게 좋겠군요. 저는 내일 딕슨 씨와 중요한 발표가 있습니다. 아무 문제 없

었으면 좋겠어요.
남: 알겠습니다. 만약 수리가 안 되면 회사 근처에 있는 복사가게로 가세요.

어휘 get+사물+to work ~을 작동시키다   copier 복사기
make a noise 소음이 나다   turn on 켜다 cf/ turn off 끄다
technician 기술자   important 중요한   fix 고치다
copy shop 복사가게   near ~근처에

7. 화자들은 무엇에 대해 이야기하고 있는가?
(A) 신규 고객
[B] 복사기
(C) 새로운 과제
(D) 회의실

해설 여자가 I can't get this copier to work라고 말했으므로 지금 화자들은 복사기에 대해 이야기하고 있다.

8. 남자는 무엇을 하겠다고 제안하는가?
(A) 더 큰 회의실 예약하기
[B] 여자를 위해 기술자에게 전화하기
(C) 여자의 발표 돕기
(D) 프로젝트에 관한 더 많은 정보 입수하기

해설 남자의 제안 사항에 대한 질문이므로 남자의 말에 초점을 맞추어야 한다. 남자가 I could call a technician이라고 말했으므로 남자는 기술자에게 전화를 걸어주겠다고 제안한다.

9. 내일 무슨 일이 일어나겠는가?
(A) 남자가 여자를 방문할 것이다.
(B) 고객이 사무실을 방문할 것이다.
[C] 여자가 발표를 할 것이다.
(D) 기술자가 사무실에 올 것이다.

해설 질문에 시점(tomorrow)이 있을 경우 대화문에서도 그 시점이 언급될 것이다. 그러므로 해당 시점이 있는 문장에 초점을 맞추어야 한다. 여자가 I have an important presentation tomorrow라고 말했으므로 내일 여자가 발표한다는 것을 알 수 있다.

UNIT 10 주문/구매

청취 집중 훈련 2   본책_p.104

1. (C)   2. (A)   3. (B)
opened the box, assembly guide, product number, being fixed, give me your address

MA: Hello. I'm calling because I bought a Maxwell chair today, but ¹⁾**when I opened the box, it did not have the assembly guide**.

WB: I apologize for the oversight. We have the instructions available on our Web site. If you type in the chair's product number in the search box, you can find the assembly instructions.

MA: Well ... ²⁾I don't have Internet access for a couple of days. My computer is being fixed.

WB: OK. I could also mail the guide to you. ³⁾If you give me your address, I can send it today, and it should arrive in two to three business days.

남: 안녕하세요. 오늘 맥스웰 의자를 샀는데 상자를 열어 보니 조립 안내서가 없어서 전화드립니다.

여: 저희 실수에 대해 사과드립니다. 저희 웹사이트에 이용 가능한 설명서를 올려놓았습니다. 검색창에 의자의 제품 번호를 입력하시면 조립 설명서를 찾으실 수 있습니다.

남: 글쎄요… 이틀 동안 인터넷을 이용할 수 없는데요. 제 컴퓨터가 수리 중이라서요.

여: 알겠습니다. 제가 안내서를 우편으로 보내 드릴 수도 있을 겁니다. 주소를 알려 주시면 오늘 보내드릴 수 있습니다. 그러면 평일로 2~3일 후에 도착할 것입니다.

어휘 assembly 조립 guide 안내서 apologize for 사과하다 oversight 간과, 실수 instructions 설명서 available 이용 가능한 type in 입력하다 product 제품, 상품 search box 검색창 access 접속[이용] 수단 for a couple of days 이틀 동안 fix 고치다, 수리하다 mail 우편으로 보내다 address 주소 arrive 도착하다 business day 영업일, 평일

1. 통화의 목적은?
(A) 가구 배송에 관해 문의하려고
(B) 물품의 온라인 구매 가능성에 관해 물어 보려고
(C) 사용 설명서가 빠진 것을 알리려고

해설 대화의 목적을 묻고 있다. 남자의 첫 대사 I'm calling because 다음에 전화한 용건이 나온다. it did not have the assembly guide에서 상자 안에 조립 안내서가 없다고 했으므로 assembly guide를 instruction manual로 바꾸어 표현한 (C)가 정답이다.

2. 남자가 "이틀 동안 인터넷을 이용할 수 없는데요"라고 말한 의도는 무엇인가?
(A) 제안된 해결책이 가능하지 않다.
(B) 프로젝트 기한 연장이 필요하다.
(C) 이메일은 보내기 어려울 것이다.

해설 화자의 의도 파악 문제이다. 인용문은 업체 웹사이트에 설명서가 있다는 여자의 말에 대한 응답이다. 인용문 바로 뒤의 My computer is being fixed.에서 컴퓨터가 수리 중이라고 했으므로 남자가 여자의 제안대로 할 수 없음을 알 수 있다. 따라서 정답은 (A)이다.

3. 여자는 무엇을 할 것 같은가?
(A) 남자의 컴퓨터를 고친다.

(B) 남자에게 정보를 우편으로 보낸다.
(C) 남자에게 환불해 준다.

해설 세부 사항을 묻고 있다. 여자의 마지막 대사 I could also mail the guide to you. ~ I can send it today에서 안내서를 오늘 우편으로 보내 줄 수 있다고 했다. 따라서 guide를 information으로 바꾸어 표현한 (B)가 정답이다.

실력 점검 문제 본책_p.105

| 1. (D) | 2. (B) | 3. (A) | 4. (B) | 5. (D) | 6. (B) |
| 7. (A) | 8. (C) | 9. (B) |

1-3

MB: Hi, ¹⁾I'd like to order your wireless Internet service for business use, but I don't know how it works.

WA: OK, first ²⁾I'll need your company's address. Then I can see what services we offer in your area.

MB: It's 38 Main Street. How much do you think it will cost if I order cable television as well?

WA: It looks like we can offer you a one-year special digital cable package with wireless Internet for $50 a month. ³⁾You'll also have to pay a $20 deposit upon installation.

남: 안녕하세요. 업무용 무선 인터넷 서비스를 주문하고 싶은데 어떻게 하는지 잘 모르겠습니다.

여: 그렇군요. 먼저 회사 주소가 필요합니다. 그럼 그 지역에서 저희가 어떤 서비스를 제공하는지 알아봐 드릴게요.

남: 메인 가 38번지입니다. 케이블 TV도 주문하면 비용이 얼마나 될까요?

여: 한 달에 50달러로 1년간 무선 인터넷을 포함한 특별 디지털 케이블 패키지를 제공할 수 있는 걸로 나오네요. 설치 시 20달러의 보증금도 내셔야 합니다.

어휘 wireless Internet 무선 인터넷 business use 업무용 as well 또한, 게다가 look like ~처럼 보이다 package 패키지 상품 deposit 보증금 installation 설치

1. 남자는 어떤 서비스를 요청하는가?
(A) 휘발유
(B) 전기
(C) 휴대폰
(D) 무선 인터넷

해설 남자의 요청 사항에 대한 질문이므로 남자의 말에 초점을 맞춰야 한다. 남자가 I'd like to order your wireless Internet service라고 했으므로 정답은 (D)다.

2. 여자는 어떤 정보가 필요한가?
(A) 회사의 웹사이트
[B] 회사의 주소
(C) 회사의 계좌번호
(D) 회사의 전화번호

해설 여자에게 필요한 정보에 관한 문제이므로 여자의 말에서 정답의 단서를 찾아야 한다. 여자가 I'll need your company's address라고 했으므로 정답은 (B)다.

3. 남자는 보증금으로 얼마를 지불해야 하는가?
[A] 20달러
(B) 30달러
(C) 40달러
(D) 50달러

해설 보기에 금액이 제시되어 있으므로 네 개의 금액 중 어떤 것이 대화에서 언급되는지를 확인해야 한다. 그런데 대화에서는 50달러와 20달러 두 가지 금액이 제시되므로 주의해서 정답을 선택해야 한다. 문제의 핵심어가 deposit이므로 대화에서 deposit이 쓰인 부분에서 정답을 찾아야 하는데 대화 마지막에 You'll also have to pay a $20 deposit라고 했으므로 정답은 (A)다. 50달러는 보증금이 아니라 한 달에 드는 무선 인터넷 비용이므로 정답이 아니다.

4-6

WB: Hello, it's Carolyn from IP Designs. ⁴⁾**I'm calling to check on an order** that I placed a few days ago. It was for three laptops and one printer.

MA: Since we had a lot of orders, I'll have to make sure that your order is here. ⁵⁾**Can you tell me your order number**, please?

WB: It's 112395. When can I expect the delivery?

MA: Thank you. Our record says that you ordered them through our Web site last Friday. ⁶⁾**Your order will be shipped to your office tomorrow morning.**

여: 안녕하세요, 아이피 디자인스의 캐롤린입니다. 제가 며칠 전에 한 주문을 확인하고 싶어 전화 드립니다. 노트북 3대와 프린터 1대입니다.

남: 주문을 많이 받았기 때문에 고객님의 주문이 여기 접수되었는지 확인해야 합니다. 주문 번호를 말씀해 주시겠습니까?

여: 112395입니다. 언제 배달될까요?

남: 감사합니다. 저희 기록에는 지난 금요일에 웹사이트를 통해 주문하신 걸로 나오네요. 주문하신 상품은 내일 아침에 고객님 사무실로 배송됩니다.

어휘 check on ~을 확인하다 place an order 주문하다
a few days ago 며칠 전 a lot of 많은 order number 주문번호
expect 예상하다 delivery 배달 ship 배송하다

4. 여자는 왜 남자에게 전화하고 있는가?
(A) 주문하기 위해
[B] 주문에 관해 문의하기 위해
(C) 상품에 대해 불만을 제기하기 위해
(D) 주문을 변경하기 위해

해설 전화 통화의 경우, 전화를 건 이유는 대화의 초반부에 제시되기 마련이다. 여기서도 대화 초반부에 여자가 I'm calling to check on an order라고 했으므로 여자는 주문을 확인하기 위해 전화하고 있다.

5. 남자는 어떤 정보를 요청하는가?
(A) 여자의 이름
(B) 여자의 주소
(C) 여자의 전화번호
[D] 여자의 주문번호

해설 남자의 요청 사항에 대한 질문이므로 남자가 하는 말에 초점을 맞추어야 한다. 남자가 Can you tell me your order number라고 말하고 있으므로 남자가 요청하는 것은 주문번호다.

6. 주문품은 언제 사무실로 배송되는가?
(A) 오늘
[B] 내일
(C) 다음 주
(D) 다음 달

해설 주문품 배달 시점에 대한 질문이다. 남자가 Your order will be shipped to your office tomorrow morning이라고 했으므로 주문품은 내일 아침에 배달된다. 대체로 배달 시점에 대한 질문은 ship, deliver, send 또는 arrive가 쓰인 문장을 잘 들으면 정답을 찾을 수 있다.

7-9

MB: Stephanie, I'm sorry to show up at your office unannounced, but do you have a few minutes?

WA: Oh, Lorenzo. ⁷⁾**I wasn't expecting you. I have a meeting right now.** Is it urgent?

MB: Actually, it is. ⁸⁾**We have underestimated the costs involved in our museum renovation project.** More specifically, we didn't account for the recent addition of some light installations. **We didn't budget money for that.**

WA: OK. ⁹⁾**I'll go to your office as soon as my meeting is over.**

MB: I'll start looking at our current budget plan and project schedule and see where some changes can be made.

WA: I'll join you soon.

MB: Great. Thanks.

남: 스테파니, 연락도 없이 사무실에 나타나서 미안하지만 잠깐 시간 있어요?
여: 오, 로렌조. 당신이 올 줄은 몰랐어요. 지금 곧 회의가 있어요. 급한 일인가요?
남: 사실은 그래요. 우리가 박물관 개조 사업에 관련된 비용을 너무 적게 잡았어요. 더 구체적으로 우리는 최근의 조명 설비 추가를 감안하지 않았어요. 그것에 대한 돈을 예산에 넣지 않았어요.
여: 알았어요. 회의가 끝나는 대로 당신 사무실로 갈게요.
남: 저는 현재 예산 계획과 사업 일정을 살펴보고 어디를 변경할 수 있을지 알아볼게요.
여: 금방 갈게요.
남: 좋아요. 고마워요.

어휘 show up 나타나다　unannounced 미리 알리지 않은
expect 기대하다, 예상하다　right now 지금 곧, 바로 지금
urgent 급한　actually 사실은　underestimate 너무 적게 잡다, 과소평가하다　costs 경비, 비용　involved 관련된
museum 박물관　renovation 개조, 개수　project 프로젝트, 사업
specifically 상세히, 구체적으로　account for 계산에 넣다, 감안하다
recent 최근의　addition 추가　light 조명
installation 설비, 장치　budget 예산에 넣다
as soon as ~하는 대로　be over 끝나다　current 현재의
schedule 일정　join 함께하다, 참여하다

7. 여자가 "당신이 올 줄은 몰랐어요"라고 말한 의도는 무엇인가?
[A] 그녀는 남자와 대화할 시간이 없다.
[B] 다른 사람이 올 것이라고 생각했다.
[C] 회의용 자료를 준비하지 않았다.
[D] 남자가 자신을 찾아온 것이 영광이다.

해설 화자의 의도 파악 문제이다. 인용문 다음의 I have a meeting right now.에서 지금 곧 회의가 있다고 했으므로 여자가 대화할 시간이 없음을 알 수 있다. 따라서 정답은 [A]이다.

8. 남자가 언급하는 문제는?
[A] 미술 설치물이 파손되었다.
[B] 개조 공사가 지연되었다.
[C] 사업이 예산을 초과하고 있다.
[D] 일부 장비를 이용할 수 없다.

해설 남자가 We have underestimated the costs involved in our museum renovation project라고 말한 부분에서 사업 비용을 너무 적게 잡았음을 알 수 있다. 그리고 We didn't budget money for that에서 필요한 돈이 예산으로 책정되지 않았음을 언급했다. 이를 통해 사업이 예산을 초과하고 있음을 알 수 있으므로 정답은 [C]이다.

9. 여자는 다음에 무엇을 할 것 같은가?
[A] 일정을 작성하기
[B] 회의에 참석하기
[C] 설계를 변경하기
[D] 사업에 참여하기

해설 대화 후반부에 여자가 I'll go to your office as soon as my meeting is over라고 한 부분에서 여자가 곧 회의에 참석해야 함을 알 수 있으므로 정답은 [B]이다.

UNIT 11　여행/여가/교통

청취 집중 훈련 2　본책_ p.112

1. (C)　2. (A)　3. (C)
map, schedules, transportation, subway

MA: Hello, ¹⁾I'm traveling around the city. ²⁾I'd like a map of the city, please.
WA: OK, here's a city map and a subway map. We also have bus and train schedules if you'd like.
MA: Yes, that would be great. Where can I buy a transportation card?
WA: ³⁾You can buy one at any newsstand or at the machines in the subway area. You just need a credit card. Enjoy your trip.

남: 안녕하세요, 저는 이 도시를 여행하고 있습니다. 도시 지도가 있으면 좋겠어요.
여: 좋아요, 여기 도시 지도와 지하철 노선도입니다. 원하시면 버스와 기차 시간표도 있어요.
남: 예, 그거 좋겠네요. 교통카드는 어디에서 살 수 있죠?
여: 아무 신문 가판대나 지하철역에 있는 자동판매기에서 구입할 수 있어요. 신용카드만 있으면 됩니다. 즐겁게 여행하세요.

어휘 travel around ~를 여행하다　I'd like+명사 ~을 원하다
city map 도시 지도　subway 지하철
transportation card 교통카드　newsstand 신문 가판대
machine 자동판매기　enjoy ~을 즐기다

1. 여자는 어디에서 일할 것 같은가?
[A] 콘서트장에서
[B] 영화관에서
[C] 관광안내소에서

해설 근무지를 묻는 문제는 화자들이 쓰는 단어에서 정답의 단서를 찾을 수 있다. 남자가 I'm traveling around the city. I'd like a map of the city, please라고 했으므로 여자가 관광안내소에서 일한다는 것을 알 수 있다.

2. 남자는 무엇을 요청하는가?
(A) 지도
(B) 표
(C) 음료

해설 남자의 요청 사항을 묻는 문제이므로 정답의 단서는 남자의 말에 있다. 남자가 I'd like a map of the city, please라고 했으므로 남자가 요청하는 것은 지도다.

3. 시각 정보에 의하면, 남자는 어디에서 교통카드를 살 수 있는가?
(A) 스타 카페에서
(B) 캐빈 북스에서
(C) 파크웨이 역에서

해설 대화 마지막에 여자가 at the machines in the subway area에서 교통카드를 구입할 수 있다고 했다. 그리고 도표에 Parkway Station이 있으므로 정답은 (C)이다.

실력 점검 문제 본책_p.113

1. (A)	2. (B)	3. (D)	4. (D)	5. (C)	6. (B)
7. (B)	8. (C)	9. (A)			

1-3

WA: ^{1), 2)}**Bill, is it all right if I take some time off at the end of the month?**

MA: At the end of the month? That should be fine. For how long?

WA: Thank you. I was thinking a week. My parents are coming in from Denver, and ³⁾**I want to show them around the city.**

MA: Sure. Just let Patricia know the exact days, and she'll let me know. Don't forget to tell her what you're doing, just in case we have any questions.

여: 빌, 월말에 휴가를 좀 내도 될까요?
남: 월말에요? 괜찮을 겁니다. 얼마 동안이요?
여: 감사합니다. 1주일을 생각하고 있었습니다. 부모님께서 덴버에서 오시는데 도시를 구경시켜 드리고 싶거든요.
남: 좋습니다. 패트리샤에게 정확한 날을 이야기하면 그녀가 제게 알려줄 겁니다. 우리가 혹시 궁금한 점이 있을지 모르니 그녀에게 당신이 하고 있는 업무를 알리는 것도 잊지 말고요.

어휘 all right 괜찮은 take+기간+off (기간)을 휴가 내다
how long 얼마나 길게[오래] come in 들어오다
show+사람+around+장소 …에게 ~를 구경시켜 주다
let+사람+know ~에게 알려주다
just in case 혹시 모르니, 만약을 대비해서

1. 남자는 누구일 것 같은가?
(A) 여자의 상사
(B) 여자의 친구
(C) 여자의 비서
(D) 여자의 형제

해설 신분이나 직업을 묻는 문제는 본인이 직접 언급하기도 하지만 상대방의 말에서도 정답을 찾을 수 있다. 여자가 Bill, is it all right if I take some time off at the end of the month?라고 묻는 것으로 보아 남자는 여자의 상사다.

2. 여자는 언제 휴가를 가는가?
(A) 다음 주
(B) 월말
(C) 다음 달
(D) 연말

해설 여자가 휴가를 가는 시점을 묻는 문제이므로 시간과 관련된 표현이 있는 문장에서 정답의 단서를 찾아야 한다. 여자가 Bill, is it all right if I take some time off at the end of the month?라고 물어보자 남자가 That should be fine이라고 대답했으므로 정답은 월말이다.

3. 여자는 부모님을 위해 무엇을 할 것인가?
(A) 함께 여행을 간다.
(B) 부모님을 위해 저녁 식사를 요리한다.
(C) 부모님을 박물관에 모시고 간다.
(D) 부모님께 도시를 구경시켜 드린다.

해설 여자가 부모님을 위해 할 일에 대한 질문이므로 여자의 말에 집중해야 한다. 여자가 I want to show them around the city라고 했으므로 정답은 도시 관광이다.

4-6

MA: ⁴⁾**What time should we meet to go to the game?** It begins at seven, so why don't we meet at six?

WA: Well, I have to pick up Mark at his house because ⁵⁾**his car is in the repair shop.** Since it's on the way, I'll pick you up as well.

MA: OK, then I'll be ready by five-thirty.

WA: I think there'll be a lot of traffic since it's a big game, so ⁶⁾**you'd better make that five.** I'll call you before I come just in case.

남: 경기를 보려면 몇 시에 만나야 하죠? 경기가 7시에 시작하니까 6시에 만나는 게 어때요?
여: 음, 마크의 차가 정비소에 있어서 마크를 태우러 그의 집에 가야 해요. 가는 길이니까 당신도 태우러 갈게요.
남: 좋아요, 그럼 5시 30분까지 준비하고 있을게요.

여: 큰 경기라서 차가 막힐 거예요. 5시로 하는 게 좋겠어요. 혹시 모르니까 가기 전에 전화할게요.

어휘 why don't we ~? 우리 ~하는 게 어때요?   pick up (차에) 태우러 가다
repair shop 정비소   on the way 가는 길에, 도중에
make that five (앞에 나온 시간을 정정하면서) 5시로 하다

4. 화자들은 어디로 갈 계획인가?
(A) 극장으로
(B) 출장
(C) 회의장으로
(D) 경기장으로

해설 계획을 나타내는 문장에는 time, meet, to+동사원형(~하기 위해), 또는 plan to+동사원형(~할 계획이다) 같은 단어들이 사용되는 경우가 많다. 남자가 time, meet, to+동사원형을 써서 What time should we meet to go to the game?이라고 묻는 문장에서 경기장에 갈 계획이라는 것을 알 수 있다.

5. 마크에 대해 언급된 내용은 무엇인가?
(A) 그는 병이 났다.
(B) 그는 일찍 퇴근해야 했다.
(C) 그의 차가 정비소에 있다.
(D) 그는 최근에 집을 샀다.

해설 지명이나 인명 같은 고유명사는 낯설게 들리므로 질문이나 보기에 사람 이름이 있으면 그 단어를 속으로 되뇌며 미리 발음에 친숙해져야 한다. 여자가 his car is in the shop이라고 했는데 여기서 his가 Mark를 가리키므로 마크의 차는 정비소에 있다.

6. 여자는 남자를 몇 시에 태우러 갈 것인가?
(A) 4시
(B) 5시
(C) 6시
(D) 7시

해설 시간을 묻는 질문이 있으면 대화 중에 시간이 언급되리라는 것을 예상할 수 있다. 그런데 시간이 두 개 이상 등장할 경우 신중해야 하며 처음 언급된 시간만 듣고 섣불리 정답을 선택해서는 안 된다. 이 대화에서도 여자가 you'd better make that five라고 하면서 앞에 언급된 시간을 정정하고 있다.

7-9

WB: Hello, [7)]**I need to check in for the 3:30 flight to Paris.** Here's my ticket and Italian passport.

MA: Thank you, Ms. Madrigal. And what bags will you check to Paris?

WB: These two … I have this suitcase, and I'm traveling with my cello. [8)]**The case is about 120 centimeters long.** Is that OK?

MA: The suitcase isn't too heavy, so it's free, but that cello case is oversized. You'll have to check that at the 'Oversized Luggage' counter. Here, this list shows the fees for oversized baggage.

WB: Hmm … OK, I will check it. Oh, and [9)]**are there any aisle seats available? Please put me in one of those**, if you can.

여: 안녕하세요, 파리행 3시 30분 항공편에 탑승 수속을 해야 하는데요. 여기 제 항공권과 이탈리아 여권이 있습니다.

남: 감사합니다. 마드리걸 씨. 어떤 가방들을 파리까지 부치시겠습니까?

여: 이것들 두 개요… 이 여행 가방이 있고 첼로를 갖고 여행할 거예요. 그 케이스는 길이가 약 120센티미터예요. 그건 괜찮나요?

남: 여행 가방은 별로 무겁지 않아서 무료이지만 그 첼로 케이스는 너무 크네요. 그것은 '대형 수하물 카운터'에서 부치셔야 할 겁니다. 여기 이 목록에 대형 수하물에 대한 요금이 나와 있습니다.

여: 으음… 좋아요, 그것을 부칠게요. 아, 그리고 이용할 수 있는 통로 쪽 좌석이 있나요? 가능하시면 제가 그 좌석 중 하나에 앉게 해 주세요.

어휘 check in 탑승 수속을 하다   flight 항공편   passport 여권
check (수하물을) 맡기다, 부치다   suitcase 여행 가방
travel (장거리를) 여행하다   heavy 무거운   free 무료인
oversized 너무 큰, 특대의   fee 수수료, 요금   aisle 통로, 복도
seat 좌석   baby stroller 유모차   instrument 악기
equipment 장비

대형 가방과 수하물	
무게 32kg 이상의 가방	15달러
유모차	25달러
길이 100cm 이상의 악기	35달러
스포츠 장비	45달러

7. 여자의 행선지는 어디인가?
(A) 런던
(B) 파리
(C) 로마
(D) 마드리드

해설 세부 사항을 묻고 있다. 여자의 첫 대사 I need to check in for the 3:30 flight to Paris에서 여자가 파리행 항공편에 탑승한다고 했으므로 정답은 (B)이다.

8. 시각 정보에 따르면, 여자가 낼 요금은 얼마인가?
(A) 15달러
(B) 25달러
(C) 35달러
(D) 45달러

해설 대화문과 표를 연계해 풀어야 하는 문제이다. 여자의 둘째 대사 I'm traveling with my cello. The case is about 120 centimeters long.에서 첼로를 넣은 케이스의 길이가 약 120센티미터라고 했으며 요금표의 Instruments longer than 100 centimeters 항목에 해당하는 요금이 $35임을 알 수 있다. 따라서 cello를 Instruments로 바꾸어 표현한 (C)가 정답이다.

9. 여자가 남자에게 무엇을 부탁하는가?
(A) 통로 쪽 좌석에 배정해 줄 것
(B) 발권 요금을 면제해 줄 것
(C) 더 늦은 항공편에 넣어 줄 것
(D) 왕복표를 줄 것

해설 세부 사항을 묻고 있다. 여자의 마지막 대사 are there any aisle seats available? Please put me in one of those에서 통로 쪽 좌석에 앉게 해 달라고 했다. 따라서 put ~ in을 assign으로 바꾸어 표현한 (A)가 정답이다.

UNIT 12 기타 일상 생활

청취 집중 훈련 2 본책_ p.120

1. (A) 2. (A) 3. (C)
appointment, checkup, dentist, forms

MA: Hello, I have a ten o'clock <u>appointment</u> with Dr. Gibson. My name is Sam Connelly.

WA: Hi, Mr. Connelly. ¹⁾, ²⁾**I see you're here for a <u>checkup</u> and to get your teeth cleaned**. Have you been here before?

MA: No, actually it's been quite a while since I've been to the <u>dentist</u>.

WB: Oh, did you bring your proof of insurance? Since you are a new patient, you need to have it.

MA: Yes, here it is.

WB: OK, please ³⁾**<u>fill out these forms</u>**. We need some of your personal medical history for our records.

남: 안녕하세요, 저는 깁슨 선생님과 10시에 예약이 있습니다. 저는 샘 코넬리입니다.
여1: 안녕하세요, 코넬리 씨. 치아 검진과 스케일링을 하러 오셨군요. 여기 오신 적 있으세요?
남: 아니요, 사실 치과에 아주 오랜만에 왔어요.
여2: 음, 보험증은 가지고 오셨나요? 신규 환자라서 가지고 있어야 하거든요.
남: 네, 여기 있습니다.
여2: 좋습니다. 이 양식을 작성해 주세요. 저희 기록용으로 개인적인 진료 이력이 필요합니다.

어휘 have an appointment with (특히 업무 관련) ~와 약속이 있다   checkup 검진   get one's teeth cleaned 치아 스케일링을 받다   quite a while 꽤 오랫동안   since ~이래로   dentist 치과의사, 치과   proof of insurance 보험증   new patient 신규환자   fill out 작성하다   personal 개인적인, 사적인   medical history 진료 기록, 병력   for one's records ~의 기록용으로

1. 화자들이 있는 장소는?
(A) 치과
(B) 보험회사
(C) 역사 수업

해설 대화가 일어나는 장소를 묻는 문제이다. 초반부에 Dr. Gibson이 나오고 남자가 치아 검진 받으러 왔다고 하므로 정답은 (A)이다.

2. 남자가 하려는 것은 무엇인가?
(A) 치아 검진 받기
(B) 선물 사기
(C) 자동차 수리하기

해설 남자가 하려는 것에 대한 질문은 대체로 남자의 말에 초점을 맞추어야 한다. 하지만 이 문제에서는 접수직원인 여자가 I see you're here for a checkup and to get your teeth cleaned라고 한 말을 통해 남자가 치아 검진을 받으러 온 것임을 알 수 있다. 이처럼 대화 상황이 병원인 경우에는 접수직원이 환자의 방문 목적을 이야기할 수도 있다는 것에 유의해야 한다.

3. 한 여자는 남자에게 무엇을 주는가?
(A) 쿠폰
(B) 명함
(C) 작성해야 할 양식들

해설 여자 하나가 남자에게 준 것에 대한 질문이므로 여자의 말에 집중해야 한다. 여자가 fill out these forms라고 말했으므로 여자는 남자에게 양식을 주고 있다.

실력 점검 문제 본책_ p.121

1. (C) 2. (A) 3. (D) 4. (C) 5. (B) 6. (A)
7. (B) 8. (A) 9. (A)

1-3

WB: Hi, ¹⁾**I'm looking for a new laptop.**

MA: OK, let me know what kind of functions you're looking for and your price range. That way I can narrow down your selection.

WB: ²⁾**I'd like a durable laptop** because I'll connect to the Internet very often. I'd like a camera with a flash, too. I guess ³⁾**my price range is $900** or less.

MA: Nine hundred dollars can get you a good laptop with a lot of options.

여: 안녕하세요, 새로운 노트북을 찾고 있어요.

남: 좋아요, 찾고 계신 기능과 가격대를 말씀해 주세요. 그럼 제가 선택폭을 좁혀 드릴 수 있습니다.

여: 인터넷에 아주 자주 접속할 거니까 내구성이 좋은 노트북이 좋겠어요. 플래시 기능이 있는 카메라도 있으면 좋겠네요. 가격대는 900달러 이하고요.

남: 900달러면 옵션이 많은 좋은 노트북을 살 수 있죠.

어휘 look for ~을 찾다 let me know 제게 알려 주세요 function 기능
price range 가격대 narrow down 좁히다 selection 선택
durable 내구성이 좋은 connect to ~에 연결하다
option 선택사항, (제품, 자동차 등) 옵션

1. 화자들은 무엇에 대해 이야기하고 있는가?
(A) TV
(B) 휴대폰
(C) 노트북
(D) 내비게이션 장치

해설 대화 주제는 대화의 초반부에 화자들이 쓰는 단어들로 알 수 있다. 여자가 I'm looking for a new laptop이라는 말로 대화를 시작하고 있으므로 화자들은 노트북에 대해 이야기하고 있다. 대화의 주제와 장소 등을 알기 위해서는 항상 첫 화자의 말을 잘 들어야 한다.

2. 여자는 어떤 특징을 찾고 있는가?
(A) 내구성
(B) 깨끗한 음질
(C) 큰 화면
(D) 휴대하기에 가벼움

해설 여자가 찾고 있는 특징에 대한 질문이므로 여자의 말에 초점을 맞추어야 한다. 여자가 I'd like a durable laptop이라고 말했으므로 정답은 (A)다.

3. 여자가 쓸 최대 금액은 얼마인가?
(A) 600달러
(B) 700달러
(C) 800달러
(D) 900달러

해설 보기에 금액이 제시될 경우, 대화에서도 분명히 금액이 언급되리라 예상할 수 있다. 따라서 보기에 있는 금액 중 어떤 것이 대화에 반복되는지를 듣는 것이 관건이다. 이 대화에서는 여자가 my price range is $900 or less라고 말한 부분에서 900달러가 반복되므로 (D)가 정답이다.

4-6

WB: ⁴⁾Tony, you are going to Spain next month, right? Where are you planning to stay?

MB: I think it's better if ⁵⁾I try to rent an apartment for two weeks. I heard it's very common to do in Barcelona.

WB: Oh, I've never heard of that. How can you do that?

MB: Well, my friend told me ⁶⁾there are some Web sites that offer weekly rentals. My friend and I will share the rent, so it will be pretty reasonable.

여: 토니, 다음 달에 스페인에 가죠, 그렇죠? 어디에 머무를 계획인가요?

남: 2주간 아파트를 임대하는 게 좋을 것 같아요. 바르셀로나에서는 그런 경우가 아주 흔하다고 들었어요.

여: 오, 저는 금시초문인데요. 어떻게 하면 되죠?

남: 음, 제 친구가 그러는데 주 단위 임대 매물을 제공하는 웹사이트가 몇 군데 있대요. 제 친구랑 같이 임대할 거니까 가격은 적당할 거예요.

어휘 plan to+동사원형 ~할 계획이다 stay 머무르다
common 흔한, 평범한 have never heard of ~에 대해 들어본 적이 없다 weekly 주간의 rental 임대 share 나누다 pretty 꽤
reasonable 적당한, 합리적인

4. 남자는 언제 바르셀로나에 갈 것인가?
(A) 내일
(B) 다음 주
(C) 다음 달
(D) 내년

해설 보기에 시점이 있을 경우 그 시점 중 하나가 대화 중에 언급될 것이다. 그러므로 보기를 먼저 잘 읽어 둔 다음 어떤 것이 대화 중에 반복되는지를 확인하면 된다. 여자가 남자에게 you are going to Spain next month, right?라고 묻고 있으므로 정답은 (C)다.

5. 남자는 얼마나 오래 머무를 것인가?
(A) 이틀
(B) 2주
(C) 1개월
(D) 2개월

해설 남자의 체류 기간을 묻는 질문이므로 남자의 말에 초점을 맞추어야 한다. 남자가 I try to rent an apartment for two weeks.라고 말했으므로 정답은 (B)다. 만약 대화 중에 계획 변경 등의 이유로 두 가지 이상의 기간이 제시될 경우에는 섣불리 먼저 언급된 것을 선택하지 말고 질문의 핵심어가 쓰인 문장에서 정답을 찾아야 한다.

6. 남자는 아마도 어떻게 아파트를 찾을 것인가?
[A] 인터넷을 통해
[B] 부동산 중개소를 방문해서
[C] 이웃에게 물어서
[D] 신문을 봐서

해설 남자가 아파트를 찾는 방법에 대한 질문이므로 남자의 말에 집중해야 한다. 남자가 there are some Web sites that offer weekly rentals라고 했으므로 정답은 (A)다. 대화에 나온 Web sites가 보기에서는 유사 의미인 Internet으로 제시되었다.

7-9

WA: Good morning. I'd like to use your swimming pool, please.
MB: OK. A day pass is three dollars, or if you sign up for a membership, it's just twenty dollars a month for unlimited access.
WA: Oh, [8)]that's not very much. I'd like to sign up for the membership then.
MB: Great. [7)]My manager here can help you with that.
MA: Thanks, Biff. Hi, here's the form you need to fill out for a membership, and we will need to see a valid ID and a credit card to charge monthly.
WA: Hmm ... I didn't bring my credit card with me today, though. [9)]Is it OK if I bring it next time?
MA: Sure, that's not a problem.

여: 안녕하세요. 이 수영장을 이용하고 싶은데요.
남1: 네, 1일 이용권은 3달러입니다. 아니면 회원으로 가입하실 경우 한 달에 단 돈 20달러로 무제한 이용하실 수 있습니다.
여: 아, 그렇게 비싸지는 않네요. 그럼 회원에 가입하고 싶어요.
남1: 좋습니다. 저희 관리자가 그렇게 하시도록 도와드릴 수 있습니다.
남2: 고마워요, 비프. 안녕하세요. 회원 가입을 위해 작성하실 양식이 여기 있습니다. 그리고 유효한 신분증과 매달 청구할 신용 카드를 보여 주셔야 합니다.
여: 으음… 하지만 오늘은 신용 카드를 안 가져왔는데요. 다음번에 가져와도 될까요?
남2: 그럼요, 그건 문제없습니다.

어휘 swimming pool 수영장 day pass 1일 이용권 sign up for ~에 가입하다, 신청하다 membership 회원 (자격), 회원권 unlimited 무제한의 access 이용, 출입 manager 관리자, 지배인 form 양식, 서식 fill out 작성하다 valid 유효한 ID 신분증 (= identification) credit card 신용 카드 charge 청구하다 monthly 매달, 한 달에 한 번 next time 다음번에

7. 남자 화자들은 어떤 관계인가?
[A] 운동선수와 코치
[B] 직원과 관리자
[C] 고객과 점원
[D] 은행원과 대출 신청자

해설 남자1의 둘째 대사 My manager here can help you with that.에서 관리자가 회원 가입을 도와줄 수 있다고 했으며 남자2가 회원 가입 절차를 진행하고 있다. 따라서 manager를 supervisor로 바꾸어 표현한 (B)가 정답이다.

8. 여자가 회원권에 관해 언급하는 것은 무엇인가?
[A] 비싸지 않다.
[B] 1일 이용권을 선호한다.
[C] 신청서가 작성하기 어렵다.
[D] 이전 것이 만료되었다.

해설 세부 사항을 묻고 있다. 여자의 둘째 대사 that's not very much에서 회원권 가격이 그렇게 비싸지는 않다고 했다. 따라서 very much를 expensive로 바꾸어 표현한 (A)가 정답이다.

9. 여자가 요청하는 것은 무엇인가?
[A] 결제 수단을 나중에 제공하는 것
[B] 1일 이용권을 구입하는 것
[C] 수영 강좌에 등록하는 것
[D] 경쟁 업체의 쿠폰을 이용하는 것

해설 세부 사항을 묻고 있다. 여자의 마지막 대사 Is it OK if I bring it next time?에서 다음번에 신용카드를 가져와도 되는지를 묻고 있다. 따라서 credit card를 payment method로 바꾸어 표현한 (A)가 정답이다.

Part 3 Review Test 본책_p.122~123

1. (C)	2. (B)	3. (A)	4. (B)	5. (A)
6. (C)	7. (C)	8. (D)	9. (A)	10. (C)
11. (D)	12. (B)	13. (A)	14. (B)	15. (C)
16. (C)	17. (C)	18. (B)		

1-3

MA: This is the newest model from Sharp Fix. [1)]**This camera takes very sharp photos** even at low light levels.
WA: That sounds good. Is it much more expensive than the other models you showed me?
MA: It's $399. It's a little more expensive, but not much. Plus, [2)]**it's smaller**, lighter and has more

40

functions than a standard digital camera.

WA: ³⁾**Could I take some test pictures** and have a look?

남: 이것이 샤프 픽스에서 나온 최신 모델입니다. 이 카메라는 조도가 낮아도 매우 선명한 사진을 찍습니다.
여: 좋네요. 이게 저한테 보여준 다른 모델들보다 훨씬 더 비싼가요?
남: 가격은 399달러입니다. 약간 더 비싸지만 그리 큰 차이는 아닙니다. 게다가 더 작고 더 가벼우며 표준형 디지털 카메라보다 기능이 더 많습니다.
여: 시험 사진을 찍고 살펴봐도 될까요?

어휘 newest (new의 최상급) 최신의 take a photo 사진을 찍다
sharp 선명한 low 낮은 light level 조도 much more 훨씬 더
expensive 비싼 light 가벼운 function 기능
take a test picture 시험 사진을 찍다 have a look 보다

1. 여자는 무엇을 보고 있는가?
(A) 컴퓨터
(B) 전자레인지
(C) 카메라
(D) 냉장고

해설 특정 사물에 대한 질문은 먼저 보기를 빠르게 읽은 다음, 그중에서 대화에 반복되어 나오는 단어를 찾으면 된다. 보기 중에 카메라가 있고 대화에서 남자가 This camera takes very sharp photos라고 했으므로 정답은 (C)다.

2. 남자는 제품에 대해 뭐라고 말하는가?
(A) 할인 중이다.
(B) 크기가 작다.
(C) 가격이 싸다.
(D) 사용하기 쉽다.

해설 남자가 제품에 대해 언급한 내용을 찾는 문제이므로 남자의 말에 집중해야 한다. 남자가 it's smaller, lighter and has more functions라고 했는데 it은 camera를 가리키므로 정답은 (B)다.

3. 여자는 다음에 무엇을 하겠는가?
(A) 그녀는 제품을 시험해 볼 것이다.
(B) 그녀는 다른 가게로 갈 것이다.
(C) 그녀는 물건값을 계산할 것이다.
(D) 그녀는 환불을 받을 것이다.

해설 화자의 미래 행동에 대한 질문은 대개 대화의 후반부에서 정답의 단서를 찾을 수 있다. 대화 마지막에 여자가 Could I take some test pictures라고 했으므로 정답은 (A)다.

4-6

MB: Hello, ⁴⁾**this is Raj from ABC Fabrics**. I'm calling to speak with Ms. Winters about her order.

WA: ⁵⁾**Ms. Winters is out of the office right now.** Could I take a message instead? This is her secretary Anne.

MB: Yes, could you tell her that I have some new samples I'd like her to look at in addition to the ones she wanted? ⁶⁾**I'll be at the office until seven.**

WA: Yes, sir. I'll give her the message and have her call you as soon as she gets in.

남: 안녕하세요, 저는 ABC 직물의 라지입니다. 주문 건으로 윈터스 씨와 통화하려고 전화 드렸어요.
여: 윈터스 씨는 지금 사무실에 안 계십니다. 제가 대신 메시지를 받을 수 있을까요? 저는 비서 앤입니다.
남: 예, 윈터스 씨에게 요청하신 견본 이외에 보여드리고 싶은 새로운 견본 몇 개가 더 있다고 전해 주시겠어요? 저는 7시까지 사무실에 있을 겁니다.
여: 예, 알겠습니다. 윈터스 씨가 오시는대로 메시지를 전달하고 전화 드리라고 하겠습니다.

어휘 fabric 직물 order 주문 be out of the office 사무실에 없다
right now 바로 지금 take a message 메시지를 받다
instead 대신 secretary 비서 sample 견본 in addition to ~에 추가로 have+사람+동사원형 …가 ~하도록 시키다
as soon as ~하자마자 get in 들어오다

4. 남자는 무엇을 판매하는가?
(A) 보석
(B) 섬유
(C) 광고
(D) 사무용 가구

해설 남자가 자신을 소개하면서 this is Raj from ABC Fabrics라고 했는데 fabric이 '직물, 천'이란 뜻이므로 '섬유, 옷감'이란 뜻의 (B)가 정답이다.

5. 윈터스 씨에 대해 무엇이 언급되었는가?
(A) 그녀는 사무실에 없다.
(B) 그녀는 새 책상을 주문했다.
(C) 그녀는 계약을 연장했다.
(D) 그녀는 종종 늦게까지 근무한다.

해설 문제의 핵심어가 Ms. Winters이므로 대화에서 이 이름이 언급되는 부분에 집중해야 한다. 여자가 Ms. Winters is out of the office right now라고 했으므로 정답은 (A)다.

6. 남자는 몇 시에 퇴근하는가?
(A) 오후 5시
(B) 오후 6시
(C) 오후 7시
(D) 오후 8시

해설 지금처럼 보기에 시간이 제시되어 있는 경우, 네 개의 시간 중 어떤 것이 대화 중에 언급되는지를 포착해야 한다. 남자가 I'll be at the office until seven이라고 했는데 이 말은 7시에 퇴근한다는 의미이므로 정답은 (C)다.

7-9

WA: Hello, 7)**I'd like to send this package to Phoenix, Arizona.** I'd like to have it insured as well.

MA: OK, 8)**I need you to fill this shipping paper out** while I weigh your package. How soon would you like it to get there?

WA: I'd like it to get there as soon as possible.

MA: No problem. It looks like your total will be $73. 9)**Would you like to pay cash or charge it?**

여: 안녕하세요, 애리조나 주 피닉스로 소포를 보내려고요. 보험 등기도 들고 싶고요.

남: 좋아요, 제가 소포 무게를 재는 동안 이 배송 서류 좀 작성해 주세요. 얼마 만에 도착하길 원하세요?

여: 가능한 한 빨리 도착했으면 좋겠어요.

남: 좋습니다. 총액은 73달러네요. 현금으로 계산하시겠어요 아니면 카드로 하시겠어요?

어휘 package 소포 insure 보험 등기에 들다 as well 또한
fill out 작성하다 while ~하는 동안 weigh 무게를 재다
get there 그곳에 도착하다 as soon as possible 가능한 한 빨리
look like ~로 보이다 pay (in) cash 현금으로 내다
charge it 신용카드로 계산하다

7. 어디에서 이 대화를 들을 수 있겠는가?
(A) 쇼핑몰
(B) 여행사
(C) 우체국
(D) 기차역

해설 대화의 장소는 화자들이 쓰는 단어에서 알 수 있다. 여자가 I'd like to send this package to Phoenix, Arizona라고 했으므로 정답은 (C)다.

8. 남자는 여자에게 무엇을 주는가?
(A) 홍보 책자
(B) 번호
(C) 일정
(D) 양식

해설 남자가 여자에게 준 것에 대한 질문이므로 남자의 말에 초점을 맞추어야 한다. 남자가 I need you to fill this shipping paper out이라고 했으므로 정답은 (D)다.

9. 다음에 무슨 일이 있겠는가?
(A) 여자가 계산을 할 것이다.
(B) 여자가 줄을 서서 기다릴 것이다.
(C) 남자가 티켓을 출력할 것이다.
(D) 남자가 여자를 위해 좌석을 예약할 것이다.

해설 앞으로 일어날 일에 대한 정보는 대화의 후반부에 언급되는 경우가 많다. 남자가 여자에게 Would you like to pay cash or charge it?이라고 묻고 있으므로 여자는 소포를 부치는 비용을 지불할 것이다. 따라서 정답은 (A)다.

10-12

MA: Hello. 10)**Welcome to Keller Publishing.** Can I help you with anything?

WB: Hello. 11)**My name is Melanie Hummel**, and **I have an interview with Katelyn Keller** at two o'clock. I'm applying for the assistant editor position.

MA: Ah, yes, Ms. Hummel. I will let Ms. Keller know you have arrived. First, 12)**if you could fill out this information form**, I will give you a visitor's pass. When you are finished, I will gladly escort you to the interview room.

WB: Sounds good. Thank you.

남: 안녕하세요, 켈러 출판사에 오신 것을 환영합니다. 무엇을 도와드릴까요?

여: 안녕하세요, 제 이름은 멜라니 허멀이고 2시에 케이틀린 켈러 씨와 면접이 있습니다. 보조 편집자 직책에 지원하고 있습니다.

남: 아, 네, 허멀 씨. 켈러 씨에게 도착하신 것을 알려 드리겠습니다. 먼저 이 정보 양식을 작성해 주시면 방문자 출입증을 드리겠습니다. 작성을 끝내시면 제가 기꺼이 면접실로 모셔다 드리겠습니다.

여: 좋습니다. 감사합니다.

어휘 Welcome to ~에 오신 것을 환영합니다 publishing 출판(사)
interview 면접, 인터뷰 apply for ~에 지원하다
assistant editor 보조 편집자 position 자리, 직위
arrive 도착하다 first 첫째로, 우선 fill out 작성하다
information 정보 form 양식 visitor 방문자 pass 출입증
be finished 끝나다 gladly 기꺼이 escort 호위하다
Sounds good. 좋습니다.

10. 화자들이 어디에 있는 것 같은가?
(A) 도서관
(B) 서점
(C) 출판사
(D) 작가 회의

해설 세부 사항을 묻고 있다. 남자의 첫 대사 Welcome to Keller Publishing.에서 대화 장소가 출판사임을 알 수 있으므로 정답은 (C)이다.

11. 여자는 왜 "케이틀린 켈러 씨와 면접이 있습니다"라고 말하는가?
(A) 남자의 초청을 거절하려고
(B) 행사 시간을 바꾸려고
(C) 다음 날의 일정을 설명하려고
(D) 방문한 목적을 설명하려고

해설 화자의 의도를 묻는 문제이다. 인용문 바로 앞에서 여자가 인사를 하고 자기 이름을 밝히고 있다. 이것은 그녀의 방문 목적을 설명하고 있는 것이므로 정답은 (D)이다.

12. 남자가 여자에게 요청하는 것은 무엇인가?
(A) 명찰을 반납할 것
(B) 양식을 작성할 것
(C) 관리자를 기다릴 것
(D) 설명을 반복할 것

해설 세부 사항을 묻고 있다. 남자의 둘째 대사 if you could fill out this information form에서 여자에게 정보 양식을 작성해 달라고 했다. 따라서 fill out을 Complete으로 바꾸어 표현한 (B)가 정답이다.

13-15

MB: In order to prepare for ¹³⁾**our big sale starting on Monday**, we need some people to perform some additional tasks.

WA: What needs to be done?

MB: We have to ..., Actually, ¹⁴⁾**I'll let Jonah explain since he will be in charge of the preparations. Jonah**?

MA: Well, like Haruto said, we must prepare for the sale. We need to hang banners and balloons. ¹⁵⁾**We also need to indicate, with stickers, which items are on sale.**

WA: How many people are needed?

MA: Two or three people should be sufficient.

MB: Thanks for explaining, Jonah. So do we have any volunteers?

WA: Sure. I'll help.

남1: 월요일에 시작되는 대규모 세일을 준비하기 위해 우리는 추가 업무를 진행할 사람들이 필요해요.
여: 무슨 일을 해야 하나요?
남1: 우리가 해야 할 일은… 사실 조나가 준비를 책임질 테니까 그에게 설명하도록 할게요. 조나?
남2: 음, 하루토가 말한 대로 우리는 세일 준비를 해야 합니다. 우리는 배너와 풍선을 걸어야 해요. 우리는 또한 어느 품목이 세일을 하는지 스티커로 표시해야 해요.
여: 몇 사람이 필요한가요?
남2: 두세 명이면 충분할 거예요.
남1: 설명해 줘서 고마워요, 조나. 그래서 우리 중에 자원할 사람이 있나요?
여: 그럼요. 제가 도울게요.

어휘 in order to ~하기 위해 prepare (for) 준비하다, 대비하다 perform 수행하다 additional 추가의 task 과제, 업무 actually 사실은 explain 설명하다 since ~이므로 be in charge of 책임지다 preparation 준비 hang 걸다 banner 배너, 현수막 balloon 풍선 indicate 표시하다 sticker 스티커 on sale 세일 중인 sufficient 충분한 volunteer 지원자, 자원자

13. 월요일에 일어날 일은 무엇인가?
(A) 상점에서 세일을 할 것이다.
(B) 새 상점이 문을 열 것이다.
(C) 영업 회의가 열릴 것이다.
(D) 새 직원이 채용될 것이다.

해설 세부 사항을 묻고 있다. 남자1의 첫 대사 our big sale starting on Monday에서 월요일에 대규모 세일이 시작된다고 했으므로 정답은 (A)이다.

14. 하루토는 왜 조나에게 말하도록 부탁하는가?
(A) 승진을 발표하려고
(B) 업무를 설명하려고
(C) 자원자들에게 감사하려고
(D) 상품들을 소개하려고

해설 세부 사항을 묻고 있다. 남자2의 첫 대사 like Haruto said에서 하루토가 남자1임을 알 수 있다. 남자의 둘째 대사 I'll let Jonah explain since he will be in charge of the preparations에서 세일 준비 책임자인 조나에게 필요한 추가 업무를 직접 설명하도록 요청하고 있음을 알 수 있다. 따라서 정답은 (B)이다.

15. 여자가 돕게 될 일은 무엇인가?
(A) 서류 준비하기
(B) 테이블 준비하기
(C) 세일 품목에 표시하기
(D) 직원들을 교육하기

해설 세부 사항을 묻고 있다. 남자2의 첫 대사 We also need to indicate, with stickers, which items are on sale.에서 세일하는 품목을 스티커로 표시해야 한다고 했으며 여자의 마지막 대사에서 자기가 돕겠다고 했다. 따라서 indicate를 marking으로 바꾸어 표현한 (C)가 정답이다.

16-18

MA: Welcome to Knarl Tech. Can I help you?

WA: Yes, my notebook computer is a few years old now, so I want to upgrade to a newer model.

MA: OK. What kind of features would you like?

WA: Well, ¹⁶⁾**my current notebook's battery only lasts for an hour or two**. A longer battery life would be nice.

MA: Hmm ... ¹⁷⁾**We sell a notebook that is Marathon certified. Marathon Certification means that the battery lasts for over six hours.** Plus, that model is very light, so it's easy to transport.

WA: Oh, good. ¹⁸⁾**I attend lots of fashion trade shows to market my company's apparel.** A light, portable computer would be really convenient while on the move.

남: 닐 테크에 오신 것을 환영합니다. 도와드릴까요?
여: 네, 제 노트북 컴퓨터가 이제 몇 년 돼서 더 새로운 모델로 업그레이드하고 싶어요.
남: 알겠습니다. 어떤 기능들을 원하시나요?
여: 음, 현재 있는 노트북의 배터리는 한두 시간밖에 안 가요. 배터리 수명이 더 길었으면 좋겠어요.
남: 음… 저희는 마라톤 인증을 받은 노트북을 판매합니다. 마라톤 인증은 배터리가 6시간 이상 지속된다는 의미입니다. 게다가 그 모델은 아주 가벼워서 가지고 다니기 쉽습니다.
여: 오, 좋아요. 저는 우리 회사의 의류를 마케팅하려고 많은 패션 산업 박람회에 참석해요. 가벼운 휴대용 컴퓨터는 이동 중에 정말 편리할 거예요.

어휘 upgrade 업그레이드하다 feature 기능, 특징 battery 배터리, 전지 last 지속되다, 오래가다 life 수명 certified 인증을 받은 certification 인증 plus 게다가, 더욱이 light 가벼운 transport 운반하다 attend 참석하다 trade show 무역[산업] 박람회 market 시장에 내놓다, 마케팅하다 apparel 의류 portable 휴대용의 convenient 편리한 on the move 이동 중에

16. 여자는 자신의 노트북 컴퓨터에 대해 어떤 문제점을 말하는가?
(A) 시끄러운 팬 소음
(B) 높은 작동 온도
[C] 짧은 배터리 수명
(D) 무거운 중량

해설 세부 사항을 묻고 있다. 여자의 둘째 대사 my current notebook's battery only lasts for an hour or two에서 현재 노트북의 배터리가 한 시간밖에 지속되지 않는다고 했으므로 정답은 (C)이다.

17. 시각 정보에 의하면, 남자는 여자에게 어떤 모델을 추천하는가?
(A) T1
(B) T2
[C] L1
(D) L2

해설 대화문과 표를 연계해 풀어야 하는 문제이다. 남자의 마지막 대사 We sell a notebook that is Marathon certified.

Marathon Certification means that the battery lasts for over six hours.에서 마라톤 인증을 받은 노트북은 배터리가 6시간 이상 지속된다고 하며 추천하고 있다. 표를 보면 Marathon 항목에 표시된 모델은 L1이므로 (C)가 정답이다.

18. 여자는 어떤 업계에서 일하는 것 같은가?
(A) 기술
[B] 패션
(C) 여행
(D) 금융

해설 추론 문제이다. 여자의 마지막 대사 I attend lots of fashion trade shows to market my company's apparel.에서 자기 회사의 의류를 마케팅하려고 많은 패션 산업 박람회에 참석한다고 했으므로 정답은 (B)이다.

UNIT 13 전화 메시지

청취 집중 훈련 2 본책_ p.132

1. (B)   2. (C)   3. (B)
receptionist, postpone, return, rescheduled

WA

Hello, Ms. Fayad, ¹⁾**this is Meredith, Dr. Morgan's receptionist**. I'm sorry to tell you this, but we will have to postpone your appointment. ²⁾**The doctor has to attend a medical conference this Friday in London.** ³⁾**Your appointment was originally scheduled for 10 A.M. on Friday**, but the doctor does not expect to return until Saturday morning. He is terribly sorry. I have rescheduled you for Monday at 10 A.M. If this is a bad time, please call me back.

안녕하세요, 페이야드 씨. 저는 모건 선생님의 접수직원 메러디스입니다. 이런 말씀을 드리게 되어 죄송하지만 예약을 연기해야 합니다. 선생님은 이번 주 금요일 런던에서 열리는 의학 학회에 참석해야 합니다. 원래 금요일 오전 10시로 예약되어 있었습니다만 선생님이 토요일 아침에야 돌아올 예정입니다. 선생님이 정말 죄송하다고 하네요. 제가 월요일 오전 10시로 예약을 조정했습니다. 이 시간이 안 되시면 저에게 다시 전화 주세요.

어휘 receptionist 접수직원 postpone(= put off) 연기하다 appointment 약속, 예약 attend 참석하다 medical 의료의, 의학의 conference 회의 be scheduled for+시점 ~ 시점으로 일정이 잡히다 originally 원래, 최초에 reschedule 일정을 조정하다

1. 화자에 대해 무엇이 언급되었는가?
(A) 그녀는 의사다.
(B) 그녀는 의사의 접수직원이다.
(C) 그녀는 의사의 환자들 중 한 명이다.

해설 전화 메시지를 남길 때는 수신자가 궁금하지 않도록 대체로 메시지 초반부에 자신의 소속 기관이나 신분을 밝힌다. 여기서도 화자가 메시지 첫 문장에 this is Meredith, Dr. Morgan's receptionist라고 하면서 자신이 의사의 접수직원임을 밝히고 있다.

2. 의사는 왜 런던에 가는가?
(A) 강의를 듣기 위해
(B) 동료를 만나기 위해
(C) 학회에 참석하기 위해

해설 질문이 London에 가는 이유이므로 메시지 중에서 London이 언급되는 부분에서 정답의 단서를 찾아야 한다. 화자가 The doctor has to attend a medical conference this Friday in London이라고 했으므로 정답은 (C)다.

3. 페이야드 씨의 원래 약속은 언제였는가?
(A) 월요일
(B) 금요일
(C) 토요일

해설 질문의 핵심어는 Ms. Fayad, original appointment이므로 이 말이 언급되는 부분을 잘 포착해야 한다. 화자가 메시지 중간 부분에서 Your appointment was originally scheduled for 10 A.M. on Friday라고 했으므로 정답은 (B)다. 이처럼 질문의 핵심어를 먼저 확인한 다음 그 단어가 언급되는 부분에서 정답의 단서를 찾는 방식으로 문제를 풀어야 한다.

실력 점검 문제 본책_p.133

1. (B) 2. (C) 3. (B) 4. (B) 5. (B) 6. (A)
7. (C) 8. (D) 9. (B)

1-3 MA

Hi, Mr. Daniels. ²⁾**This is Hank calling from Magical Window Cleaners.** ¹⁾**I just wanted to let you know that we'll start washing your home's windows tomorrow at 9 A.M.** We also remind you to move and cover any furniture that is near your windows. This will allow our cleaning crew to work faster without damaging anything. Oh, you said that you got a coupon from our Web site. So, ³⁾**we will give you a 5% discount.** We'll see you tomorrow.

안녕하세요, 대니얼스 씨. 저는 매지컬 윈도우 클리너스에서 전화 드리는 행크입니다. 저희가 내일 오전 9시에 고객님 집 창문 청소를 시작한다는 것을 알려 드리고자 합니다. 또한 창문 근처의 모든 가구를 옮겨서 덮개를 씌워주세요. 이렇게 해주시면 저희 청소 직원들이 아무것도 손상시키지 않고 일을 더 빨리 할 수 있습니다. 참, 웹사이트에서 쿠폰을 받았다고 하셨죠. 5% 할인 해드리겠습니다. 내일 뵙겠습니다.

어휘 let+사람+know ~에게 알려 주다 wash 씻다
remind 상기시키다 move 옮기다 cover 덮다
cleaning crew 청소직원 faster 더 빨리(fast의 비교급)
damage 손상시키다 give a discount 할인해주다

1. 메시지의 목적은 무엇인가?
(A) 새로운 서비스를 언급하기 위해
(B) 예약을 확인하기 위해
(C) 문제점에 대해 사과하기 위해
(D) 가격 인상을 언급하기 위해

해설 메시지의 목적은 화자가 자신의 신분을 밝힌 후에 바로 언급되므로 메시지의 초반부를 잘 들어야 한다. 여기서도 화자가 자신의 이름과 근무지를 말한 후에 I just wanted to let you know that we'll start washing your home's windows tomorrow at 9 A.M.이라고 했으므로 정답은 (B)다.

2. 전화를 건 사람의 회사는 어떤 종류의 서비스를 제공하는가?
(A) 이사
(B) 주택 페인트칠
(C) 창문 청소
(D) 잔디 관리

해설 회사가 어떤 회사인지 알면 그 회사가 제공하는 서비스를 알 수 있다. 화자가 자신의 신분을 밝히면서 This is Hank calling from Magical Window Cleaners라고 했는데 회사명이 Magical Window Cleaners이므로 창문 청소 서비스를 제공하는 회사다.

3. 전화를 건 사람은 요금에 대해 뭐라고 말하는가?
(A) 이제 신용카드를 받는다.
(B) 고객이 할인을 받을 것이다.
(C) 고객이 쿠폰을 사용할 수 없다.
(D) 청소 서비스가 무료다.

해설 〈what does the caller say[mention] about+명사?〉는 '명사에 대해 ~라고 말하는가?'라는 질문이므로 빠르게 about 뒤의 명사를 보고 그 단어가 언급되는 부분에 집중해야 한다. 여기서는 about 뒤의 명사가 payment이므로 특히 금액이나 할인에 대한 말이 나오리라 예상할 수 있는데 메시지 후반부에 we will give you a 5% discount라고 했으므로 정답은 (B)다.

4-6 MB

Hi, Ms. Owens. ⁴⁾**This is Stan calling from Mitchell's Carpet Center.** Last week, you ordered a roll of green carpet, but ⁵⁾**there was a delivery** mistake and the wrong color carpet was sent out. We've contacted the distributor, and they say the correct item will be re-delivered by tomorrow. Fortunately, we can have one of our technicians install the carpet in your home this Thursday, the 19th. Please give us a call back just to **6) let us know that this date will be OK with you**. Thanks a lot.

안녕하세요, 오언스 씨. 저는 미첼 카펫 센터에서 전화 드리는 스탠입니다. 지난 주에 녹색 카펫 하나를 주문하셨는데 배달 실수가 있어서 다른 색깔의 카펫이 배송되었습니다. 저희가 배송업체에 전화했고 배송업체에서 내일까지 올바른 물건을 다시 배송할 거라고 합니다. 다행히 우리 기술자 한 사람이 19일인 이번 주 목요일에 귀댁에 카펫을 설치할 수 있습니다. 이 날짜가 괜찮은지 저희에게 다시 전화주십시오. 대단히 감사합니다.

어휘 a roll of carpet (둥글게 말아 놓은) 카펫 하나 delivery 배달
send out 보내다 contact 연락하다
distributor 배송업체, 유통업체 correct 올바른 item 물품
fortunately 다행히 technician 기술자 install 설치하다

4. 화자는 어디에서 근무할 것 같은가?
(A) 출장연회 업체에서
(B) 카펫 상점에서
(C) 배송업체에서
(D) 건축회사에서

해설 화자가 어디에서 일하는지는 메시지 초반부에 나오는 근무지를 들으면 알 수 있다. 화자가 This is Stan calling from Mitchell's Carpet Center라고 했으므로 근무지는 카펫 상점이다.

5. 문제점이 무엇인가?
(A) 물품의 재고가 없다.
(B) 잘못된 물품이 배달되었다.
(C) 물품이 배송 중에 손상되었다.
(D) 물품이 잘못된 주소로 배송되었다.

해설 문제점에 대해 언급할 때는 I'm sorry ~, The problem is ~ 또는 mistake 같은 단어들이 쓰이므로 이 단어들이 나오는 부분에서 정답의 단서를 찾아야 한다. 여기서도 mistake를 써서 there was a delivery mistake and the wrong color carpet was sent out이라고 말했으므로 정답은 (B)다.

6. 화자는 오언스 씨에게 무엇을 하라고 요청하는가?
(A) 날짜 확인하기
(B) 다른 색깔 선택하기
(C) 다른 배달 일정 잡기
(D) 직접 회사 방문하기

해설 메시지를 남길 때 수신자에 대한 요청 사항은 대개 메시지 후반부에 제시한다. 여기서도 메시지 마지막에 let us know that this date will be OK with you라고 하면서 날짜를 확인해 달라고 요청하고 있다.

7-9 WA

You've reached the Hilltop Restaurant's employment hotline. **7) We always try to hire energetic staff with a commitment to customer service.** We are currently in the process of updating our information, and **8) will have it ready on Tuesday at 9 A.M.** We offer both part-time and full-time positions. For more detailed information, stop by any restaurant and speak to a general manager. We also recommend sending us an online application. **9) Go to www.hilltoprestaurant.com to download our current form.**

힐탑 식당의 채용 상담 전용선입니다. 저희는 언제나 고객 서비스에 헌신하는 열정적인 직원들을 채용하려 합니다. 현재 정보를 업데이트하고 있으며 화요일 오전 9시까지 완료됩니다. 저희는 시간제와 정규직을 모두 채용합니다. 더 많은 세부 정보를 원하시면 어느 지점이든 들러서 총지배인과 이야기하십시오. 또한 온라인 지원서를 보내시길 권해드립니다. www.hilltoprestaurant.com에 접속해 현재 양식을 다운 받으세요.

어휘 You've reached (전화 자동응답기에서 나오는 말로) ~로 연락하셨습니다, ~입니다 employment 채용 hotline 상담 전용선 hire 채용하다
energetic 열정적인 commitment 전념, 헌신
in the process of ~하고 있는 both A and B A와 B 모두
full-time position 정규직 detailed 상세한
recommend 권하다 current 현재의

7. 메시지의 대상은 누구일 것 같은가?
(A) 고객들
(B) 식당 지배인들
(C) 구직자들
(D) 컴퓨터 프로그래머들

해설 Part 4에 〈Who is the message[passage] intended for?〉라는 질문이 종종 보이는데 이는 '이 메시지[지문]는 누구에게 보내는 것인가?'라는 뜻이다. 메시지의 대상은 메시지의 초반부에 언급되므로 대체로 앞 부분에 단서가 있다. 여기서도 초반부에 We always try to hire energetic staff with a commitment to customer service.라고 했으므로 메시지의 대상은 (C)다.

8. 화요일에 무슨 일이 일어나겠는가?
(A) 연회가 열린다.
(B) 교육 프로그램이 시작된다.
(C) 새로운 식당이 개업한다.
(D) 몇 가지 정보가 업데이트된다.

해설 질문에 요일이나 시간 등 시점이 나올 경우, 동일한 시점이 메시지에도 언급되리라 미리 예상할 수 있다. 따라서 메시지를 듣다가 그 시점이 나오는 부분에서 정답의 단서를 찾아야 한다. 화자가 will have it ready on Tuesday at 9 A.M.이라고 말한 부분에 Tuesday가 있고 it은 information을 가리키므로 정답은 (D)다.

9. 청자들에게 무엇을 권장하는가?
(A) 예약 확인
(B) 웹사이트 방문
(C) 회사 매니저에게 전화
(D) 고객 설문지 작성

해설 전화 메시지에서 수신자에게 남기는 요청이나 권고 사항은 대부분 메시지 후반부에 나온다. 여기서도 메시지를 끝내면서 Go to www.hilltoprestaurant.com to download our current form이라고 했으므로 정답은 (B)다.

UNIT 14 광고

청취 집중 훈련 2 본책_ p.140

```
1. (A)   2. (B)   3. (C)
teeth, care, save
```

MA

¹⁾**A visit to the dentist can be stressful, especially when considering the price.** With Caring United, you and your family will have the healthiest teeth without the painful price of other dental clinics. ²⁾**We have three locations** across the city, so you won't have to go far to get dental care. Call 938-2895 to learn how ³⁾**you can save up to forty percent** on your dental care. For more information, you can also visit our Web site at www.caringdentalunited.com.

치과에 가는 일은 스트레스가 될 수 있습니다. 특히나 가격을 고려하면 그렇죠. 케어링 유나이티드에 오시면 다른 치과처럼 속이 쓰릴 정도로 거금을 들이지 않고 여러분과 가족이 가장 건강한 치아를 가질 수 있습니다. 저희는 시내 세 곳에 지점을 갖고 있으므로 치아 관리를 받으려 멀리 가실 필요도 없습니다. 치아 관리에 최대 40%까지 절약할 수 있는 방법을 원하시면 938-2895번으로 전화 주세요. 더 많은 정보는 저희 웹사이트 www.caringdentalunited.com을 방문하시기 바랍니다.

어휘 a visit to+장소 ~로의 방문   dentist 치과의사
stressful 스트레스가 많은   consider 고려하다
healthiest 가장 건강한(healthy의 최상급)   painful 고통스러운
dental clinic 치과   location 지점   across the city 도시 곳곳에
go far 멀리 가다   dental care 치아 관리   save 절약하다, 아끼다

1. 화자가 "특히 가격을 고려했을 때"라고 말했을 때 의미하는 바는 무엇인가?
(A) 치과 방문에는 비용이 많이 든다.
(B) 가격은 문제가 되지 않는다.
(C) 단지 신규환자들만 할인을 받을 수 있다.

해설 화자의 의도 파악 문제. 인용문 바로 앞에서 A visit to the dentist can be stressful라고 했다. 즉, 치과에 가는 일 자체가 스트레스인데 비용을 생각하면 더욱 그렇다는 의미이다. 따라서 인용문은 치과 방문 비용이 비싸다는 의미이므로 정답은 (A)이다.

2. 케어링 유나이티드는 얼마나 많은 지점을 갖고 있는가?
(A) 두 개
(B) 세 개
(C) 네 개

해설 지점의 개수를 묻는 질문인데 광고에서 We have three locations라고 했으므로 정답은 (B)다. 본문의 locations가 보기에서 offices로 패러프레이징(바꾸어 말하기)되었다는 점에 유의해야 한다.

3. 고객들은 돈을 얼마나 절약할 수 있는가?
(A) 20%
(B) 30%
(C) 40%

해설 보기에 퍼센트가 제시되면 속으로 미리 빠르게 발음해 둔 다음, 보기 중에서 어떤 것이 본문에서 반복되는지 포착해야 한다. 광고에서 you can save up to forty percent라고 한 부분에서 forty percent가 반복되어 나오므로 정답은 (C)다.

실력 점검 문제 본책_ p.141

```
1. (C)   2. (A)   3. (C)   4. (D)   5. (A)   6. (B)
7. (D)   8. (D)   9. (B)
```

1-3 MB

If you're looking for the perfect gift, ²⁾**try Hobson Travel Speakers for only $15.** ¹⁾**These speakers have a sleek design and are lightweight** enough to fit into any carry-on baggage. The Hobson Travel Speakers have a high and clear output, and they work well with laptops, mobile phones and MP3 players. ³⁾**You can purchase these speakers for this one-time low price of $15 online at** www.travelgifts.com, where we have more great gift ideas. That's www.travelgifts.com.

최고의 선물을 찾으신다면 단돈 15달러에 홉슨 트래블 스피커를 사 보세요. 이 스피커는 매끈한 디자인에다 휴대용 가방에 충분히 들어갈 정도로 가볍습니다. 홉슨 트래블 스피커는 깨끗한 고출력으로 노트북, 휴대폰, 그리고 MP3 재생기에 모두 잘 맞습니다. 온라인 www.travelgifts.com에서 15달러라는 단 한 번 뿐인 저렴한 가격에 스피커를 구입하실 수 있으며 웹사이트에는 더 많은 좋은 선물거리가 있습니다. 바로 www.travelgifts.com입니다.

어휘 look for 찾다   for+금액 (금액)에   sleek 매끈한
lightweight 가벼운   fit into ~에 잘 들어가다
carry-on baggage 기내 휴대용 가방   high output 고출력

clear 명료한   work with ~와 어울리다   purchase 구입하다
one-time 한 번의   low price 저렴한 가격

1. 스피커에 관해 언급된 사실은?
(A) 비싸다.
(B) 내구성이 좋다.
(C) 가볍다.
(D) 다양한 색깔로 나온다.

해설 보기 (C)의 lightweight가 본문에서 These speakers have a sleek design and are lightweight라고 나왔으므로 정답은 (C)다. 참고로 speaker는 말하는 사람, 즉 '화자'를 뜻할 수도 있고, 이 문제처럼 음향 장비의 '스피커'를 뜻할 수도 있다는 것에 주의해야 한다.

2. 스피커 가격은 얼마인가?
(A) 15달러
(B) 25달러
(C) 35달러
(D) 45달러

해설 보기 중에 금액이 있을 경우에는 속으로 미리 발음해 두면 본문에서 숫자가 나올 때 더 쉽게 알아들을 수 있다. 광고를 처음 시작하면서 가격에 대해 try Hobson Travel Speakers for only $15라고 했고 그 뒤에서도 for this one-time low price of $15라고 다시 한 번 같은 금액을 반복하고 있다.

3. 스피커는 어디에서 구입할 수 있는가?
(A) 카탈로그를 통해
(B) 면세점에서
(C) 웹사이트를 통해
(D) 전자제품 상점에서

해설 광고 마지막 부분에 You can purchase these speakers for this one-time low price of $15 online at www.travelgifts.com이라고 했으므로 정답은 (C)다. 일반적으로 광고 후반부에는 구입 장소나 더 많은 품목 등에 대한 추가 정보를 원하면 웹사이트를 참고하라는 말이 나온다.

4-6 WA

This month 4), 5)**we are offering a free introduction to yoga classes for our fitness club members**. Yoga is great because it helps you relax and makes you more flexible. Yoga is good for people of all ages and abilities. If you are interested in learning about yoga and would like to experience our class, please visit the studio located on the second floor. 6)**Our yoga classes will be held on Wednesdays** from seven to nine P.M. Our first introductory class will start in ten minutes.

이번 달 저희는 헬스클럽 회원들을 위해 무료로 요가 기초 수업을 제공합니다. 요가는 긴장을 풀어주고 몸의 유연성을 높이는 데 좋습니다. 요가는 연령과 체력을 불문한 모든 사람들에게 좋습니다. 요가를 배우는 데 관심 있고 수업을 경험해 보고 싶다면 2층 스튜디오로 오시기 바랍니다. 요가 수업은 수요일 저녁 7시부터 9시까지 진행됩니다. 첫 번째 기초 수업은 10분 후에 시작됩니다.

어휘 free 무료의   introduction 기초, 소개
fitness club member 헬스클럽 회원   relax 긴장을 풀다
flexible 유연한   be interested in ~에 관심이 있다
experience 경험하다   hold (행사, 모임 등을) 열다, 개최하다
introductory 기초의, 입문의   introductory class 기초 수업, 입문 강의

4. 화자는 누구에게 이야기하고 있는가?
(A) 쇼핑객들
(B) 회사 중역들
(C) 식당 직원들
(D) 헬스클럽 회원들

해설 먼저 〈Who is the speaker addressing?〉은 '화자가 누구에게 얘기하고 있는가'라는 뜻으로 광고의 대상을 묻는 질문이다. 광고의 대상은 광고 앞 부분에 언급되므로 초반부를 잘 들어야 한다. 이 광고에서도 시작 부분에 we are offering a free introduction to yoga classes for our fitness club members라고 했으므로 정답은 (D)다.

5. 화자가 언급한 수업은?
(A) 요가
(B) 발레
(C) 에어로빅
(D) 스트레칭

해설 문제와 보기를 미리 읽어서 화자가 특정 수업에 대해 언급하리라는 것을 예상하고 있어야 한다. 그리고 광고 상품, 서비스, 신규 프로그램 등은 광고의 앞 부분에 언급되므로 이야기의 초반부에서 정답의 단서를 찾아야 한다. 광고 앞 부분에 we are offering a free introduction to yoga classes for our fitness club members라고 했으므로 정답은 (A)다.

6. 수업은 언제 열리는가?
(A) 화요일
(B) 수요일
(C) 목요일
(D) 금요일

해설 보기 중에 날짜나 요일이 있을 경우 미리 읽어 둔 다음, 보기 중 어떤 것이 본문에서 반복되어 나오는지를 포착해야 한다. 광고에서 Our yoga classes will be held on Wednesdays라고 했으므로 (B)가 정답이다.

7-9 MA

7)**If you're looking for a laptop computer, I'd like to suggest this Meyerson 360Z.** It was recently released and is our best-selling laptop computer. It has the fastest processor available, so you can view even the most complex Web pages in no time. It also has easy-to-use photo editing software if you have a digital camera and like to take photos. **8)That's not all. Right now, the Meyerson 360Z is on sale**, so **9)you'll save 20 percent** compared to what you would pay in other stores. It also comes with a one-year warranty, which includes free technical support.

만약 노트북을 찾으신다면 이 마이어슨 360Z를 추천하고 싶습니다. 이것은 최근에 출시된 제품이며 저희 제품 중 가장 잘 팔리는 노트북입니다. 시중에 나온 제품 중에서 가장 빠른 프로세서를 장착하고 있어서 가장 복잡한 웹 페이지라도 바로 볼 수 있습니다. 또한 디지털 카메라가 있고 사진 찍는 것을 좋아한다면 이 노트북에는 사용하기 쉬운 사진 편집 소프트웨어가 들어 있습니다. 그게 다가 아닙니다. 지금 메이어슨 360Z는 할인 중이므로 다른 매장에서 지불할 금액에 비해 20%를 절약할 수 있습니다. 또한 무상 기술 지원을 포함한 품질보증 기간은 1년입니다.

어휘 laptop computer 노트북   suggest 제안하다, 추천하다
recently 최근에   release 출시하다   best-selling 가장 잘 팔리는
fastest (fast의 최상급) 가장 빠른   processor (컴퓨터) 정보 처리 장치
available 이용 가능한, 시중에 나온   view 보다   complex 복잡한
in no time 금방, 바로   easy-to-use 사용하기 쉬운   editing 편집
on sale 할인 중인   compared to ~와 비교해 보면
come with ~와 함께 나오다   warranty 품질보증
include 포함하다   free 무료의   technical support 기술 지원

7. 마이어슨 360Z는 무엇인가?
(A) 프린터
(B) 복사기
(C) 디지털 카메라
(D) 노트북

해설 광고 상품은 일반적으로 광고 초반부에 언급된다. 여기서도 If you're looking for a laptop computer, I'd like to suggest this Meyerson 360Z라고 했으므로 정답은 (D)다. 아울러 문제에 사람 이름이나 제품명과 같은 고유명사가 있을 경우에는 그 단어를 속으로 미리 발음해 두면 본문을 들을 때 훨씬 쉽게 알아들을 수 있다.

8. 화자가 "그게 다가 아닙니다"라고 말했을 때 의도하는 바는 무엇인가?
(A) 그들이 모든 기능들을 설명할 수는 없다.
(B) 일부 제품들은 재고가 없다.
(C) 모든 직원들이 상점에 있는 건 아니다.
(D) 제품에 대해 할 말이 더 있다.

해설 인용문 앞에서 Meyerson 360Z의 장점을 설명했고 인용문 뒤에서는 Right now, the Meyerson 360Z is on sale이라며 제품 할인에 대해 얘기하고 있다. 따라서 That's not all은 제품에 대해 언급할 사항이 더 있다는 의미이므로 정답은 (D)이다.

9. 고객은 돈을 얼마나 절약할 수 있는가?
(A) 10%
(B) 20%
(C) 30%
(D) 40%

해설 보기에 금액이나 퍼센트 같은 숫자가 있을 경우에는 보기들을 먼저 읽어 둔 다음, 그 중에서 어떤 것이 본문에서 반복되어 언급되어 나오는지를 포착해야 한다. 광고에서 you'll save 20 percent라고 했으므로 정답은 (B)다.

UNIT 15 안내 방송

청취 집중 훈련 2 본책_ p.148

1. (A)   2. (C)   3. (A)
extending, low, online

MA

Attention all shoppers. This week only, **1)we're offering free gift-wrapping** for all purchases. In addition, **2)we're extending our store hours by two hours both on weekdays and weekends starting next month**. That's right, you can take advantage of our low prices for two more hours every day as of June 1. **3)For a list of our upcoming sales events, please visit our Web site** www.kensingtonstore.com. If you don't have time to visit the store, don't forget we have special online sales. Thank you for shopping with us and have a nice day.

모든 쇼핑객 여러분께 알려 드립니다. 이번 주 한정으로 모든 구매품에 대해 무료 선물 포장을 제공합니다. 또한 다음 달부터는 주중과 주말에 모두 매장 영업시간을 두 시간 늘릴 것입니다. 그렇습니다. 여러분은 6월 1일부터 매일 2시간 더 저희의 저렴한 가격을 이용하실 수 있습니다. 다가오는 할인 행사 목록을 보시려면 저희 웹사이트 www.kensingtonstore.com을 방문해 주십시오. 매장을 방문할 시간이 없으시다면 온라인 특별 할인을 잊지 마시기 바랍니다. 저희 매장에서 쇼핑해 주셔서 감사 드리며 즐거운 하루 보내십시오.

어휘 gift-wrapping 선물 포장   purchase 구매(품)   in addition 또한
extend 연장하다   take advantage of ~을 이용하다
low price 저렴한 가격   upcoming 다가오는

이번 달 영업 시간

요일	영업 시간
월요일-금요일	오전 7시-오후 8시
토요일, 일요일	오전 7시-오후 10시
주목! 새 영업 시간이 곧 안내될 것입니다.	

1. 화자가 제안하는 것은?
[A] 무료 선물 포장
[B] 무료 배송
[C] 무료 쿠폰

해설 Attention all shoppers로 안내 방송의 대상을 밝힌 후, we're offering free gift-wrapping이라고 했으므로 정답은 (A)다.

2. 시각정보를 보라. 다음 달 상점은 주중에 몇 시에 문을 닫는가?
[A] 오후 8시
[B] 오후 9시
[C] 오후 10시

해설 지금처럼 보기에 시점이 있을 경우, 본문을 들을 때 보기의 시점 중에서 반복해서 언급되는 것을 찾아야 한다. 초반부에 화자가 we're extending our store hours by two hours both on weekdays and weekends starting next month라고 했다. 그리고 표를 보면 이번 달 주중에 8시에 문을 닫는 것으로 되어 있다. 그러므로 다음 달에는 두 시간 연장되어 10시에 문을 닫는다는 것을 알 수 있으므로 정답은 (C)이다.

3. 고객들은 어떻게 향후 할인 행사에 대해 알 수 있는가?
[A] 온라인으로 봐서
[B] 신문을 봐서
[C] 고객 서비스 직원에서 물어서

해설 문제의 핵심어가 upcoming sales이므로 이 말이 언급되는 부분에 초점을 맞추어야 한다. For a list of our upcoming sales events, please visit our Web site라고 했으므로 정답은 (A)다. 안내 방송에서 추가 정보나 향후 일정은 흔히 웹사이트를 참고하라고 말한다.

실력 점검 문제 본책_ p.149

1. (B)	2. (A)	3. (D)	4. (A)	5. (A)	6. (B)
7. (C)	8. (B)	9. (C)			

1-3 MB

Attention shoppers. ¹⁾**The store will be closing in thirty minutes.** We ask that ²⁾**you make your final purchases** and bring them to the front of the store for check-out. BioTime Food Mart is open weekdays from seven A.M. to ten P.M. and on weekends from nine A.M. to ten P.M. ³⁾**We would also like to remind you of our Web site**, www.biotimefoods.com, where you can find many of the same products we have here. We thank you for shopping at BioTime and hope you have a wonderful evening.

쇼핑객 여러분께 알려 드립니다. 매장이 30분 후에 문을 닫습니다. 구매를 마무리하시고 매장 앞쪽으로 가져가 계산하시기 바랍니다. 바이오타임 푸드 마트는 평일에는 오전 7시에서 오후 10시까지, 그리고 주말에는 오전 9시부터 오후 10시까지 문을 엽니다. 저희가 매장에 보유한 것과 똑같은 다양한 상품들을 웹사이트 www.biotimefoods.com에서도 찾아보실 수 있다는 점을 다시 한 번 알려 드립니다. 바이오타임에서 쇼핑해 주셔서 감사 드리며 즐거운 저녁 시간 보내시기 바랍니다.

어휘 close 문을 닫다 make a purchase 구매하다 bring 가져가다 in front of ~ 앞에 check-out 계산 weekdays 평일 on weekends 주말에

1. 안내 방송의 목적은 무엇인가?
[A] 새로운 서비스를 알리기 위해
[B] 매장 폐점을 알리기 위해
[C] 특가 판매를 알리기 위해
[D] 재고정리 할인 행사를 알리기 위해

해설 안내 방송의 목적은 안내 방송의 초반부에 나오므로 처음 시작하는 부분을 잘 들어야 한다. 먼저 Attention shoppers로 쇼핑객의 주목을 끈 다음 The store will be closing in thirty minutes라고 했으므로 정답은 (B)다.

2. 어디에서 이 방송을 들을 수 있겠는가?
[A] 식료품점에서
[B] 박물관에서
[C] 구내식당에서
[D] 사무실에서

해설 안내 방송을 시작하면서 The store will be closing in thirty minutes라고 했고 이어서 We ask that you make your final purchases라고 했으므로 이런 안내 방송은 보기 중에서는 쇼핑할 수 있는 식료품점에서 들을 수 있다.

3. 화자가 제안하는 것은?
[A] 고객들이 견본을 받는 것
[B] 고객들이 클럽 회원이 되는 것
[C] 고객들이 신제품을 써 보는 것
[D] 고객들이 웹사이트에서 주문하는 것

해설 제안 사항은 일반적으로 안내 방송의 후반부에 나온다. 안내 방송에서 We would also like to remind you of our Web site라고 하면서 웹사이트 주소를 알려주고 이어서 웹사이트에서도 물품을 주문하라고 하므로 정답은 (D)다.

4-6 WB

Attention all Go Jet passengers. There will be a four-hour delay for ⁴⁾**the eight o'clock flight to Milan** ⁵⁾**due to heavy rain.** ⁶⁾**Your new check-in time will be at nine P.M.** and your flight is expected to leave at midnight. We apologize for the delay. Again, Go Jet Flight 219 to Milan will have a four-hour delay with check-in counters opening at nine o'clock. You can check the departure board for up-to-date information. Thank you for your patience, and we apologize for the inconvenience.

모든 고 제트 승객 여러분께 알려 드립니다. 밀라노행 8시 항공편이 폭우로 네 시간 지연됩니다. 새로 바뀐 탑승 수속 시간은 오후 9시이며 항공편은 자정에 출발할 예정입니다. 항공편이 지연되어서 죄송합니다. 다시 한 번 알려드리면 밀라노행 고 제트 219편이 네 시간 지연되어 9시에 탑승 수속을 시작합니다. 최신 정보를 원하시면 출발 안내 전광판을 확인하시기 바랍니다. 기다려 주셔서 감사 드리며 불편을 끼친 점 사과 드립니다.

어휘 delay 지연(시키다) due to ~ 때문에 heavy rain 폭우
check-in time 탑승 수속 시간
be expected to+동사 ~할 예정이다 leave 출발하다, 떠나다
apologize for ~에 대해 사과하다 check-in counter 탑승 수속대
departure board 출발 안내 전광판 up-to-date 최신의
patience 인내 inconvenience 불편함

4. 항공편은 어디로 가는가?
(A) 밀라노
(B) 더블린
(C) 베를린
(D) 런던

해설 문제나 보기에 고유명사가 있을 경우에는 그 단어들을 속으로 미리 읽어 두어서 발음에 친숙하게 만들어 놓아야 한다. 또한 항공편은 〈flight bound for+장소〉 또는 〈flight to+장소〉로 목적지를 나타낸다는 것을 알고 있으면 쉽게 정답을 찾을 수 있다. 여기서는 the eight o'clock flight to Milan이라고 했으므로 정답은 (A)다.

5. 무엇 때문에 지연되고 있는가?
(A) 악천후
(B) 기술적 문제
(C) 항공 교통 체증
(D) 연결 비행편의 지연

해설 항공편 지연의 이유는 '~ 때문에'라는 뜻의 전치사인 due to(= because of, owing to) 뒤를 잘 들으면 알 수 있다. 안내 방송에서 due to heavy rain이라고 했으므로 정답은 (A)다.

6. 승객들은 몇 시에 체크인해야 하는가?
(A) 8시 정각
(B) 9시 정각
(C) 10시 정각
(D) 11시 정각

해설 문제나 보기에 시점이 있을 경우, 그 시점 중에서 어떤 것이 본문에서 반복되는지를 포착해야 한다. 보기에 있는 시점 9 o'clock이 안내 방송 중 Your new check-in time will be at nine P.M.에서 반복되므로 정답은 (B)다.

7-9 WA

You're tuned into the WQEB morning traffic report. I'm Dianne McCullough, bringing you this traffic update from the WQEB helicopter in the sky, high above Pittsburgh. If you're trying to get to work downtown from the Mount Washington or Allentown neighborhoods, take either the Tenth Street or Smithfield Street Bridge, [7]**because the bridge in between those two is filled with cars in bumper-to-bumper traffic.** [8]**The congestion is being caused by the Fort Pitt Shopping Center they're building**—that project has caused a lot of problems with traffic lately. Good luck on your morning commute, and stay tuned to WQEB [9]**to hear an hour of symphony music** on the Melissa Cartwright show, right now.

여러분은 WQEB 아침 교통 정보를 듣고 계십니다. 저는 다이앤 매컬러프입니다. 피츠버그 상공에 높이 떠 있는 WQEB 헬리콥터에서 이 교통 뉴스를 여러분께 전해 드리고 있습니다. 만약 여러분이 마운트 워싱턴이나 앨런타운 지역에서 시내로 출근하시려면 10번가 다리나 스미스 스트리트 다리를 이용하십시오. 그 두 다리 사이에 있는 다리가 극심한 교통 정체 속에 차들로 가득하기 때문입니다. 교통 혼잡은 건설 중인 포트 피트 쇼핑센터에 의해 유발되고 있습니다. 그 건설 공사는 최근에 많은 교통 문제를 일으키고 있습니다. 여러분의 아침 출근길에 행운을 빕니다. 그리고 WQEB에 채널을 고정하시고 곧이어 한 시간 동안 들려 드릴 멜리사 카트라이트 쇼의 교향악을 들어 주십시오.

어휘 be tuned into ~로 채널을 맞추다 traffic report 교통 정보
update 최신 정보 get to work 출근하다 downtown 시내로
neighborhoods 주변 지역 either A or B A나 B 중의 하나
in between 중간에, 사이에 끼어 be filled with ~으로 가득하다
bumper-to-bumper (교통이) 정체된, 꽉 막히는 traffic 교통(량)
congestion 정체, 혼잡 cause 유발하다, 일으키다 project 공사
lately 최근에 Good luck on ~에 행운을 빕니다
commute 통근, 출근 stay tuned 채널을 고정하다
symphony 교향곡, 심포니 right now 지금 곧

7. 시각정보에 의하면, 화자가 운전자들에게 피하라고 권하는 다리는?
(A) 포트 피트 다리
(B) 스미스필드 스트리트 다리
(C) 리버티 다리
(D) 10번 가 다리

해설 담화문과 시각정보를 연계해 풀어야 하는 문제이다. 중간의 take either the Tenth Street or Smithfield Street Bridge, because the bridge in between those two is filled with cars in bumper-to-bumper traffic에서 10번가 다리나 스미스 스트리트 다리를 이용하라고 하며 그 두 다리 사이에 있는 다리는 교통 정체로 차들이 가득하다고 했다. 그림을 보면 Tenth Street Bridge와 Smithfield Street Bridge 사이에 Liberty Bridge가 있으므로 정답은 (C)이다.

8. 화자가 교통 혼잡을 일으킨다고 말하는 것은?
(A) 스포츠 행사
(B) 건설 공사
(C) 야외 콘서트
(D) 버려진 차량

해설 세부 사항을 묻고 있다. 후반부의 The congestion is being caused by the Fort Pitt Shopping Center they're building에서 교통 혼잡이 건설 중인 포트 피트 쇼핑센터에 의해 유발되고 있다고 했으므로 정답은 (B)이다.

9. 청자들이 다음에 듣게 될 것은?
(A) 스포츠 방송
(B) 최신 비즈니스 뉴스
(C) 음악 프로그램
(D) 인터뷰

해설 세부 사항을 묻고 있다. 마지막 문장의 stay tuned to WQEB to hear an hour of symphony music on the Melissa Cartwright show, right now에서 채널을 고정하고 바로 지금 멜리사 카트라이트 쇼의 한 시간짜리 교향곡을 들으라고 했으므로 정답은 (C)이다.

Part 4 Review Test 본책_p.150~151

1. (D)	2. (A)	3. (A)	4. (B)	5. (B)
6. (C)	7. (C)	8. (D)	9. (B)	10. (B)
11. (A)	12. (C)	13. (B)	14. (C)	15. (D)
16. (A)	17. (B)	18. (D)		

1-3 MA

Hello, my name is John Spencer. ¹⁾**I'd like to make a reservation** for next Saturday, November 23, at 6 P.M. ²⁾**for three people**. If possible, ³⁾**we'd like your private room if it's available**. Since it's a special occasion, I would also like to see if I could have a special cake made for the group. Please call me back so we can discuss the cake and reservations. My name is John, my number is 938-8372, and the reservation is for three people at 6 P.M. on November 23. Thank you.

안녕하세요, 제 이름은 존 스펜서입니다. 다음 주 토요일 11월 23일 오후 6시로 3명 예약을 하고 싶습니다. 전용실이 가능하다면 전용실이 좋겠습니다. 그리고 특별한 행사라서 저희 일행을 위한 특별 케이크를 주문할 수 있는지도 알고 싶습니다. 케이크와 예약에 대해 의논할 수 있도록 다시 전화 주세요. 제 이름은 존, 제 전화번호는 938-8372이며 예약은 11월 23일 오후 6시로 3명입니다. 감사합니다.

어휘 make a reservation 예약하다 if possible 가능하다면 private room 전용실 available 이용 가능한 since ~이기 때문에 special occasion 특별 행사 see if ~인지 알아보다 discuss 의논하다

1. 화자는 왜 메시지를 남기는가?
(A) 회의를 연기하기 위해
(B) 신제품을 광고하기 위해
(C) 일자리에 대해 문의하기 위해
(D) 방을 예약하기 위해

해설 메시지를 남기는 목적은 메시지 서두에 언급하므로 처음 시작하는 부분을 잘 들어야 한다. 화자가 I'd like to make a reservation이라고 했고 이어서 private room을 원한다고 했으므로 정답은 (D)다. '예약하다'라는 동사로는 reserve나 book이 쓰인다는 것을 알아 두자.

2. 저녁 식사에 몇 사람이 있겠는가?
(A) 3명
(B) 4명
(C) 5명
(D) 6명

해설 보기에 숫자가 있을 경우, 그 숫자들 중에서 어떤 것이 본문에서 반복되어 언급되는지를 포착해야 한다. 화자가 예약 날짜와 함께 for three people이라고 했으므로 정답은 (A)다.

3. 화자는 무엇을 요청하는가?
(A) 전용실
(B) 단체 할인
(C) 특정 종업원
(D) 발코니 테이블

해설 화자가 메시지 중간 부분에 we'd like your private room if it's available이라고 했으므로 정답은 (A)다. 요청할 때 완곡한 표현으로 〈주어+would like+명사〉를 흔히 쓴다는 것을 알아 두자.

4-6 MB

Good evening, Furniture Mart shoppers. ⁴⁾**We hope you'll take advantage of our limited-time delivery discount service** on all furniture purchases, big or small. For just $40, we'll deliver the furniture to your home and even help set it up. Save time and effort. But hurry – the offer expires this Friday. And don't forget our Big Winter sales event, going on now. ⁵⁾**Get 10% off all bookcases, 20% off all desks, and 30% off all tables.** We'll have another announcement coming up at ⁶⁾**7 o'clock, when we draw the names of two lucky winners** in our weekly Customer Appreciation prize contest. You can watch the drawing here at the customer service desk. Thank you.

가구 마트 쇼핑객 여러분 안녕하세요. 구입품이 많건 적건 모든 가구 구입품에 대해 한정 기간 배달 할인 서비스를 이용하시기 바랍니다. 단 40달러에 집까지 가구를 배달해 드리고 설치도 도와 드립니다. 시간과 수고를 아끼세요. 하지만 서둘러 주세요. 이 행사는 이번 주 금요일에 끝납니다. 그리고 지금 진행 중인 빅 윈터 할인 행사도 잊지 마시기 바랍니다. 모든 책꽂이 10% 할인, 모든 책상 20% 할인, 그리고 모든 탁자가 30% 할인됩니다. 7시에 재방송할 때 주간 고객 감사 경품 대회의 행운의 당첨자 두 명을 뽑도록 하겠습니다. 이곳 고객 서비스 데스크에서 추첨을 구경하실 수 있습니다. 감사합니다.

어휘 take advantage of ~을 이용하다 limited-time 제한[한정] 시간
delivery 배달 purchase 구입(품), 구입하다 for+금액 (금액)에
set up 설치하다 save 덜다, 절약하다 expire 만료되다, 끝나다
go on 진행되다 bookcase 책꽂이 come up (방송 등이) 나오다
draw 뽑다, 추첨하다 appreciation 감사 prize 상, 경품
drawing 추첨

4. 청자들에게 무엇을 권하는가?
(A) 현금으로 물건 구입하기
(B) 상점의 배달 서비스 이용하기
(C) 구매품을 카운터로 가져오기
(D) 상점의 다른 지점 방문하기

해설 안내 방송 초반에 We hope you'll take advantage of our limited-time delivery discount service라고 했으므로 정답은 (B)다. We hope you ~로 권장 사항을 전달하고 있으며, take advantage of는 보기 (B)에서 use로 바꾸어 표현되었다.

5. 매장에서 현재 진행 중인 빅 윈터 판촉 행사에 해당되는 것은?
(A) 가구 품목에 대한 무료 배달
(B) 가격 인하
(C) 새로 도입한 상점 전용 신용카드
(D) 가구 수리 할인

해설 질문에 Big Winter라는 말이 있으므로 이 단어가 언급되는 부분에서 정답의 단서를 찾아야 한다. 본문에서 Big Winter sales event, going on now(Big Winter가 진행되고 있다)라고 말한 다음, Get 10% off all bookcases, 20% off all desks, and 30% off tables라고 했으므로 정답은 (B)다.

6. 경품 당첨자들은 언제 발표되는가?
(A) 오후 5시
(B) 오후 6시
(C) 오후 7시
(D) 오후 8시

해설 문제의 핵심어가 prize winners이고 보기에 시간이 제시되어 있으므로 prize winners가 나오는 부분에서 언급되는 시간을 포착할 수 있어야 한다. 광고 후반부에 7 o'clock, when we draw the names of two lucky winners라고 했으므로 정답은 (C)다.

7-9 WA

Hello, this is Samantha McClellan from TLC Consulting. I'm calling about your job interview scheduled for tomorrow at four P.M. I apologize, but **7) I'd like to reschedule the interview** for Wednesday at ten thirty A.M. **8) Mr. Booker, who does our interviews and hiring**, had some emergency business to attend to. If you are still interested in the position of market analyst, **9) please call me at 837-2748** to confirm the rescheduled appointment. I apologize for any inconvenience this may cause, and I hope you have a good evening.

안녕하세요, 저는 TLC 컨설팅의 사만사 맥클렐런입니다. 내일 오후 4시로 예정된 귀하의 면접 건으로 전화 드립니다. 죄송하지만 면접을 수요일 오전 10시 30분으로 조정했으면 합니다. 면접과 채용을 진행하는 부커 씨에게 처리해야 할 급한 업무가 생겼습니다. 시장 분석 직에 여전히 관심이 있으시면 저에게 837-2748번으로 전화하셔서 조정된 약속 시간이 괜찮으신지 말씀해 주세요. 불편을 끼쳐드려 죄송하며 즐거운 저녁 시간 보내시기 바랍니다.

어휘 call about ~에 대해 전화하다 job interview 취업 면접
apologize 사과하다 reschedule (일정을) 조정하다
hiring 채용 emergency business 급한 업무
attend to ~을 처리하다 confirm 확인하다
market analyst 시장 분석가 inconvenience 불편
cause 야기하다

7. 전화를 건 목적은 무엇인가?
(A) 주문을 취소하기 위해
(B) 약속을 확인하기 위해
(C) 면접 일정을 조정하기 위해
(D) 특별 제안을 알리기 위해

해설 전화 메시지에서 전화를 건 목적은 메시지 초반부에 언급되므로 처음 시작하는 부분부터 잘 들어야 한다. 화자가 자신을 먼저 소개한 후, I'd like to reschedule the interview라고 했으므로 정답은 (C)다.

8. 부커 씨는 누구겠는가?
(A) 고객
(B) 영업직원
(C) 여행사 직원
(D) 채용 담당자

해설 질문이나 보기에 사람 이름이나 지명 등 고유 명사가 있을 경우, 그 고유 명사가 언급되는 부분에서 정답의 단서를 찾는다. 이 문제에서는 Mr. Booker가 언급되는 부분에 초점을 맞추어야 한다. 메시지 중간쯤에 Mr. Booker, who does our interviews and hiring이라고 했으므로 정답은 (D)다.

9. 화자는 어떤 정보를 주는가?
(A) 주소
[B] 전화번호
(C) 주문번호
(D) 이메일 주소

해설 메시지 후반부에 화자가 please call me at 837-2748이라고 했으므로 정답은 (B)다. 화자가 남기는 정보나 청자에게 하는 요청 사항은 주로 후반부에 제시된다.

10-12 WB

Attention all passengers, 10)our flight attendants will shortly 11)start the sales of our gift items. We have a variety of gifts for men, women, and children. If you look at the seat pocket in front of you, you'll be able to see what we have available. We are also selling train and bus tickets into the city. Please note that although gift items may be purchased with cash, all bus and train tickets must be purchased by credit card only. We would also like to remind you that 12)the subway will not be open yet when we arrive at the airport.

승객 여러분께 알려 드립니다. 저희 승무원들이 곧 선물용 상품 판매를 시작합니다. 저희는 다양한 남성용, 여성용, 어린이용 선물을 갖추고 있습니다. 앞쪽 좌석 주머니를 보시면 저희가 보유한 상품을 보실 수 있습니다. 또한 시내로 들어가는 기차와 버스표도 판매합니다. 선물용 상품은 현금으로 구입할 수 있지만 버스와 기차표는 신용카드로만 구입할 수 있다는 점을 양지해 주십시오. 아울러 공항에 도착했을 때 지하철은 아직 운행되지 않는다는 점을 다시 말씀 드립니다.

어휘 flight attendant 승무원 shortly 곧 gift item 선물용 상품
a variety of(= various) 다양한 seat pocket 좌석 주머니
in front of ~ 앞에 available 이용 가능한 purchase 구매(품), 구매하다 cash 현금 open 열린, 개방된 arrive 도착하다

10. 이 안내 방송을 어디에서 들을 수 있겠는가?
(A) 기차에서
[B] 비행기에서
(C) 버스 정류장에서
(D) 지하철 역에서

해설 안내 방송의 장소는 초반에 들리는 단어로 알 수 있으므로 처음 시작하는 부분을 잘 들어야 한다. 화자가 이야기 시작 부분에 our flight attendants라고 했으므로 정답은 (B)다.

11. 안내 방송의 목적은 무엇인가?
[A] 선물 판매를 알리기 위해
(B) 출발을 알리기 위해
(C) 승객들에게 지연을 알리기 위해
(D) 승객들에게 도착 절차를 알리기 위해

해설 안내 방송의 장소와 마찬가지로 안내 방송의 목적도 초반부에 언급되므로 서두 부분을 잘 들어야 한다. 화자가 our flight attendants will shortly start the sales of our gift items라고 했으므로 정답은 (A)다.

12. 지하철에 대해 언급된 내용이 무엇인가?
(A) 서쪽에 위치해 있다.
(B) 공사 중이다.
[C] 닫혀 있을 것이다.
(D) 공항과 연결되지 않는다.

해설 질문의 핵심어가 subway이므로 subway가 들리는 부분에서 정답의 단서를 찾아야 한다. 본문 후반부에 the subway will not be open yet이라고 했는데 not be open이 곧 be closed를 뜻하므로 정답은 (C)다.

13-15 MB

13)Attention Homestyle Grocers customers. There will be a cleanup in aisle eight. 14)We ask that customers be careful when walking around this area. 15)Water was spilled, so we have placed yellow cones to mark the wet zone. The cleanup should take fifteen minutes, and during this time, some products in the aisle will be out of reach. If you are in a hurry and need some items from the shelves, please ask an employee for assistance. Please do not attempt to get the products on your own. We thank you for your patience and cooperation.

홈스타일 식료품점 고객 여러분께 알려 드립니다. 8번 통로에서 청소가 있을 예정입니다. 고객 여러분께 이 구역을 다니실 때 조심하실 것을 부탁드립니다. 물이 뿌려졌기 때문에 저희가 젖은 부분을 표시하려고 노란 콘들을 놓아두었습니다. 청소는 15분이 걸릴 것이며 이 시간 동안에 그 통로의 일부 제품은 손이 닿지 않게 될 것입니다. 급히 진열대의 제품이 필요하시다면 직원에게 도움을 요청하십시오. 혼자서 제품을 집으려고 시도하지 말아 주십시오. 여러분의 인내와 협조에 감사드립니다.

어휘 Attention 알려 드립니다, 주목하십시오 grocer 식료품 장수, 식료품점
customer 고객 cleanup 청소 aisle 복도, 통로
be careful 조심하다 walk around 돌아다니다 area 구역
spill 엎지르다, 뿌리다 place 놓다 cone 콘, 원뿔형 표지
mark 표시하다 wet 젖은 zone 구역, 부분 product 제품
out of reach 손이 닿지 않는 in a hurry 서두르는, 급한
item 품목, 물품 shelf 선반, 진열대 employee 직원
assistance 도움 attempt 시도하다 on one's own 혼자, 혼자 힘으로 patience 인내(심) cooperation 협조, 협력

13. 안내 방송을 하는 장소는 어디겠는가?
(A) 식당
[B] 식료품점

(C) 가구 공장
(D) 청소용품점

해설 세부 사항을 묻고 있다. 첫 문장 Attention Homestyle Grocers customers.에서 안내 방송을 하는 장소가 식료품점임을 알 수 있다. 따라서 Grocers를 grocery shop으로 바꾸어 표현한 (B)가 정답이다.

14. 화자가 "8번 통로에서 청소가 있을 예정입니다"라고 말한 이유는 무엇인가?
(A) 업무를 설명하려고
(B) 도움을 요청하려고
[C] 주의시키려고
(D) 제안을 하려고

해설 화자의 의도 파악 문제이다. 인용문 바로 뒤의 We ask that customers be careful when walking around this area.에서 고객들에게 청소 구역을 다닐 때 조심할 것을 당부하고 있으므로 정답은 (C)이다.

15. 고객들은 왜 일부 품목들에 접근할 수 없는가?
(A) 부딪쳐서 진열대에서 떨어졌다.
(B) 엉뚱한 섹션에 놓여졌다.
(C) 냉장고가 수리되고 있다.
[D] 바닥에 액체가 뿌려져 있다.

해설 세부 사항을 묻고 있다. 전반부의 Water was spilled, 후반부의 during this time, some products in the aisle will be out of reach에서 통로에 물이 뿌려졌으며 청소하는 동안에 그곳의 일부 제품들은 손이 닿지 않게 될 것이라고 했다. 따라서 Water를 A liquid로 바꾸어 표현한 (D)가 정답이다.

16-18 WB

Hi, this is Madeline Clark calling about my order for window curtains. ¹⁶⁾**I just received a promotional e-mail from you** that advertises your new dust-resistant blinds. Well, I would like to use those in some of the rooms in my home, instead of the curtains I ordered. ¹⁷⁾**Can you replace the A-4 type curtains I ordered** with two sets of dust-resistant blinds? After you change the order, ¹⁸⁾**please call me back to confirm**. Thank you.

안녕하세요, 저는 매들린 클라크이며 제가 한 창문 커튼 주문에 관해 전화 드립니다. 방금 귀사에서 새 방진 블라인드를 광고하는 홍보 이메일을 받았습니다. 그래서 제가 주문한 커튼 대신에 그 블라인드를 우리 집 방 몇 곳에 사용하고자 합니다. 제가 주문한 A-4 타입 커튼을 방진 블라인드 2세트로 교체해 주실 수 있나요? 주문을 변경하신 후에 확인 차 제게 답신 전화를 주시기 바랍니다. 감사합니다.

커트스 가정용품	
고객: 매들린 클라크	
품목 번호	품목명
A-2	접이식 커튼
A-4	줄무늬 커튼
B-2	커튼 봉
B-4	고정용 철물

어휘 order 주문; 주문하다 receive 받다 promotional 홍보의
advertise 광고하다 dust-resistant 먼지를 막는, 방진의
blind 블라인드, 가리개 instead of ~ 대신에 replace 교체하다
call back 답신 전화하다 confirm 확인하다
home goods 가정용품 pull-down 접이식의
striped 줄무늬가 있는 curtain rod 커튼 봉
mounting 장착하는, 고정하는 hardware 쇠붙이, 철물

16. 화자는 이메일로 무엇을 받았다고 하는가?
[A] 광고
(B) 영수증
(C) 연락 번호
(D) 쿠폰

해설 세부 사항을 묻고 있다. 둘째 문장 I just received a promotional e-mail에서 방금 홍보 이메일을 받았다고 했다. 따라서 promotional e-mail을 advertisement로 바꾸어 표현한 (A)가 정답이다.

17. 시각 정보에 의하면, 화자는 어떤 품목을 교체하고 싶어 하는가?
(A) 접이식 커튼
[B] 줄무늬 커튼
(C) 커튼 봉
(D) 고정용 철물

해설 담화문과 표를 연계해 풀어야 하는 문제이다. 후반부의 Can you replace the A-4 type curtains I ordered에서 청자가 주문한 A-4 타입 커튼을 교체해 달라고 했다. 표를 보면 A-4의 품목명이 Striped curtains이므로 정답은 (B)이다.

18. 화자가 청자에게 하도록 요청하는 것은 무엇인가?
(A) 양식을 작성할 것
(B) 소포를 찾아갈 것
(C) 가구를 설치할 것
[D] 답신 전화를 할 것

해설 세부 사항을 묻는 문제이다. 끝부분의 please call me back to confirm에서 확인 차 답신 전화를 해 달라고 했다. 따라서 call me back을 Return a phone call로 바꾸어 표현한 (D)가 정답이다.

RC 정답 및 해설

UNIT 1 명사

1. 셀 수 있는 명사(가산명사)

Check-up 본책_ p.161

1. (B)   2. (A)   3. (B)   4. (D)

1.

해설) 알맞은 명사의 형태를 선택하는 문제로, 빈칸 다음의 동사 are와 수 일치를 고려해야 한다. are는 복수동사이므로 복수명사인 (B) Customers가 정답이다. customer(소비자)는 셀 수 있는 명사로 a customer 또는 customers의 형태로만 쓸 수 있다.

해석) 소비자들이 물건을 구입하고 있다.

2.

해설) 빈칸 앞에 another(다른 하나의)가 있으므로, 빈칸에는 가산 단수명사만 가능하다. 따라서 단수명사인 (A) bus가 정답이다.

해석) 다른 버스가 올 것이다.

3.

해설) 빈칸 앞에 several(몇몇의)이 있으므로, 빈칸에는 가산 복수명사만 가능하다. 따라서 복수명사인 (B) companies가 정답이다.

해석) 지난달, 몇몇 회사가 파산했다.

4.

해설) 명사 tests(시험, 검사)를 앞에서 수식할 수 있는 어휘를 선택하는 문제다. (A) another, (B) every, (C) each는 모두 뒤에 가산 단수명사만 가능하므로 탈락된다. 따라서 뒤에 복수명사가 올 수 있는 (D) many가 정답이다.

해석) 승무원 지원자들은 일을 시작하기 전에 많은 시험을 치러야 한다.

2. 셀 수 없는 명사(불가산명사)

Check-up 본책_ p.163

1. (B)   2. (A)   3. (A)   4. (C)

1.

해설) 빈칸 다음의 불가산명사 furniture(가구)를 앞에서 수식하는 어휘를 선택하는 문제다. (A) Every는 뒤에 가산 단수명사가 오므로 탈락된다. 따라서 뒤에 불가산명사와 어울릴 수 있는 (B) Some이 정답이다.

해석) 일부 가구는 무척 오래돼 보인다.

2.

해설) 동사 requested의 목적어가 되는 명사를 선택하는 문제다. (B) approach(접근, 방법)는 가산명사로 부정관사(a, an) 또는 정관사(the)와 함께 사용해야 한다. 따라서 불가산명사인 (A) access(접근, 접속)가 정답이다.

해석) 그 관리자는 예산 보고서에 대한 접근을 요구했다.

3.

해설) 불가산명사 information(정보)을 앞에서 수식할 수 있는 올바른 어휘를 선택하는 문제다. (B) another(다른 하나의)는 뒤에 가산 단수명사가 오므로 오답이다. 따라서 불가산명사와 어울리는 (A) more가 정답이다. for more information(더 상세한 정보를 얻으려면)은 관용 표현으로 자주 쓰이므로 한 단어처럼 익혀두자.

해석) 더 상세한 정보를 보시려면 웹사이트를 방문하세요.

4.

해설) 빈칸 다음의 명사 luggage(짐, 가방)를 앞에서 수식할 수 있는 형용사를 선택하는 문제다. (A) Each, (B) Every는 뒤에 가산 단수명사가, (D) A few는 뒤에 복수명사가 어울리므로 모두 오답이다. luggage가 불가산명사이므로, (C) All이 정답이다.

해석) 모든 가방은 앞좌석 아래에 보관해야 한다.

3. 명사 자리

Check-up 본책_ p.165

1. (B)   2. (A)   3. (B)   4. (C)

1.

해설) 문장 구조를 보면 문두에 빈칸이 있고, 주어가 없으므로 빈칸은 명사 자리다. 따라서 보기 (A)와 (B) 중에서 명사인 (B) Enrollment(등록)가 정답이다.

해석) 그 프로그램은 등록할 필요가 없다.

2.

해설) 빈칸 앞에 upon은 '~하자마자'라는 의미의 전치사다. 전치사 뒤에는 명사나 동명사가 목적어로 오므로, (A) arrival(도착)이 정답이다.

56

해설 도착하자마자 수화물을 찾으러 가세요.

3.

해설 빈칸 앞에 정관사 the가 있으므로 빈칸은 명사 자리다. 따라서 보기 중에서 명사인 (B) reliability(신뢰성)가 정답이다.

해설 당신은 그 데이터의 신뢰성을 믿어도 좋다.

4.

해설 빈칸 앞에 부정관사 an과 형용사 effective가 있으므로, 빈칸은 명사 자리다. 부정관사 다음에는 반드시 가산 단수명사가 오므로 명사 (A) strategies와 (C) strategy 중에서 단수명사인 (C) strategy가 정답이다.

해설 우리는 직원 생산성을 높이기 위한 효과적인 전략을 논의해야 한다.

4. 복합명사

Check-up 본책_p.167

1. (B) 2. (A) 3. (B) 4. (B)

1.

해설 빈칸 앞에 소유격 대명사 your가 있고 빈칸 다음에 명사 form(형태, 서식)이 있으므로, 빈칸에는 form을 앞에서 수식할 수 있는 품사가 필요하다. 일단 빈칸에 동사인 (A) apply는 올 수 없다. 따라서 your application form(당신의 신청서)라는 복합명사를 이루는 (B) application이 정답이다.

해설 당신은 신청서를 제출해야 한다.

2.

해설 빈칸 앞에 소유격 대명사 its가 있고 빈칸 다음에 명사 line(작업라인)이 있으므로 빈칸에는 line을 앞에서 수식할 수 있는 품사가 필요하다. 일단 빈칸에 동사인 (B) assemble은 올 수 없다. 따라서 its assembly line(공장의 조립 라인)이라는 복합명사를 이루는 (A) assembly가 정답이다.

해설 그 공장은 조립 라인을 자동화할 것이다.

3.

해설 빈칸 앞에 부정관사 a가 있고 빈칸 다음에 명사 review(평가, 검토, 후기)가 있으므로 빈칸은 명사 review를 꾸며주는 형용사나 복합명사의 자리다. 그런데 review(평가) 자체가 업무를 수행하는 (performing) 역할을 할 수는 없으므로 이 경우 복합명사로 봐야 한다. performance review(실적평가, 업무능력 평가)라는 표현으로 (B)가 정답이다.

해설 직원들은 연말에 업무능력 평가를 받을 것이다.

4.

해설 정관사 the가 있고, 다음에 명사 process(과정)가 있으므로, 빈칸에는 process를 앞에서 수식할 수 있는 어휘가 필요하다. 명사를 앞에서 수식하는 것은 형용사 또는 명사이므로 동사 (A), (C) 모두 탈락된다. 나머지 보기 중에서 registration process(등록 과정)이라는 복합명사를 만드는 (B) registration이 정답이다.

해설 등록 과정에 이메일이 사용되므로 당신의 이메일 주소는 유효해야 합니다.

실력 점검 문제 본책_p.170~171

1. (D) 2. (A) 3. (C) 4. (C) 5. (D)
6. (A) 7. (B) 8. (B) 9. (D) 10. (B)
11. (D) 12. (B) 13. (C) 14. (A)

1.

해설 빈칸 앞에 부정관사 an이 있으므로 빈칸은 명사 자리다. 따라서 보기 중에서 유일한 명사인 (D) opening(공석, 일자리)이 정답이다.

해설 우리 병원에는 최소 5년 경력의 자격을 갖춘 의사를 위한 공석이 한 자리 있다.

어휘 qualified 능력 있는, 자격 있는 at least 최소한
experience 경험, 경력 opening 공석, 개점

2.

해설 형용사 rising(증가하는)의 수식을 받으며 문맥적으로 어울리는 명사를 고르는 문제다. '재능 있는 직원들을 붙잡아 두는 것이 어렵다'는 내용으로 볼 때, '심해지는 경쟁'이라는 표현이 어울리므로 (A) competition이 정답이다.

해설 심해지는 경쟁으로 재능 있는 직원들을 붙잡아 두는 것이 점점 더 어려워진다.

어휘 rise 높아지다, 커지다 harder and harder 점점 더 어려워지는
retain(= keep) 보유하다, 유지하다 talented 재능이 있는
employee 직원 competition 경쟁, 대회
opposition 반대, 경쟁자 challenge 도전
dominance 우세, 지배

3.

해설 빈칸 앞에 정관사 the가 있으므로 빈칸은 명사 자리다. 따라서 보기 중에서 유일한 명사인 (C) direction(감독, 관리)이 정답이다.

해설 짐테크는 새로이 임명된 최고경영자의 관리 하에 모든 기대치를 초과할 것이다.

어휘 newly 새로이 appointed 임명된 exceed 초과하다
expectation 기대 under the direction of(= under the supervision of) ~의 감독[관리] 하에 direct 지시하다, 알려주다
direction 감독, 설명 directly 바로, 직접

4.
해설 형용사 all(모든)의 수식을 받으면서 전치사 to의 목적어 역할을 하는 명사 자리다. 명사 (A) attendance(참석, 출석)와 (C) attendees(참석자들) 중에서 의미상 적절한 (C) attendees가 정답이다.

해석 세미나에 관한 자료들은 모든 참석자들에게 1주일 전에 전달될 것이다.

어휘 document 문서, 서류   seminar 세미나
be sent to ~에게 전달되다   a week in advance 일주일 전에
attendance 참석, 출석   attendee 참석자   attend 참석하다

5.
해설 빈칸은 전치사 for의 목적어인 명사 자리다. 보기 중에서 형용사 dramatic(인상적인) 수식을 받는 명사는 (D) growth가 유일하다.

해석 코스트콤은 연례회의에서 인상적인 성장을 달성한 이유에 대해 발표할 것이다.

어휘 announce 발표하다, 공표하다   reason 이유, 근거
dramatic 급격한, 인상적인   grow 증가하다   growth 성장

6.
해설 빈칸 앞의 형용사 highest(가장 높은)의 수식을 받으면서 동사 guarantees의 목적어가 되는 명사 자리다. 또한 빈칸 뒤의 of its service와 의미상 연결을 고려하면, '최고 수준의 서비스를 보장하다'라는 내용이 와야 한다. 따라서 '수준, 기준, 규범'이라는 의미의 명사 (A) standard가 정답이다.

해석 더 많은 고객을 끌어들이기 위해 밸리 은행은 최고 수준의 서비스를 보장한다.

어휘 attract 유인하다, 끌어들이다   customer 고객
guarantee 보장하다   standard 규범, 표준   guide 안내인
document 문서, 서류   precaution 예방조치, 예방책

7.
해설 advertising과 함께 복합명사를 이루는 명사어휘를 선택하는 문제다. 문맥상 '광고에 수십억 달러를 투자했다'는 내용으로 볼 때, '광고 예산(advertising budgets)'이라는 표현이 적합하다.

해석 서치 툴 사는 광고예산으로 수십억 달러를 썼다.

어휘 invest 투자하다   billion 10억   billions of dollars 수십억 달러
advertising 광고, 광고업   price 가격, 시세   budget 예산(안)
incentive 동기부여, 혜택   subscription 구독(료)

8.
해설 빈칸은 형용사 new의 수식을 받으면서 동사 negotiate의 목적어가 되는 명사 자리다. '오래된 계약을 대체한다'는 내용이 필요하므로 (B) contract가 정답이다.

해석 달튼 사는 오래된 계약을 대체하기 위해 새로운 계약의 협상을 시도하고 있다.

어휘 negotiate 협상하다   replace 대체하다, 대신하다
expense 비용, 돈   contract 계약   dialogue 대화

9.
해설 빈칸은 동사 need의 목적어가 되는 명사 자리다. 보기 중에서 유일한 명사인 (D) approval(승인, 허락)이 정답이다.

해석 쇼핑몰을 건설하려는 계획은 여전히 군의 선출된 주지사의 승인이 필요하다.

어휘 plan 계획   construct 건설하다   county 자치주, 군(郡)
elected 선출된   governor 주지사   approve 승인하다, 찬성하다
approvingly 동의하여, 지지하여   approval 승인, 허락

10.
해설 빈칸 뒤의 to부정사는 '최고의 오디오 시스템을 소유하다'는 내용이며, 문맥상 '이 기회를 놓치지 마라'라는 의미가 필요하다. 따라서 명사 (B) opportunity(기회, 가능성)가 정답이다.

해석 적절한 가격에 최고의 오디오 시스템을 갖출 수 있는 이 기회를 놓치지 마십시오.

어휘 miss 놓치다, 그리워하다   own 소유하다   at an affordable price 적절한 가격으로   agreement 동의, 합의   opportunity 기회, 가능성
requirement 필요 조건   responsibility 책임, 책무

11-14.

> 세일 - 신제품 '재즈의 역사' 8-CD 박스 세트 - 단 30달러
>
> 위대한 재즈 음악 한정판 CD 컬렉션은 본래 포장 그대로이며 결코 뜯은 적이 없습니다. 선물로 받았는데 지난달에 이미 한 세트를 구입했어요. CD의 음악은 훌륭하며 세트에는 보너스 DVD와 재즈의 역사에 관한 그림 책자도 함께 제공됩니다. 이 제품은 아마도 금방 팔릴 것입니다. (585) 555-0016번으로 브래드에게 오늘 전화주세요.

어휘 limited-edition 한정판의   come with ~에 따라오다
illustrated 삽화가 있는

11.
해설 limited-edition CD(한정판 CD)와 어울려 문장을 완성하는 문제다. 일단 뒤에 동사가 있으므로 동사는 올 수 없다. in its original package라는 표현으로 볼 때 '(음반, 서적 등의) 작품집'을 뜻하는 (D) collection이 문맥에 어울린다.

12.
해설 빈칸 앞의 형용사 illustrated(삽화가 그려진)의 수식을 받을 수 있는 명사는 (B) booklet(소책자)가 유일하다.

13.
해석 (A) 이 제품의 일부가 망가졌습니다.
(B) 추가 기술을 갖출 필요가 있습니다.
(C) 이 제품은 아마도 금방 팔릴 것입니다.
(D) 음악 공연이 인기 있을 것입니다.

해설 문맥에 맞는 문장을 고르는 문제이다. 빈칸 앞 문장에서 음악이 좋다고 언급을 했고, 빈칸 뒤 문장에서 오늘 전화를 달라는 말로 미루어 볼 때 (C)가 가장 적절하다.

14.

해설 전화번호 앞에는 전치사 at이 와야 하므로 (A)가 정답이다.

UNIT 2 대명사

1. 인칭대명사

Check-up 본책_ p.173

| 1. (B) 2. (B) 3. (B) 4. (C) |

1.

해설 알맞은 대명사의 격을 결정하는 문제다. 빈칸 앞에 전치사 of가 있으므로, 그 다음에는 목적어(목적격)가 들어가야 한다. 따라서 목적어(목적격)인 (B) them이 정답이다. 여기서 문장의 주어는 both라는 점에 주의하자.

해석 그들 둘 모두 아시아인이다.

2.

해설 빈칸 다음에 명사 clients(고객들)와의 연결을 생각하는 문제다. (A) we는 주격 대명사로 명사 clients와 나란히 함께 올 수 없다. 따라서 명사를 꾸미는 소유격 대명사 (B) Our가 정답이다.

해석 우리의 고객들은 내일 우리를 방문할 것이다.

3.

해설 알맞은 대명사의 격을 고르는 문제로 빈칸 앞의 전치사 to가 중요한 힌트가 된다. 전치사 다음에는 목적격이 오므로 소유격인 (A) their는 올 수 없다. (B) theirs는 소유대명사로 주격, 목적격 자리에 모두 올 수 있다. 여기서 theirs는 their sales figures를 의미한다.

해석 우리의 매출액은 그들의 매출액과 비슷하다.

4.

해설 알맞은 대명사의 격을 선택하는 문제다. 일단 소유격인 (B) her는 혼자 올 수 없으므로 탈락되며 주어 it과 의미상 맞지 않은 주격인 (A) she와 재귀대명사인 (D) herself는 올 수 없다. 따라서 her briefcase(그녀의 서류가방)를 대신할 수 있는 소유대명사 (C) hers가 정답이다.

해석 테일러 씨는 마틴 씨의 서류가방을 자신의 것으로 착각하고 가져갔다.

2. 재귀대명사

Check-up 본책_ p.175

| 1. (B) 2. (B) 3. (B) 4. (C) |

1.

해설 빈칸은 동사 introduced(~를 소개하다)의 목적어 자리이므로, 주격 대명사 (A) she는 올 수 없다. 따라서 주어와 목적어가 동일할 때 사용하는 재귀대명사 (B) herself가 정답이다.

해석 김 씨는 모임에서 자신을 소개했다.

2.

해설 제시문은 '주어(They)+동사(repaired)+목적어(the fence)'로 이루어진 완벽한 구조다. 즉, 문장의 구성성분인 목적격 대명사 (A) them은 올 수 없다. 따라서 주어 they를 의미하는 강조 용법의 재귀대명사 (B) themselves가 정답이다.

해석 그들은 울타리를 스스로 고쳤다.

3.

해설 알맞은 어휘의 형태를 선택하여 문장을 완성하는 문제다. 전치사 by와 함께 쓰여 하나의 표현을 만드는 것은 (B) ourselves다. (A) our own이 정답이 되기 위해선, 빈칸 앞에 by가 아니라 on이 필요하다.

해석 우리는 그 사무실 장비를 직접 옮겼다.

4.

해설 전치사 다음에 주격 대명사인 (A) they는 올 수 없다. (D) them이 빈칸에 오면 '그들에 관한 새로운 상품'라는 의미가 되어 문맥상 부적절하다. 나머지 보기 중에서 on their own(그들 스스로)이라는 표현을 이루는 (C) their own이 정답이다.

해석 12주의 훈련 이후에 신입 기술자들은 스스로 신제품을 개발해야 한다.

3. 지시대명사

Check-up 본책_ p.177

| 1. (A) 2. (B) 3. (B) 4. (C) |

1.

해설 알맞은 지시대명사를 선택하는 문제로, 빈칸 다음의 be동사 is가 중요한 힌트가 된다. (B) These(이것들)는 복수형으로 뒤에 복수동사가 필요하다. 따라서 단수동사 is와 수일치가 맞는 (A) This(이것)가 정답이다.

해석 이것은 신제품이다.

2.

해설 알맞은 지시대명사를 선택하는 문제로, 빈칸 다음의 동사 contain이 중요한 힌트가 된다. contain은 복수 동사이므로 복수주어로 수일치가 맞는 (B) Those가 정답이다.

해석 저것들에는 매우 깨지기 쉬운 상품들이 들어 있다.

3.

해설 빈칸은 전치사 of 이하의 수식을 받는 동시에, 앞에 나온 명사의 반복을 피하기 위한 지시대명사의 자리이다. 빈칸은 문맥상 profit figures(수익액)를 대신하고 있으므로, 복수를 지칭하는 (B) those가 정답이다.

해석 그들 회사의 수익액은 우리 회사의 수익액보다 높다.

4.

해설 주절의 주어가 될 수 있는 어휘를 선택하는 문제로, 빈칸 다음의 형용사절 who order office supplies가 힌트가 된다. 빈칸 다음에 who가 있으므로 사람을 지칭하는 선행사인 동시에 복수동사 order와 수일치가 맞는 (C) Those(사람들)가 정답이다.

해석 사무용품을 주문하는 사람들은 미리 관리자에게 말해야 한다.

4. 부정대명사

Check-up 본책_ p.179

| 1. (A) | 2. (B) | 3. (A) | 4. (C) |

1.

해설 첫 문장에서 two mobile phones(휴대폰 두 대)가 힌트가 된다. 둘 중 하나를 말할 때는 one, 나머지 하나는 the other라 하므로 (A) the other가 정답이다.

해석 나는 휴대폰이 두 대 있다. 하나는 업무용이고, 다른 하나는 개인용이다.

2.

해설 첫 문장에서 주어는 one of the five proposals(다섯 개의 제안들 중에서 하나)이고, 동사는 is다. but으로 연결된 뒤 문장은 '나머지 넷은 받아들일 수 없다'는 의미가 되어야 하므로 둘 이상에서 하나를 뺀 나머지 모두를 가리키는 (B) the others가 정답이다.

해석 다섯 개의 제안들 중에서 하나는 좋지만, 나머지 넷은 마음에 들지 않는다.

3.

해설 문맥상 '몇몇 직원들은 더 많은 휴가를 좋아하고' but 이후는 '다른 직원들은 더 많은 돈을 선호한다'는 의미가 필요하다. 따라서 other employees(다른 직원들)의 의미를 지닌 (A) others가 정답이다. 또한 주어와 복수동사 prefer의 수일치를 따져보아도 (B) others만 올 수 있다.

해석 몇몇 직원들은 더 많은 휴가를 좋아하지만, 다른 직원들은 더 많은 돈을 선호한다.

4.

해설 빈칸은 동사 will set up의 목적어가 되는 동시에, one plant(공장 하나)와 병치되는 자리다. (B) other는 부정형용사로 단독으로 사용할 수 없다. 상호대명사인 (A) one another와 (D) each other(서로)는 전혀 어울리지 않는다. 따라서 another plant(다른 하나의 공장)를 의미하는 (C) another가 정답이다.

해석 그 회사는 잭슨빌에 공장 하나를, 요크타운에 또 다른 공장 하나를 세울 것이다.

실력 점검 문제 본책_ p.182~183

1. (C)	2. (B)	3. (A)	4. (D)	5. (B)
6. (C)	7. (B)	8. (D)	9. (D)	10. (C)
11. (B)	12. (A)	13. (C)	13. (C)	14. (D)

1.

해설 알맞은 대명사의 격을 고르는 문제로 빈칸 뒤의 명사 goals(목표들)를 수식할 수 있는 것은 소유격 대명사 (C) their가 유일하다.

해석 회계부장은 신입사원들이 그들의 목표를 달성하도록 도왔다.

어휘 accounting manager 회계부장 achieve 달성하다, 실현하다
goal 목표

2.

해설 빈칸은 finance(자금, 재무)와 어울리는 동시에 accountants(회계사)와 의미상 병치가 되어야 한다. 문미에 '세금 환급을 위한 마감일'이라는 표현에서, '재무 전문가(finance professionals)'라는 표현이 필요하다는 것을 알 수 있다.

해석 회계사들과 기타 재무 전문가들은 세금 환급을 위한 마감일 전에는 바쁘다.

어휘 accountant 회계사 finance 자금, 재무 due date 마감일
tax returns 세금 환급 profession 전문 직업
professional 전문가 professionalism 전문성, 전문기술
professionally 전문적으로, 능숙하게

3.

해설 빈칸은 동사 submit(~를 제출하다)의 목적어인 명사 자리다. 따라서 your time sheets를 대신 지칭하는 목적격 대명사 (A) them이 정답이다.

해석 근무 시간 기록표를 작성한 후에 부서장에게 직접 제출하세요.

어휘 fill out(= complete) 작성하다 time sheet 근무 시간 기록표
submit 제출하다, 제안하다 directly 바로, 직접

4.

해설 빈칸 다음의 of infection(감염)과 연결되며 '손을 규칙적으로 씻어야 한다'는 문장의 의미와 어울리는 보기는 (D) risk(위험, 위험요소)가 유일하다.

해석 감염의 위험 때문에 실험실 근무자들은 손을 규칙적으로 씻어야 한다.

어휘 infection 오염, 감염 laboratory 실험실 regularly 규칙적으로 failure 실패, 고장 ruin 붕괴, 몰락 fault 잘못, 결점 risk 위험, 위험요소

5.

해설 문장 구조상 알맞은 대명사의 격을 선택하는 문제다. 동사구 send in과 목적어인 applications(신청서) 사이에 빈칸이 있으므로 명사를 수식할 수 있는 소유격 대명사 (B) their가 정답이다.

해석 마케팅 분야의 자격을 갖춘 모든 지원자들은 그들의 신청서를 제출해야 한다.

어휘 candidate 후보자, 지원자 qualification(= credentials) 자격요건, 자격 send in ~를 제출하다 application 신청서, 지원서

6.

해설 빈칸 뒤의 명사 package를 수식하는 명사어휘를 고르는 문제다. 등위접속사 and 앞의 a generous salary(후한 보수)와 의미상 연결되는 어휘는 '복리후생'을 의미하는 (C) benefits다.

해석 스타 프린트는 직원들을 모집하기 위해서 넉넉한 봉급과 복리후생 혜택을 제공한다.

어휘 offer 제공하다 generous 후한, 넉넉한 salary 봉급, 급료 attract 끌어들이다 interest 관심 control 통제 benefits 복리후생 force 힘, 세력

7.

해설 알맞은 대명사의 격을 선택하는 문제다. 빈칸 다음의 명사 house를 앞에서 꾸미는 소유격 (B) his가 정답이다.

해석 이 씨는 집에서 멀리 떨어져 일하고 있어 일찍 일어나야 한다.

어휘 work 일하다 far from ~에서 멀리 떨어져 get up early 일찍 일어나다

8.

해설 빈칸은 정관사 the 뒤에 오는 명사 자리다. 문미에 '뮤지컬 〈아리랑〉의 티켓이 구매된다'는 내용으로 볼 때 '공연이 시작하기 전에'라는 내용이 필요하다. 따라서 '공연'을 의미하는 (D) performance가 정답이다.

해석 뮤지컬 〈아리랑〉의 공연 티켓은 공연이 시작하기 전에 매표소에서 구입할 수 있다.

어휘 purchase 구입하다 box office 매표소 contact 접촉, 연락 stage 무대 preservation 보존, 보호 performance 공연, 성능

9.

해설 전치사 next to 다음에는 목적어가 필요하므로 주격인 (B) I와 소유격 (A) my는 올 수 없다. 따라서 my office를 의미하는 소유대명사 (D) mine이 정답이다.

해석 경쟁사 한 곳이 지난달 말 지사 사무실을 내 사무실 옆으로 옮겼다.

어휘 rival 경쟁자 branch office 지사, 분점 next to ~ 옆에 last month 지난달

10.

해설 어휘의 형태를 선택하는 문제로 빈칸 앞에 유도부사 there가 힌트가 된다. there가 문두에 오면 'there+동사+주어' 순서로 도치가 일어나므로 빈칸에는 주어가 되는 명사 (C) alternative가 온다.

해석 라이트 씨는 제품 가격을 올리는 것을 주저했지만 정말 어떠한 대안도 없었다.

어휘 be hesitant to+동사원형 ~하기를 주저하다, 꺼려하다 raise 올리다 alternate 번갈아 생기는 alternative 대안, 대책 alternatively 그 대신에, 그렇지 않으면

11-14.

저희 은행은 다음 주 월요일 노동절에는 영업하지 않습니다. 고객 여러분의 편의를 더 잘 도모하기 위해서 토요일 영업시간을 연장합니다. 통상 토요일 오전 8시부터 오후 1시까지 영업하지만 이번 주말에는 오후 5시까지 영업할 예정입니다. 이로써 폐점에 따른 불편이 줄어들 것입니다. 화요일 평소 영업시간에 재개장합니다. ATM기는 계속 작동된다는 점을 알아두시기 바랍니다.

어휘 in order to+동사원형 ~하기 위해서 accommodate ~의 편의를 도모하다, 수용하다 extend 연장하다, 늘리다 lessen (크기·강도가) 줄다, 줄이다 inconvenience 불편 operational 운영하는

11.

해설 알맞은 대명사의 격을 선택하는 문제이다. 빈칸 다음에 있는 명사 customers를 앞에서 꾸미는 소유격 (B) our가 정답이다.

12.

해설 불완전 자동사 remain 뒤에는 형용사나 명사가 보어로 올 수 있다. 일단 (C) openness는 주어와 의미상 연결이 불가능하므로 탈락된다. 따라서 형용사 보어 (A) open이 올 자리다.

13.

해석 (A) 그럼에도 불구하고 우리는 고객 만족을 충족하지 못했습니다.
(B) 무엇보다도 행사 마감일을 맞추는 것이 좋습니다.
(C) 이로써 폐점에 따른 불편이 줄어들 것입니다.
(D) 일부 고객이 서면으로 은행 서비스에 대해 불만을 제기할 것입니다.

해설 문맥에 맞는 문장을 고르는 문제이다. 빈칸 앞 문장에서 보통은 오후 1시까지 문을 여는데 이번 주말은 오후 5시까지 문을 연다고 언급했기 때문에 (C)가 가장 자연스럽다.

14.

해설 밑줄 뒤에 that절과 어울리는 동사로 (D) remember가 적합하다. (A)는 자동사로서 목적어 that절이 올 수 없고 notify 동사는 notify 사람 that절 형태로 와야 한다. call 동사 역시 that절이 뒤에 붙을 수 없는 동사이다.

UNIT 3 형용사

1. 형용사의 역할

Check-up 본책_ p. 185

| 1. (A) 2. (B) 3. (A) 4. (B) |

1.

해설 빈칸은 명사 paintings를 앞에서 수식하는 형용사 자리다. 따라서 정답은 (A) beautiful이다.

해석 그 화랑은 아름다운 그림들을 소장하고 있다.

2.

해설 빈칸 앞의 become은 불완전 자동사이므로 빈칸에는 보어(형용사, 명사)가 들어가야 한다. 동사인 (A) vacate(~를 비우다)는 탈락된다. 따라서 become 뒤에 와서 '공석이 되다'라는 표현을 이루는 형용사 (B) vacant가 정답이다.

해석 그 직위는 공석이 되었다.

3.

해설 문장의 동사가 found이므로 빈칸에 동사 (B) helps는 들어갈 수 없다. '타동사+목적어+목적보어'의 구조로 목적보어가 될 수 있는 형용사 (A) helpful(유용한)이 정답이다.

해석 우리는 어제의 세미나가 유용하다고 생각했다.

4.

해설 빈칸 앞의 동사 seem(~으로 보이다)은 상태를 나타내며, 뒤에 명사나 형용사 보어가 따라온다. 일단 동사는 올 수 없으므로 (A) confuse, (D) confuses는 탈락된다. 부사 (C) confusingly 역시 seem의 보어가 아니다. 따라서 정답은 형용사인 (B) confusing(혼동을 주는)이 정답이다.

해석 그 나라의 교통신호들은 외국인에게 혼란스러워 보인다.

2. 형용사 자리

Check-up 본책_ p. 187

| 1. (B) 2. (A) 3. (A) 4. (C) |

1.

해설 빈칸 다음에 있는 명사 car(자동차)를 꾸밀 수 있는 품사를 선택하는 문제다. 명사 (A) reliance(의존, 의존성)는 의미상 부적합하다. 따라서 a reliable car(믿을 수 있는 차)라는 표현을 만드는 형용사 (B) reliable이 정답이다.

해석 그 고객들은 믿을 수 있는 차가 필요하다.

2.

해설 빈칸 앞에 정관사 the가 있고, 그 다음에 명사 future(미래)가 있으므로 빈칸은 명사를 앞에서 수식하는 형용사 자리다. 따라서 형용사인 (A) near(가까운)가 정답이다.

해석 그 신제품은 머지않아 출시될 것이다.

3.

해설 빈칸 앞의 was는 불완전 자동사로 뒤에 보어(형용사, 명사)가 따라온다. 빈칸 앞의 too는 '너무'라는 의미의 부사다. 따라서 부사 too의 수식을 받는 동시에 보어 역할을 할 수 있는 형용사 (A) slow가 정답이다.

해석 그들의 인터넷 서비스는 너무 느리고 비쌌다.

4.

해설 빈칸에는 be동사 is의 보어 역할을 하는 동시에, 부사 especially의 수식을 받는 형용사 자리다. 따라서 정답은 (C) important(중요한)다. 참고로 전체 문장은 주어 to read the safety manual completely(안전 설명서를 철저하게 읽는 것)가 길어서 뒤로 보낸 '진주어, 가주어' 패턴이다.

해석 안전 설명서를 철저하게 읽는 것이 특히 중요하다.

3. 수량 형용사

Check-up 본책_ p. 189

| 1. (A) 2. (B) 3. (B) 4. (C) |

1.

해설 알맞은 명사의 형태(단수, 복수)를 고르는 문제로, 빈칸 앞의 each가 결정적인 힌트가 된다. 형용사 each는 가산 단수명사를 꾸며주므로 (A) participant(참가자)가 정답이다.

해석 각 참가자는 발표를 할 것이다.

2.

해설 빈칸 앞의 numerous(수많은)는 명사를 수식하는 형용사다.

numerous는 뒤에 복수명사를 꾸며주므로 (B) activities(활동들)가 정답이다.

해석 여행자들은 여기서 수많은 활동들을 즐길 수 있다.

3.

해설 불가산명사 legroom(다리를 뻗는 공간)을 앞에서 수식할 수 있는 형용사 어휘를 고르는 문제다. 복수명사를 수식하는 (A) many는 탈락되고, 복수명사와 불가산명사를 모두 수식하는 (B) enough가 정답이다.

해석 비행기에는 다리를 뻗을 충분한 공간이 없다.

4.

해설 전치사 from 다음의 복수명사 universities(대학들)를 앞에서 수식하는 형용사 어휘를 고르는 문제다. (A) much는 불가산명사를 수식하므로 제외되며, (B) every와 (D) each 모두 뒤에 가산 단수명사를 수식하므로 오답이다. 따라서 복수명사 앞에 올 수 있는 (C) various가 정답이다.

해석 다양한 대학의 학생들이 지난해 YSN 사에서 인턴과정을 거쳤다.

4. 혼동하기 쉬운 형용사

Check-up 본책_p.191

| 1. (B) | 2. (B) | 3. (A) | 4. (C) |

1.

해설 빈칸에는 be동사의 보어 역할을 하는 동시에, 부사 extremely의 수식을 받는 형용사 자리다. 일단, 명사와 동사로 사용되는 (A) cost는 제외된다. 따라서 정답은 (B) costly(비싼)다. 여기서 costly는 '-ly'로 끝이 나지만 부사가 아니라 형용사라는 점에 주의하자.

해석 새로운 시스템은 대단히 비쌀 것이다.

2.

해설 타동사 operate의 목적어인 명사 flights(항공편)를 꾸밀 수 있는 품사를 선택해야 한다. 따라서 형용사인 (B) daily(매일의)가 정답이다. 여기서 daily는 부사가 아니라, 형용사라는 점에 주의하자.

해석 스카이워커 항공사는 서울로 가는 항공편을 매일 운행한다.

3.

해설 명사 amount(금액)를 수식하는 형용사를 고르는 문제다. 의미상 (A) considerable(상당한)이 amount와 어울리므로 (A) considerable이 정답이다.

해석 그 회사는 상당한 금액을 절약할 수 있었다.

4.

해설 빈칸 앞에 있는 be동사 are는 불완전 자동사로, 뒤에 보어(형용사, 명사)가 필요하다. 동사는 들어갈 수 없으므로 (A) depend, (D) depends 모두 오답이다. 전치사 on과 같이 하나의 의미를 만들면서 be동사의 보어가 되는 (C) dependent가 정답이다.

해석 바쁜 시기에 우리는 전화 응대를 자원봉사자에 의존한다.

실력 점검 문제 본책_p.194~195

1. (C)	2. (C)	3. (C)	4. (B)	5. (A)
6. (D)	7. (A)	8. (C)	9. (B)	10. (B)
11. (A)	12. (A)	13. (B)	14. (D)	

1.

해설 빈칸은 명사 person을 앞에서 꾸미는 자리이므로 동사 (B) idealize는 제외된다. 명사 (A) idea(생각, 계획)와 (D) idealism(이상주의)은 의미 연결이 부자연스럽다. 따라서 형용사 (C) ideal(이상적인)이 정답이다.

해석 크리스타 씨는 특별 전시회 개최 프로젝트를 이끌어 나갈 이상적인 사람이다.

어휘 lead 이끌다 special 특별한 exhibit 전시회, 전시품 idea 생각, 계획 idealize 이상화하다 ideal(= perfect) 이상적인 idealism 이상주의

2.

해설 동사 request의 목적어가 되는 알맞은 명사를 고르는 문제다. 문맥상 '영수증 없이' 요구할 수 없는 것이 와야 하므로 (C) refunds(환불)가 정답이다.

해석 데일리고 상점의 소비자들은 더 이상 유효한 영수증 없이는 환불을 요청할 수 없다.

어휘 no longer 더 이상 ~가 아니다 request 요청하다, 요구하다 without ~ 없이 valid 유효한, 효력 있는 receipt 수령, 영수증 profit 이익, 수익금 savings 저축 refund 환불, 환불금 register 등록, 기입

3.

해설 빈칸은 명사 presentations를 수식하는 형용사 자리다. (B) persuaded는 '설득을 당한'이라는 의미로 문맥상 어울리지 않는다. 따라서 give persuasive presentations(설득력 있는 발표를 하다)라는 표현을 만드는 (C) persuasive가 정답이다.

해석 댄버리 씨의 워크숍은 설득력 있는 발표를 하는 방법을 보여줄 것이다.

어휘 workshop 모임, 워크숍 how to+동사원형 ~하는 방법 give a presentation 발표하다 persuade 설득하다 persuasive 설득력 있는, 호소력 있는 persuasively 설득력 있게

63

4.
해설 빈칸은 명사 graphics 앞에서 명사를 꾸미는 형용사가 들어갈 자리다. 따라서 정답은 (B) realistic이다.
해석 현실감 있는 그래픽 덕분에 디자인 소프트웨어 프로그램은 중요한 도구가 되었다.
어휘 thanks to ~덕분에 important 중요한 tool 도구
realistic 현실감 있는, 사실적인 realistically 현실적으로, 사실상으로
realism 현실주의, 사실주의

5.
해설 빈칸은 명사 departments를 앞에서 수식하는 형용사 자리다. 보기의 유일한 형용사 (A) various(다양한)가 정답이다.
해석 다양한 부서 소속의 간부들이 부산에서 곧 열리는 회의에 등록했다.
어휘 manager 관리자, 지배인 department 부서, 국
register for(= enroll in) ~에 등록하다 upcoming 다가오는
conference 회의 various 다양한 variety 다양함, 다양성
vary 다양하게 하다 variation 변화, 변형

6.
해설 문미의 vacant position(공석, 빈자리)이라는 어구에서 구인 광고라는 점을 알 수 있다. 구인 광고에서 경력 사항의 조건과 가장 어울리는 명사는 (D) experience(경력)가 유일하다.
해석 그 공석에 지원하려면 사진 분야에서 최소 2년의 경력이 필요하다.
어휘 a minimum of 최소한의 experience 경험, 경력
be required 요구되다 vacant position 빈자리, 공석
majority 대다수, 과반수 personality 성격
benefit 이익

7.
해설 be동사의 보어인 동시에 빈칸 다음의 to extra duties와 어울려야 한다. '추가 업무를 받을 수 있다(be subject to extra duties)'라는 내용이 필요하므로 형용사 (A) subject(~될 수 있는)가 정답이다.
해석 한 달에 3번 이상 지각하는 직원들은 추가 업무를 받을 수 있다.
어휘 more than(= over) ~이상 duty 의무, 업무 be subject to ~대상이다, ~를 당하다 subject A to B A가 B를 당하게 하다
subjective 주관적인, 마음속에 존재하는

8.
해설 빈칸은 소유격 대명사 your 뒤에 오는 명사 자리로, 동사 increase의 목적어로 적합해야 한다. '법과 정책에 대한 지식을 늘리다'는 의미가 어울리므로 (C) knowledge가 정답이다.
해석 그 회의들은 법과 정책에 대한 여러분의 지식을 늘리도록 기획되었다.
어휘 session 회의, 모임 be designed to+동사원형 ~하도록 기획되다, 고안되다 increase 증가시키다 policy 정책
instruction 지시, 명령 knowledge 지식 ability 능력, 재능

9.
해설 빈칸 앞에 부정관사 a가 있고, 그 다음 명사 interview(면접)가 있으므로 빈칸에는 명사를 수식하는 형용사가 필요하다. 따라서 (B) personal이 정답이다.
해석 CEO에 의해 진행되는 개별 면접은 9월 30일로 예정되어 있다.
어휘 interview 면접, 인터뷰 conduct 실시하다, 실행하다
be scheduled for ~로 예정되다 personally 개인적으로, 사적으로
personal 개인적인, 개별적인 personalize ~를 개인화하다
personable 매력적인

10.
해설 알맞은 명사어휘를 선택하는 문제로 전치사 to와 연결을 고려해야 한다. 문맥상 '접근, 접속'이라는 의미가 필요한데, (B) access와 (C) approach가 가능하다. 하지만 (C) approach는 가산명사로 올 수 없으므로 불가산명사 (B) access가 정답이다.
해석 우리 회사는 방문자 배지를 소지한 방문자들에게만 건설현장에 대한 접근 권한을 준다.
어휘 give access to ~에 대한 접근 권한을 주다
construction site 건설현장 approach 접근 방법

11-14.

반갑습니다, 이 씨.
어제 귀하의 이력서와 자기소개서를 받았습니다. 그리고 당신에게 면접 기회를 드리고 싶습니다. 해외 병원에서 자선활동을 한 귀하의 경력뿐만 아니라 소아과 학위는 우리 소아과에 적격이라고 생각합니다.
우리 병원은 최고의 아동 의료 서비스를 제공하는 병원으로 세 번이나 선정되었습니다. 우리는 언제나 귀하처럼 헌신적인 사람들을 의료진으로 데리고 오는 길을 모색하고 있습니다.
가능한 빨리 연락주세요. **인터뷰를 준비할 것입니다.** 이 이메일에 답장 주시거나 555-8328로 연락주시기 바랍니다. 감사합니다.

애다 인먼
인사부
온타리오 중앙 병원

어휘 receive 받다 would like to ~하고 싶다 grant 승인하다, 주다
charity 자선단체, 자선 ideally 이상적으로, 완벽하게 suit 어울리다
pediatric 소아과의 unit (병원) 과, 부서 vote (투표로) 선출하다, 의사표시를 하다 provider 제공자, 제공업체 medical care 의료 서비스
dedicated 헌신적인 contact 연락하다 at one's earliest convenience 가능한 빨리 arrange (약속 시간 등을) 잡다, 마련하다

11.
해설 문맥에 맞는 단어를 선택하는 문제다. grant+A+B(A에게 B를 수여하다, 주다)의 뜻으로 '당신에게 면접 기회를 주다'는 의미이므로 (A) grant가 정답이다.

12.
해설 구조를 살펴보면 빈칸에 오는 품사는 뒤의 과거분사 suited를 꾸미

는 자리다. 형용사 수식은 부사가 하므로 (A) ideally(이상적으로)가 정답이다.

13.

해설 빈칸은 명사 people을 앞에서 꾸미는 형용사 자리다. 문맥상 '귀하처럼 헌신적인 사람들'이라는 의미가 필요하므로 형용사 (B) dedicated(열렬한, 헌신적인)가 정답이다.

14.

해석 (A) 리스트에서 배제되어서 유감입니다.
(B) 출장에 대한 보상을 받을 것입니다.
(C) 작업장이 그밖에 다른 곳으로 옮겨질 것입니다.
(D) 인터뷰를 준비할 것입니다.

해설 문맥에 맞는 문장을 고르는 문제이다. 빈칸 앞 문장에서 가능한 빨리 연락을 달라고 했으므로 뒤에 이어지는 자연스러운 표현은 인터뷰 일정을 잡겠다는 (D)가 가장 잘 어울린다.

UNIT 4 부사

1. 부사의 형태와 역할

Check-up 본책_ p.197

1. (B)   2. (B)   3. (B)   4. (D)

1.

해설 빈칸 앞에 명사 English만 보고 형용사 (A) fluent(유창한)를 고르면 안 된다. 문맥상 '유창하게 구사하다'라는 의미가 되어야 하므로 동사 speak를 뒤에서 꾸미는 부사 (B) fluently가 정답이다.

해석 신입사원들은 영어를 유창하게 구사한다.

2.

해설 빈칸 다음에 있는 형용사 successful(성공적인)을 앞에서 수식하는 품사를 고르는 문제다. 형용사를 앞에서 수식하는 품사는 부사이므로 (B) extremely(극도로, 대단히)가 정답이다.

해석 그 지역 잡지는 대단히 성공적이다.

3.

해설 빈칸 다음에 완전한 문장이 성립하므로, 빈칸은 문장 전체를 수식할 수 있는 어휘가 필요하다. 문장 전체를 수식하는 것은 부사이므로 정답은 (B) Usually(보통, 대개)다.

해석 대체로 그 도시에 사는 사람들은 차로 통근한다.

4.

해설 품사를 선택하여 문장을 완성하는 문제로, 빈칸 앞의 work의 성격을 규명해야 한다. agree to+동사의 형태이므로, 여기서 work는 동사다. 따라서 빈칸에는 자동사 work(일하다)를 수식할 수 있는 부사 (D) cooperatively가 들어가야 한다.

해석 두 소프트웨어 회사들은 신제품을 개발하는 데 협력하여 일하기로 합의했다.

2. 부사 자리

Check-up 본책_ p.199

1. (B)   2. (B)   3. (B)   4. (B)

1.

해설 알맞은 품사를 선택하는 문제로, 빈칸 앞뒤의 현재완료시제 have p.p.가 힌트가 된다. have p.p. 동사구 사이에서 수식하는 것은 부사이므로, 정답은 (B) thoroughly(철저하게)다.

해석 그들은 모든 선택사항들을 철저하게 검토했다.

2.

해설 알맞은 품사를 선택하는 문제로, 빈칸 앞뒤의 수동태 is prohibited가 힌트가 된다. be p.p. 동사구 사이에서 수식하는 것은 부사이므로, 정답은 (B) strictly(엄격하게)다.

해석 사진 촬영은 엄격하게 금지된다.

3.

해설 빈칸 앞의 rose는 완전자동사 rise(증가하다)의 과거시제다. 완전자동사는 뒤에 부사의 수식을 받으므로 (B) dramatically(급격하게)가 정답이다.

해석 신청서의 수가 급격하게 증가했다.

4.

해설 알맞은 품사를 고르는 문제로, 빈칸 앞에 조동사 will과 빈칸 뒤의 동사원형 refund(환불하다)가 힌트가 된다. 빈칸의 자리는 동사를 수식하는 부사 자리다. 따라서 (B) happily(기꺼이)가 정답이다.

해석 영수증만 있다면 기꺼이 환불해드릴 겁니다.

3. 혼동하기 쉬운 부사

Check-up 본책_ p.201

1. (B)   2. (A)   3. (A)   4. (D)

1.
해설 빈칸은 조동사 could와 동사원형 believe 사이로 부사 자리다. 보기 (A) hard(매우, 열심히)와 (B) hardly(거의 ~않다) 모두 부사이므로, 의미로 따져보아야 한다. 문맥상 '믿을 수 없다'는 의미가 적절하므로 (B) hardly가 정답이다.

해석 우리는 그 결과를 좀처럼 믿을 수 없었다.

2.
해설 조동사 다음에 오는 동사원형인 arrive는 뒤에 목적어가 따라오지 않는 완전자동사로, 빈칸은 부사 자리다. (A)와 (B) 모두 부사지만, (B) lately(최근에)는 과거시제와 어울리므로 탈락된다. 따라서 '늦게'라는 의미의 (A) late가 정답이다.

해석 일부 내빈들은 식장에 늦게 도착할 것이다.

3.
해설 빈칸은 조동사 will과 동사원형 announce 사이로 부사 자리다. 문맥상 '공식적으로 발표하다'라는 의미가 어울리므로 (A) formally가 정답이다.

해석 그 회사는 새로운 계획을 공식적으로 발표할 것이다.

4.
해설 올바른 부사 어휘를 선택해 문장을 완성하는 문제다. (B) hardly를 선택하면 부정어 부사 not과 충돌된다. (C) soon(곧)은 미래시제와 함께 쓰이는 부사로 제외된다. (A) still은 still not의 순서로 사용하므로 올 수 없다. have not yet decided(아직 결정하지 않았다)라는 표현을 이루는 (D) yet이 정답이다. yet은 not 뒤에 쓰므로 not ~ yet이라고 기억해 두면 편하다.

해석 인사부장은 얼마나 많은 직원을 채용할지 아직 결정하지 못했다.

4. 중요한 부사들

Check-up 본책_p.203

1. (B) 2. (B) 3. (A) 4. (A)

1.
해설 빈칸 앞의 동사구 has risen(증가하고 있다)을 꾸미는 알맞은 부사를 선택하는 문제다. '상승, 증가, 하락, 감소'와 관련된 동사와 어울리는 부사는 (B) sharply이다. 참고로 extremely는 동사를 꾸밀 수 없다.

해석 생산비가 급격히 증가했다.

2.
해설 빈칸 앞의 형용사 fast를 꾸미는 알맞은 부사를 고르는 문제다. (A) very는 뒤에서 형용사를 수식할 수 없다. (B) enough는 동사, 형용사, 부사를 수식할 때 뒤에서 수식하므로 정답이다.

해석 그 자동차는 인기가 있고 충분히 빠르다.

3.
해설 빈칸 다음의 two thousand dollars를 앞에서 꾸미는 품사를 선택하는 문제다. two thousand가 숫자에 속하므로 숫자를 앞에서 꾸미는 부사 (A) almost(거의)가 정답이다.

해석 광고팀은 거의 2천 달러를 썼다.

4.
해설 빈칸 다음에 있는 3000을 앞에서 꾸미는 품사를 고르는 문제다. 3000은 숫자이므로 숫자를 앞에서 수식하는 부사 (A) approximately(대략)가 정답이다.

해석 그 회사는 총회에 대략 3000명의 인원이 참석할 것이라고 예상한다.

실력 점검 문제 본책_p.206~207

1. (A) 2. (C) 3. (B) 4. (B) 5. (C)
6. (D) 7. (A) 8. (C) 9. (C) 10. (B)
11. (D) 12. (B) 13. (D) 14. (A)

1.
해설 빈칸은 명령문의 동사원형을 앞에서 수식하는 자리다. 동사는 부사가 수식하므로 (A) definitely(분명히, 확실히)가 정답이다.

해석 내가 고객 서비스 설문조사 수행하는 것을 도울 수 있는지 없는지를 분명히 말하세요.

어휘 whether or not ~인지 아닌지 conduct 실시하다, 실행하다 customer service 고객 서비스 survey 조사 definite 정확한, 분명한, 뚜렷한 definitive 확정적인 define 정의하다

2.
해설 빈칸은 동사 make의 목적어가 되는 명사 자리다. 빈칸 뒤에 '식당', 그리고 '1주일 전에'라는 내용으로 미루어 볼 때 '예약'과 관련된 어휘가 필요하다. 따라서 정답은 (C) reservation(예약)이다.

해석 식당 손님들은 적어도 1주일 전에 식당에 예약해야 한다.

어휘 diner (식당) 손님, 식당에서 식사하는 사람 make a reservation 예약하다 at least 적어도 in advance 미리, 먼저 resignation 사직 relation 관계 reservation 예약

3.
해설 빈칸 앞뒤로 형성된 동사의 형태는 수동태(be p.p.)다. be와 p.p.사이에 들어가서 동사를 수식하는 품사인 부사 (B) originally(원래)가 정답이다.

해석 NKN 운동화 브랜드는 원래 프로 운동선수를 위해 고안되었다.

어휘 running shoe 운동화 design 고안하다 professional 전문가, 전문적인 athlete 운동선수 original 독창적인, 원래의 originality 독창성

4.
해설 빈칸은 동사 receive의 목적어가 되는 명사 자리다. 문두에 '그의 공헌, 기여 덕분에'라는 의미로 볼 때, (A) credit, (C) refund, (D) complaint 모두 부적합하다. 따라서 '승진'을 의미하는 (B) promotion이 정답이다.

해석 그의 공헌 덕분에 에머슨 씨는 이달 말에 승진할 듯하다.

어휘 thanks to ~덕분에, ~때문에 contribution 기여, 공헌 receive 받다 credit 신용, 영예 promotion 승진, 홍보 refund 환불(금) complaint 불평, 불평거리

5.
해설 빈칸 앞에서 이미 완전한 문장이 끝났으므로 문장에서 있어도 되고 없어도 되는 수식어, 즉 부사 (C) carefully(신중하게)가 들어갈 자리다.

해석 모든 연구소 직원들은 화학물질을 다루기 전에 안전 지침서를 꼼꼼하게 숙지해야 한다.

어휘 laboratory 실험실, 연구소 safety 안전 guideline 지침(서) chemical 화학물질 care 돌봄, 관리 carefully 꼼꼼하게, 주의 깊게 careless 부주의한, 조심성 없는

6.
해설 빈칸은 of a good project manager(훌륭한 프로젝트 책임자)의 수식을 받는 명사 자리다. are 이하가 '공정함과 자신감'이므로 문맥상 (D) characteristics(특징)가 가장 적합하다.

해석 훌륭한 프로젝트 책임자의 특징들은 공정함과 자신감이다.

어휘 fairness 공정함 confidence 자신감 character 성격, 인물 negotiation 협상 report 보고, 보고서 characteristic 특징

7.
해설 빈칸 앞뒤로 형성된 동사의 형태는 수동태(be p.p.)다. be와 p.p.사이에서 동사를 수식하는 부사 (A) conveniently가 정답이다.

해석 우리 회사는 많은 여행객들로 붐비는 타임스 광장역 근처에 편리하게 위치해 있다.

어휘 be located 위치하고 있다 near ~의 근처에 station 역, (방송)국 conveniently 편리하게도, 알맞게도 convenience 편의, 편리 convenient 편리한

8.
해설 of electronic equipment(전자제품)의 수식을 받는 명사를 고르는 문제다. '완전히 손을 말려야 한다'는 뒤 문장의 내용으로 볼 때 빈칸에는 '운영, 작동'을 의미하는 (C) operation(사용, 운영)이 와야 한다.

해석 전자제품을 사용하기 전에 손을 완전히 말리세요.

어휘 electronic 전자의, 전자장비와 관련된 equipment 장비, 기계 dry 말리다 completely 완전히, 완전하게 influence 영향, 영향력 response 응답, 반응 operation 사용, 운영 cooperation 협력, 협조

9.
해설 문장 구조를 살펴보면 빈칸은 동사 go를 수식하는 부사 자리다. 따라서 정답은 (C) directly(즉시, 직접)다.

해석 모든 연수생은 특별한 경우를 제외하고 교육 과정 후에 곧장 일하러 간다.

어휘 trainee 연수생, 교육생 course 교육 과정 except for ~을 제외하고 directionality 방향성 direction 감독, 방향 directly 바로, 직접 directive 지시하는

10.
해설 빈칸 앞에 있는 rose는 완전 자동사 rise(증가하다)의 과거시제로 그 뒤에 목적어를 수반하지 않는다. 완전 자동사는 뒤에 부사 또는 '전치사+명사'구의 수식을 받을 수 있으므로 (B) sharply가 정답이다.

해석 신기술의 도입 이후에 휴대폰의 판매가 급격하게 증가했다.

어휘 sales 판매, 매출(량) mobile phones 휴대폰 rise 상승하다 introduction 도입 technology 기술 sharp 날카로운, 급격한 sharply 급격하게 sharpness 날카로움

11-14.

수신: 전 지원
발신: 경영진
날짜: 1월 28일
주제: 악천후로 인한 사무실 폐쇄

국립 기상청에 따르면 풀러튼 시는 맹렬한 폭풍을 겪을 것으로 예보되고 있습니다. 폭설이 내리고 영하의 기온이 될 것입니다. 그러므로 오늘 사무실은 오후 2시에 일찍 문을 닫을 예정입니다. 사무실은 내일 1월 29일에도 폐쇄될 예정입니다. 곧 있을 이번 사무실 폐쇄에도 불구하고 모든 부서장들은 이메일을 통해 연락 가능할 것입니다. 현재 예보는 주말 사이에 날씨가 나아질 것임을 보여 줍니다. 따라서 다르게 통보가 없는 경우에는 사무실이 월요일에 다시 문을 열 것입니다. 추가 문의를 하시려면 lucas@veratras.com으로 마틴 루커스에게 연락해 주십시오.

어휘 employee 직원 management 경영진 inclement 험악한, 궂은 weather 날씨, 기상 closure 폐쇄 according to ~에 의하면 national 국가의, 국립의 agency 정부 기관, 관청 predict 예측하다, 예보하다 experience 겪다 severe 혹독한, 맹렬한 storm 폭풍(우) be closed 폐쇄되다 despite ~에도 불구하고 upcoming 다가오는, 곧 있을 supervisor 감독, 부서장 via ~을 통해 current 현재의 forecast 예측, 예보 reopen 다시 문을 열다 unless ~하지 않는 경우에는 notify 통보하다 otherwise 다르게, 다른 식으로 contact 연락하다 further 더 이상의, 추가의 inquiry 문의

11.

해설 (A) 그들은 내일 최신 기상 정보를 통보받을 것입니다.
(B) 사무실은 정규 운영 시간을 재개할 것입니다.
(C) 그 부서장들은 전화로도 연락될 수 있습니다.
(D) 폭설이 내리고 영하의 기온이 될 것입니다.

해설 문맥에 맞는 문장을 고르는 문제이다. 빈칸 앞 문장의 Fullerton City is predicted to experience a severe storm에서 풀러튼 시가 맹렬한 폭풍을 겪을 것이라고 했고 빈칸 뒤의 문장에서는 사무실이 일찍 문을 닫을 예정이라고 했으므로 (D)가 정답이다.

12.

해설 문맥에 맞는 부사를 고르는 문제이다. 빈칸 앞 문장의 the office will close early today에서 오늘 사무실 문을 일찍 닫을 것이라고 했으므로 내일도 문을 닫는다는 내용이 되어야 자연스럽다. 따라서 '~도, 역시, 마찬가지로'라는 의미의 (B) also가 정답이다.

13.

해설 적절한 어형을 고르는 문제이다. 빈칸은 주어와 부사구 사이의 동사 자리이므로 (A)와 (C)부터 선택지에서 제외한다. 빈칸 앞의 형용사 upcoming이 미래 시점을 나타내므로 미래 시제인 (D) will be available이 정답이다.

14.

해설 문맥에 맞는 동사를 고르는 문제이다. 빈칸 앞의 주어 the weather와 함께 쓰여 의미가 가장 자연스러운 동사를 골라야 한다. 빈칸 뒤의 So the office will reopen on Monday가 문제 해결의 단서가 된다. 따라서 '개선되다, 나아지다'라는 의미의 (A) improve가 정답이다.

UNIT 5 동사

1. 동사의 형태와 종류

Check-up 본책_p.209

| 1. (B) | 2. (B) | 3. (A) | 4. (C) |

1.

해설 동사의 형태를 선택하여 문장을 완성하는 문제로 1) 수일치, 2) 태, 3) 시제 순으로 따져보는 것이 좋다. 3인칭 단수주어 The writer와 수일치가 맞는 단수동사 (B) lives가 정답이다.

해석 그 작가는 시애틀에 산다.

2.

해설 빈칸 앞에 be동사 are가 힌트가 된다. be동사 뒤에 동사의 원형은 들어갈 수 없으므로 (A) wait는 오답이다. 따라서 are waiting의 형태로 진행 시제를 이루는 현재분사 (B) waiting이 정답이다.

해석 개발자들은 사용자 피드백을 기다리고 있다.

3.

해설 알맞은 동사를 선택하는 문제이다. 빈칸 뒤에 전치사 with가 있으므로, 빈칸에는 완전 자동사가 들어가야 한다는 것을 알 수 있다. 따라서 뒤에 전치사 with가 와서 deal with(~를 다루다)처럼 쓰이는 (A) dealt가 정답이다. handle은 타동사이므로 뒤에 전치사 없이 바로 목적어가 온다.

해석 시설관리팀이 그 문제를 처리했다.

4.

해설 빈칸에는 전치사 in과 함께 쓰이는 완전 자동사가 들어가야 한다. 타동사 (B) complete와 (D) discuss는 바로 제외된다. (A) attend는 '참석하다'라는 의미의 타동사로 역시 탈락한다. 따라서 뒤에 전치사 in이 와서 participate in the seminar(세미나에 참석하다)로 쓰이는 자동사 (C) participate가 정답이다.

해석 만약 당신이 11월 12일 세미나에 참석한다면, 금요일까지 우리에게 연락하세요.

2. 자동사

Check-up 본책_p.211

| 1. (B) | 2. (A) | 3. (B) | 4. (A) |

1.

해설 speak는 자동사와 타동사가 모두 가능한 어휘다. speak가 '말하다'의 의미면 자동사, speak 뒤에 언어명사(영어, 중국어 등)가 오면 타동사다. 이 문제에서는 자동사로 사용되었으며, 따라서 정답은 부사 (B) quietly(조용하게)다.

해석 임원이 조용하게 말했다.

2.

해설 빈칸 앞의 be동사 was는 불완전 자동사로, 뒤에 보어(형용사, 명사)가 필요하다. 그런데 주어 the weather(날씨)와 명사 (B) perfection은 동격관계가 성립하지 않으므로 탈락된다. 따라서 정답은 형용사 (A) perfect다. for a company picnic은 수식어구로 문장 구조에 영향을 미치지 않는다.

해석 날씨가 회사 야유회하기에 완벽했다.

3.

해설 빈칸 앞의 remain은 불완전 자동사로, 뒤에 보어(형용사, 명사)가 필요하다. 주어 the factory(공장)와 명사 (A) operation은 동격

관계가 성립하지 않는다. 따라서 정답은 형용사 (B) operational이다.

해석 그 공장은 계속 가동될 것이다.

4.

해설 빈칸 앞의 동사 seem(~보이다)은 상태를 의미하며, 뒤에 명사나 형용사 보어가 따라온다. 일단 동사는 올 수 없으므로 (B) confuses, (D) confuse는 탈락된다. 부사 (C) confusingly 역시 seem의 보어가 아니다. 따라서 정답은 형용사 (A) confusing(혼동을 주는)이 정답이다.

해석 도시의 도로명들이 독특했지만, 방문자들에게는 혼란스러운 듯하다.

3. 타동사

Check-up 본책_ p. 213

1. (A) 2. (A) 3. (B) 4. (C)

1.

해설 빈칸 뒤의 명사 young people이 목적어로 따라오는 타동사를 고르는 문제다. (B) appeals는 뒤에 전치사 to와 함께 appeal to+명사 형태로 사용되므로 탈락된다. 따라서 타동사인 (A) attracts가 정답이다.

해석 그 제품은 젊은이들의 관심을 끈다.

2.

해설 빈칸 앞의 동사 contact 다음에 오는 어휘의 형태를 고르는 문제다. contact는 '~에게 연락하다'라는 타동사이므로 (A) the client가 정답이다.

해석 당신은 그 고객에게 당장 연락해야 한다.

3.

해설 빈칸 다음에 전치사 about이 있으므로, 빈칸에는 완전 자동사가 들어가야 한다. 따라서 about과 함께 talk about의 형태로 쓸 수 있는 (B) talk가 정답이다. mention은 타동사이므로 뒤에 전치사 없이 바로 목적어가 온다.

해석 부장은 계약에 대해서 말하지 않았다.

4.

해설 문맥에 적합한 동사 어휘를 선택하는 문제로, 빈칸 뒤의 명사 the names가 힌트가 된다. (A) remind, (B) notify, (D) advise 모두 사람 명사를 목적어로 하는 동사로 탈락된다. 따라서 사람 명사, 사물 명사를 모두 목적어로 하는 (C) announce가 정답이다.

해석 그 기업 회장은 최고의 지역 영업사원 명단을 발표할 것이다.

4. 수여동사

Check-up 본책_ p. 215

1. (B) 2. (B) 3. (A) 4. (C)

1.

해설 빈칸 다음에 me a book처럼 목적어 2개가 나란히 온다는 점이 힌트가 된다. 따라서 뒤에 목적어 2개가 나란히 올 수 있는 수여동사 (B) lent가 정답이다.

해석 그는 나에게 책 한 권을 빌려주었다.

2.

해설 빈칸 다음에 me the newest model처럼 목적어 2개가 나란히 온다는 점이 힌트가 된다. 따라서 뒤에 목적어 2개가 나란히 올 수 있는 수여동사 (B) offered가 정답이다.

해석 영업사원은 나에게 최신형 모델을 제안했다.

3.

해설 빈칸 다음에 him a wrong item 목적어 2개가 나란히 온다는 점이 힌트가 된다. 따라서 뒤에 목적어 2개가 나란히 올 수 있는 수여동사 (A) sent가 정답이다.

해석 그들은 그에게 잘못된 상품을 보냈다.

4.

해설 알맞은 동사어휘를 선택하여 문장을 완성하는 문제다. 명사 customers를 목적어로 하는 동시에, 그 다음의 전치사 with 이하와 연결이 가능한 동사는 (C) provide가 유일하다. 나머지 보기 (A), (B), (D)는 수여동사로 사용되면 '동사+사람 명사+사물 명사'의 형태로 사용된다.

해석 영업사원은 소비자들에게 배송 예정일을 알려줄 것이다.

실력 점검 문제 본책_ p. 218~219

1. (D)   2. (B)   3. (A)   4. (A)   5. (A)
6. (D)   7. (A)   8. (D)   9. (D)   10. (C)
11. (D) 12. (C) 13. (A) 14. (B)

1.

해설 빈칸 앞에 있는 to 뒤에 올 수 있는 올바른 어휘의 형태를 선택하는 문제다. 동사 try는 뒤에 to부정사를 수반하므로 동사원형 (D) satisfy가 정답이다.

해석 우리 식당은 정기적으로 메뉴를 새롭게 바꿈으로써 고객을 만족시키려고 노력한다.

어휘 try to+동사원형 ~하려고 노력하다 update 갱신하다
regularly 정기적으로 satisfaction 만족
satisfactory 만족스러운 satisfy 만족시키다

2.
해설 빈칸은 the appropriate license(적합한 자격증)를 목적어로 수반하는 알맞은 동사를 고르는 문제다. 자격증은 '~를 얻다'라는 의미가 어울리므로 (B) obtain이 정답이다.

해석 지원자들은 인턴십 프로그램에 지원하기 전에 적합한 자격증을 취득해야 한다.

어휘 candidate 지원자, 후보자 appropriate 적절한
license 자격증, 면허증 apply for ~에 지원하다
restrict 제한하다 obtain 얻다, 획득하다 succeed 성공하다
enhance 향상시키다, 강화하다

3.
해설 구조를 살펴보면 주어는 people이며 빈칸은 동사 자리다. 일단 동사가 아닌 (D) to have는 탈락되고, (B) has와 (C) is 역시 수일치상 탈락된다. 따라서 복수동사인 (A) are가 정답이다.

해석 이 실험실에서 일하는 많은 사람들은 뛰어난 자격을 갖춘 공학자들이다.

어휘 a number of 많은 work for ~에서 일하다 lab 연구소
highly 매우 qualified 자격을 갖춘

4.
해설 빈칸 뒤의 명사 five languages(5개 언어)를 목적어로 취하는 알맞은 동사를 고르는 문제다. 일단 자동사인 (D) talks는 탈락되며, 사람을 목적어로 수반하는 (B) tells 역시 제외된다. 나머지 보기 중에서 목적어에 '언어' 명사가 오는 동사는 (A) speaks가 유일하다.

해석 10년 동안 해외에서 살았기 때문에 그 부장은 5개 국어를 유창하게 구사한다.

어휘 live abroad 해외에서 살다 fluently 유창하게

5.
해설 빈칸은 조동사 would 다음에 오는 동사원형의 자리다. (C) have risen의 rise는 '상승하다, 증가하다'라는 자동사로 뒤에 목적어가 올 수 없다. 따라서 타동사이면서 동사원형인 (A) raise가 정답이다.

해석 5일간의 회의 후에 중앙은행은 금리를 인상할 것이라고 발표했다.

어휘 central bank 중앙은행 announce 발표하다
interest rate 이율, 금리 raise 인상하다

6.
해설 빈칸 뒤의 명사 orders(주문, 주문서)를 수반하는 동사를 고르는 문제다. 따라서 place an order(주문하다)라는 표현을 만드는 (D) place가 정답이다.

해석 만약 귀하의 가게가 5일 이내 배달을 보장한다면 우리는 사무용품을 주문할 생각입니다.

어휘 ensure 보장하다 delivery 배달, 배송 intend to+동사원형 ~할 의도이다 place an order(= make an order) 주문하다
office supplies 사무용품 cause 초래하다 contact 연락하다
elect 선출하다

7.
해설 조동사 will 뒤에는 동사원형이 오는 자리다. 따라서 동사원형인 (A) resume이 정답이다.

해석 자동차 조립공장은 다음 주에는 가동하지 않고 2주 후에 생산을 재개할 것이다.

어휘 assembly 조립, 모임 plant 공장 operate 운영하다, 가동하다
production 생산, 제작 resume 재개하다

8.
해설 the media(대중매체)와 어울리는 동사를 고르는 문제다. 문맥상 '언론과 접촉하다'는 표현이 와야 하므로 (D) contact가 정답이다.

해석 최고경영자가 결정을 내릴 때까지 회사는 언론과 접촉할 수 없다.

어휘 make a decision 결정을 내리다 reflect 반영하다
announce 발표하다 succeed 성공하다
contact 연락하다, 접촉하다

9.
해설 빈칸 다음의 offered와 함께 하나의 동사구를 만드는 문제다. 보기 중 유일한 동사이면서 미래의 시간을 나타내는 표현 starting next month(다음 달부터)와 어울리는 (D) will be가 정답이다.

해석 다음 달부터 치앙마이 공항의 모든 승객들에게 무료 인터넷 접속이 제공될 것이다.

어휘 starting ~부터 access 접근, 접속 offer 제공하다
passenger 승객

10.
해설 빈칸 뒤의 명사 workers를 수반할 수 없는 자동사 (B) operate는 탈락된다. 나머지 보기 중에서 목적어 다음에 전치사 with가 오는 동사는 (C) provide(~를 제공하다)가 유일하다.

해석 모든 부서는 직원들에게 외부 자원봉사 기회를 제공해야 한다.

어휘 division 부서 volunteer 자원봉사 opportunity 기회

11-14.

> 회람
> 다음 주 금요일 우리 회사의 기념파티가 있을 예정입니다. 시웨이 뷔페 식당에서 열릴 예정입니다. 전 직원이 참석하도록 초대될 것입니다만 11월 28일 수요일까지 인사부에 등록하시기 바랍니다. 그 레스토랑은 우리에게 충분한 좌석 공간을 예약해주기 위해 파티에 참석하는 정확한 인원수를 요구합니다. 회사가 모든 사람의 식사 비용을 지불할 것입니다. 가급적 빨리 등록하시기 바라며, 레스토랑에서 모두 만나 뵙기 바랍니다.

어휘 anniversary party 기념 파티 register 등록하다

Human Resources Department 인사부   accurate 정확한
so that+S+V(= in order that+S+V) …가 ~하기 위해서
separate 분리하다   look forward to ~ing ~하기를 고대하다

11.
해설 접속사 but이 있으므로 but 앞뒤로 '주어+동사'로 이루어진 문장이 필요하다. 빈칸은 동사 자리이므로 (B) inviting, (C) invitation은 탈락된다. 따라서 복수동사인 동시에 수동태를 이루는 (D) are invited가 정답이다.

12.
해설 빈칸 앞에 '정확한 인원수를 요구한다'는 내용으로 미루어 볼 때, 빈칸 뒤에는 그 목적 또는 결과의 의미가 와야 한다. 따라서 (C) so that(~하기 위해서)이 정답이다.

13.
해설 [A] 회사가 모든 사람의 식사 비용을 지불할 것입니다.
[B] 레스토랑이 새로운 메뉴를 축하하고자 개장할 것입니다.
[C] 정확한 견적을 내고자 설문조사를 할 필요가 있습니다.
[D] 파티가 회사 설립자를 기리고자 며칠간 지속될 것입니다.

해설 문맥에 알맞은 문장을 고르는 문제이다. 회사의 기념 파티 공지 회람이므로 (A)가 가장 자연스럽다.

14.
해설 빈칸은 please 다음에 동사원형이 오는 명령문의 형태다. 따라서 보기의 유일한 동사원형인 (B) register(등록하다)가 정답이다.

UNIT 6 수일치

1. 단수동사와 복수동사

Check-up 본책_ p.221

1. (A)   2. (A)   3. (A)   4. (D)

1.
해설 알맞은 동사의 형태를 선택하는 문제로, 먼저 주어 they와의 수일치를 고려해야 한다. 복수명사 they는 복수동사가 필요하므로 (A) make가 정답이다.

해석 그들은 맛있는 케이크를 만든다.

2.
해설 문장의 동사를 넣는 문제다. 빈칸 앞의 the hotel(그 호텔)은 단수주어이므로 수일치가 맞는 단수동사 (A) is가 정답이다.

해석 그 호텔은 공항 근처에 있다.

3.
해설 일반 동사에 -(e)s를 붙이는 경우는, 3인칭 주어(he, she, it) 또는 단수 주어이면서 시제가 현재일 때 사용한다. 따라서 1인칭 주어 I에는 -(e)s를 붙이지 않으므로 정답은 (A) plan이다.

해석 나는 교육 과정에 참석할 계획이다.

4.
해설 문장의 주어는 many staff members(많은 직원들)이고, 빈칸은 동사 자리. 보기 (A) relies와 (D) rely 중에서 선택해야 하는데, 주어가 복수 형태이므로 (D) rely가 정답이다.

해석 많은 직원들이 통근을 대중교통에 의존한다.

2. 단수주어 + 단수동사

Check-up 본책_ p.223

1. (B)   2. (A)   3. (B)   4. (D)

1.
해설 주어인 the product(그 상품)와 수일치가 맞는 동사를 고르는 문제다. product는 가산명사인데, 그 앞에 명사의 종류에 상관없이 사용하는 정관사 the가 온 경우다. 즉 the product는 단수명사로 뒤에 단수동사 (B) sells가 와야 한다.

해석 그 상품은 온라인에서 잘 팔린다.

2.
해설 문두의 주어 retaining good employees와 어울리는 동사를 고르는 문제. 여기서 retaining good employees는 '실력 있는 직원들을 붙잡아두는 것'이라는 동명사이므로, 그에 부합하는 단수동사 (A) is가 정답이다.

해석 실력 있는 직원들을 붙잡아 두는 것은 쉽지 않다.

3.
해설 each 뒤에는 가산 단수명사가 오므로 동사도 단수로 받는다. 따라서 정답은 (B)다.

해석 모든 방문객은 보안 출입증을 받는다.

4.
해설 문두의 each of the department heads가 주어인데 동사가 없으므로 빈칸에는 동사가 필요하다. 따라서 동명사인 (A)와 명사인 (C)는 바로 탈락되며, 나머지 보기 중에서 주어 each와 수일치가 맞는 (D) reports가 정답이다.

해석 매월 1일, 모든 부서장은 부사장에게 업무를 보고한다.

3. 복수주어 + 복수동사

Check-up 본책_ p.225

```
1. (A)   2. (A)   3. (B)   4. (C)
```

1.

해설 알맞은 동사를 선택하여 문장을 완성시키는 문제다. 문두의 several companies는 복수명사이므로 복수동사 (A) bid가 와야 한다.

해석 몇몇 기업들이 정부계약에 입찰한다.

2.

해설 주어 a number of papers와 어울리는 동사를 고르는 문제다. 여기서 a number of는 papers를 앞에서 수식하는 어구로 문장의 주어는 papers다. 따라서 수일치가 맞는 (A) have가 정답이다.

해석 수많은 논문에 오류가 있다.

3.

해설 빈칸에는 형용사 a few의 수식을 받는 복수명사가 와야 한다. 복수동사 commute와 어울리는 복수명사인 (B) workers가 정답이다.

해석 몇몇 직원들은 버스로 출퇴근한다.

4.

해설 문장의 주어는 security specialists가 아니라 the number of(~의 숫자)다. the number는 단수주어이므로 복수동사 (A), (B), (D) 모두 탈락된다. 따라서 단수동사 (C) has increased가 정답이다.

해석 지난 5년 동안 보안 전문가들의 수가 증가했다.

4. 주의해야 할 수일치

Check-up 본책_ p.227

```
1. (A)   2. (B)   3. (A)   4. (A)
```

1.

해설 위 문장의 주어는 my friends가 아니라 the gift다. 즉 '전치사+명사'는 수식어로 문장에 아무런 영향을 미치지 못한다. 따라서 단수주어 the gift와 수일치가 맞는 단수동사 (A) was가 정답이다.

해석 내 친구들이 준 선물을 잃어버렸다.

2.

해설 there 다음에는 '주어+동사'가 아닌 '동사+주어'가 나와서 '~가 있다'는 구문이 형성된다. 즉 복수동사 are가 오기 위해선 주어

'some+빈칸'의 구조에 복수 형태가 와야 한다. 따라서 복수명사 (B) issues가 정답이다.

해석 논의할 몇몇 사안들이 있다.

3.

해설 문장의 주어인 most와 수일치가 맞는 동사를 선택하는 문제다. most는 뒤에 오는 명사에 따라서 수일치가 결정되는데, merchandise는 대표적인 불가산명사다. 따라서 단수동사 (A) was가 정답이다.

해석 상품의 대부분이 할인되었다.

4.

해설 that절 안에서 올바른 동사의 형태를 완성하는 문제다. 일단 동사가 아닌 (C) needing은 탈락된다. 빈칸 앞의 in this report는 주어 the suggestions를 찾기 어렵게 만드는 수식어구일 뿐이다. 따라서 복수주어 the suggestions와 수일치가 맞는 복수동사 (A) need가 정답이다.

해석 우리는 이 보고서 안의 제안들이 개정될 필요가 있다고 생각한다.

실력 점검 문제 본책_ p.230~231

```
1. (B)    2. (A)    3. (B)    4. (C)    5. (B)
6. (B)    7. (C)    8. (D)    9. (D)   10. (C)
11. (B)  12. (B)  13. (A)  14. (D)
```

1.

해설 관계대명사(접속사) who가 있으므로 빈칸은 동사 자리다. 일단 동사가 아닌 (A) to handle은 바로 탈락된다. who 앞의 복수명사 all employees가 문장의 주어이므로, 이와 수일치가 맞지 않는 (C) handles, (D) has handled 역시 제외된다. 따라서 복수동사 (B) handle이 정답이다.

해석 새로운 기계를 다루는 모든 직원들은 안전 규정집을 먼저 숙지해야 한다.

어휘 handle 다루다, 취급하다   machine 기계, 장비   safety 안전 guide 지침서, 규정집

2.

해설 명사 all team members를 목적어로 수반하는 동시에 뒤에 to부정사를 이끄는 동사를 찾아야 한다. 일단 (D) responds는 자동사로 올 수 없다. 문맥상 '팀원들이 ~하는 것을 격려하다'는 의미가 필요하므로 encourage A to부정사(A가 ~하는 것을 격려하다)를 만드는 (A) encourages가 정답이다.

해석 훌륭한 관리자는 모든 팀원이 의사결정에 참여하도록 격려한다.

어휘 participate in ~에 참여하다   decision-making 의사결정 encourage 격려하다, 장려하다   prohibit 금지하다   warn 경고하다 respond 대답하다, 응답하다

3.
해설 문장의 구조상 빈칸은 동사 자리이므로 (C) to have는 바로 탈락된다. 빈칸 앞의 learning English as a foreign language는 주어 Many employees를 찾기 어렵게 만드는 수식어구일 뿐이다. 따라서 복수명사 Many employees에 어울리는 복수동사인 (B) have가 정답이다.

해석 외국어로 영어를 배우는 많은 직원들은 속어를 이해하는 데 어려움을 겪는다.

어휘 have a hard time (in) ~ing(= have difficulty (in) ~ing) ~ 하느라 힘든 시간을 보내다, ~하는 데 어려움을 겪다
understand 이해하다   slang 속어, 은어

4.
해설 명사 over 80,000 travelers를 목적어로 수반하는 동사를 고르는 문제다. 일단 목적어를 취할 수 없는 자동사 (B) appeal은 탈락된다. (A) proceed와 (D) resume은 목적어 travelers와 의미상 어울리지 않으므로 (C) attract(유치하다)가 정답이다.

해석 태국 관광청은 내년에 파타야로 8만 명 이상의 관광객을 유치하리라 기대한다.

어휘 tourist board 관광청   expect to부정사 ~하기를 기대하다
over(= more than) ~이상   traveler 관광객, 여행객
proceed 진행하다   appeal 호소하다   attract 끌어들이다, 유치하다
resume 재개하다

5.
해설 빈칸 앞의 there 다음에는 '동사+주어'가 나와서 '~가 있다'는 구문이 형성된다. 따라서 빈칸 다음의 복수명사 several good ways(몇 가지 좋은 방법들)와 수일치가 맞는 복수동사 (B) are가 정답이다.

해석 책상 서랍 속에 방치된 구형 휴대폰을 재활용할 수 있는 몇 가지 좋은 방법들이 있다.

어휘 several 몇몇의   way 방법, 방식   recycle 재활용하다, 재사용하다
left sitting 방치된   drawer 서랍

6.
해설 전치사 in과 함께 사용되는 자동사를 고르는 문제로, 타동사 (A) release, (C) attend, (D) promote 모두 탈락된다. 따라서 participate in this job fair(이번 취업박람회에 참여하다)라는 표현을 완성하는 (B) participate가 정답이다.

해석 이번 취업박람회에 참여할 모든 기업은 현장 관리자에게 사전에 연락해야 한다.

어휘 job fair 취업박람회   contact 연락하다, 접촉하다
field manager 현장 관리자   beforehand 사전에
release 공개하다   participate in ~에 참여하다   attend 참석하다
promote 홍보하다, 승진시키다

7.
해설 문장에 동사가 없으므로 빈칸에는 동사가 필요하다. 동사가 아닌 (B) to be와 (D) being은 탈락된다. 문두의 one of the characteristics는 'one of the+복수명사+단수동사'의 형태로 쓰이므로 단수동사 (C) is가 정답이다.

해석 지역 건축업체의 특징들 중 하나는 환경친화적인 설계다.

어휘 characteristic 특징   local 지역의   architecture firm 건축업체
eco-friendly 환경친화적인   design 설계

8.
해설 명사 new drug(신약)을 목적어로 수반하는 동사를 고르는 문제로 자동사 (C) take place는 바로 탈락된다. 사람을 목적어로 취하는 (A) notify 역시 올 수 없다. 따라서 '신약을 출시하다'는 의미를 만드는 동사 (D) launch가 정답이다.

해석 요구되는 예산 때문에 유행성 감기의 신약을 출시할 수 있는 회사는 거의 없다.

어휘 drug 약물, 의약품   because of ~ 때문에   budget 예산
require 요구하다   notify(= inform) 통보하다   exceed 초과하다
take place 열리다, 일어나다   launch 출시하다, 시작하다

9.
해설 문장의 주어 walking tours와 수일치가 맞는 동사를 골라야 하는데, walking tours는 복수 주어다. 따라서 복수동사 (B) have와 (D) are 중에서 선택해야 하는데, 형용사 convenient and inexpensive를 보어로 수반하는 동사는 (D) are이다. 이때 빈칸 바로 앞에 있는 Ciel Castle을 보고 단수동사 (C) is를 고르지 않도록 주의한다.

해석 시엘 성 도보 관광은 편리하고 저렴하다.

어휘 walking tour 도보 관광   castle 성   convenient 편리한
inexpensive 저렴한

10.
해설 명사 a survey(설문조사)를 목적어로 수반하는 동사를 고르는 문제다. 일단 목적어를 취할 수 없는 자동사 (A) disappeared와 (D) complied는 탈락된다. 문맥상 conduct a survey(설문조사를 수행하다)라는 표현을 만드는 (C) conducted가 정답이다.

해석 〈뉴욕 저널〉은 지난주에 인쇄매체를 향한 독자 태도에 관한 설문조사를 실시했다.

어휘 conduct(= carry out) 실시하다
conduct a survey 설문조사를 하다   subscriber 구독자
attitude 태도   printed media 인쇄매체   disappear 사라지다
exceed 초과하다, 넘어서다   comply 따르다, 준수하다

11-14.

> **사우스 플로리다 리무진 회사**
> 모든 주요 공항과 기차역으로 운행합니다. 또한 편안하고 편리한 새벽 서비스와 심야 서비스를 제공합니다. 결혼식, 디너파티, 관광여행 등 다양한 서비스를 위한 고급차량이 구비되어 있습니다.
> 전 차량에는 냉방장치와 최신 음향 시스템이 설치되어 있습니다. 24시간 전에 예약하고 예약 시 본 광고를 언급하면 공항까지 15달러 할인된 가격으로 이동하실 수 있습니다.
> 지금 바로 555-2268로 전화하시거나 또는 이메일 (reserve@centralcar.com)로 문의하세요.
> 고객 여러분의 지속적인 후원에 감사합니다.

어휘 provide 제공하다 comfortable 편안한 convenient 편리한
available 이용 가능한 a variety of (= various) 다양한
be equipped with (장비, 시설 등을) 갖추다 book 예약하다
ahead 미리, 먼저 mention 언급하다 ride 타다, 타고가다
discount 할인

11.

해설 주어 we와 어울리는 동사를 고르는 문제로, 동사가 아닌 (A) providing은 바로 탈락된다. we(우리)는 복수를 나타내는 대명사로, 단수동사 (C) provides, (D) has provided는 올 수 없다. 따라서 복수동사인 (B) provide가 정답이다.

12.

해설 올바른 동사의 형태를 완성하는 문제로, 일단 동사가 아닌 (C) equipping은 바로 탈락된다. 빈칸 앞의 all cars(모든 자동차들)가 주어이므로 단수동사 (A) has equipped, (D) equips 역시 제외된다. 따라서 유일한 복수동사 (B) are equipped가 정답이다.

13.

해설 명사 this ad(이 광고)를 목적어로 수반하는 동사를 고르는 문제로, 목적어가 따라올 수 없는 자동사 (B) speak(말하다), (D) talk(이야기하다)는 바로 탈락된다. 사람을 목적어로 취하는 (C) tell 역시 올 수 없다. 따라서 '광고를 언급하다'는 의미를 만드는 동사 (A) mention(~를 언급하다)이 정답이다.

14.

해설 (A) 어떠한 옵션도 아직 선택하지 않아서 유감입니다.
(B) 그렇지 않다면 귀하는 할인을 받을 수 없습니다.
(C) 이러한 목적으로 우리는 추가 요금을 부가하지 않을 것입니다.
(D) 고객 여러분의 지속적인 후원에 감사합니다.

해설 문맥에 알맞은 문장을 고르는 문제이다. 고객에게 전달하는 내용이고 마지막 마무리 멘트로서 고객에게 감사하는 내용이 어울리므로 (D)가 정답이다.

UNIT 7 시제

1. 시제의 형태

Check-up 본책_ p.233

1. (A)   2. (B)   3. (B)   4. (C)

1.

해설 문장의 구조를 살펴보면, 주어 I 다음에 동사가 없다. 따라서 빈칸에는 동사 (A) borrow(빌리다)가 들어가야 한다.

해석 나는 도서관에서 매일 책을 빌린다.

2.

해설 빈칸 앞에 동사 is가 있으므로, 동사 (A) learn은 바로 탈락된다. 따라서 be동사 is와 진행형을 이루는 현재분사 (B) learning이 정답이다.

해석 그 직원은 새로운 컴퓨터 프로그램을 배우고 있다.

3.

해설 알맞은 문장의 동사를 찾는 문제다. The chairman은 단수주어이므로 복수동사인 (A) participate는 탈락된다. 또한 two days ago(이틀 전에)라는 과거표현이 있으므로 과거시제가 어울린다.

해석 회장은 이틀 전에 총회에 참석했다.

4.

해설 빈칸 앞에 동사 have와 함께 올바른 동사의 형태를 완성시키는 문제이다. have 다음에 복수동사 (A) begin 또는 과거동사 (B) began의 형태는 올 수 없다. 현재분사 (D) beginning의 형태 역시 불가능하다. 따라서 완료시제(have p.p.)형태를 형성하는 과거분사 (C) begun이 정답이다.

해석 최근 이 지역의 몇몇 식당들이 더 신선한 재료들을 사용하기 시작했다.

2. 현재(진행/완료)시제

Check-up 본책_ p.235

1. (B)   2. (B)   3. (B)   4. (C)

1.

해설 문장의 주어 the post office(우체국)가 단수이므로 동사 역시 단수로 사용해야 한다. 따라서 정답은 (B) requires가 된다.

해석 그 우체국은 보통 두 가지 신분증을 요구한다.

2.

해설 빈칸 앞에 is라는 동사가 있으므로, 더 이상 동사는 올 수 없다. 따라서 be동사 is와 현재진행형을 이루는 현재분사 (B) investigating이 정답이다. 현재진행은 지금 이 순간 진행되는 일을 의미한다.

해석 그 회사는 지금 태양 에너지에 대해 조사하고 있다.

3.

해설 과거동사 (A) rose는 동사 has 다음에 올 수 없으므로 제외된다. 따라서 현재완료(have p.p.)를 완성하는 과거분사 (B) risen이 정답이다.

해석 원자재 가격이 최근 올랐다.

4.

해설 문장의 동사를 찾는 문제는 보통 (1) 수일치, (2) 태(능동-수동), (3) 시제 순으로 판단한다. 일단, 문법적으로 불가능한 (D) have sending은 제외된다. 문장 끝에 since April(4월 이래로)이 있으므로 '과거부터 지금까지 계속 ~해왔다'는 의미를 지닌 현재완료시제 (C) have sent가 정답이다.

해석 많은 소비자들이 4월 이래로 우리 신제품에 대해 많은 질문을 보내왔다.

3. 과거(진행/완료)시제

Check-up 본책_ p.237

1. (A) 2. (B) 3. (B) 4. (C)

1.

해설 올바른 시제를 선택하는 문제로 결정적인 힌트는 문미에 있는 last week(지난주)이다. last week은 과거의 시점을 나타내므로 과거동사 (A) met이 정답이다. 현재완료는 과거시간 표현과 함께 사용할 수 없다.

해석 나는 지난주에 공장장을 만났다.

2.

해설 올바른 동사의 시제를 고르는 문제로 문장 끝에 있는 yesterday가 중요한 힌트가 된다. yesterday(어제)는 과거시간 표현이므로 정답은 (B) was inspecting이다.

해석 그 회사는 어제 그 문제를 조사하고 있었다.

3.

해설 수일치, 태 모두 올바르기 때문에 시제를 판단해야 한다. before 다음에 '계약을 마무리 했다'라는 과거시제가 온다. 따라서 그 전의 사건을 표현할 때는 과거완료 (B) had met가 필요하다.

해석 그들은 계약을 마무리하기 전에 두 번 만났다.

4.

해설 알맞은 동사의 형태를 결정하는 문제로 수일치, 태 모두 옳다. 마지막으로 시제를 판단해야 하는데, before 다음에 '~가 회의실에 도착했다'라는 과거시제가 온다. 따라서 그 이전의 사건을 표현할 때는 과거완료 (C) had started가 필요하다.

해석 우리 부서의 대표들이 회의실에 도착하기 전에 회의가 시작했다.

4. 미래(진행/완료)시제

Check-up 본책_ p.239

1. (A) 2. (B) 3. (B) 4. (B)

1.

해설 조동사 다음에는 동사의 원형이나 be+p.p. 형태만 가능하므로 3인칭 단수 형태인 (B) arrives는 제외된다. 따라서 동사원형 (A) arrive가 정답이다.

해석 셔틀버스는 곧 도착할 것이다.

2.

해설 빈칸 앞의 be동사를 보충해서 올바른 동사구를 만드는 문제다. 일단, be동사 다음에 동사는 더 이상 나올 수 없으므로 (A) introduce는 제외된다. 따라서 현재분사 (B) introducing이 정답이다.

해석 우리는 회의에서 신제품을 소개할 것이다.

3.

해설 접속사 by the time(~할 때쯤, 까지)이 이끄는 문장 속의 동사가 현재시제인지 과거시제인지 판단해야 한다. by the time 이하는 '우리가 극장에 도착하다'라는 현재시제이지만, 의미상으로 미래를 나타내므로 (B) will have started가 정답이다.

해석 우리가 극장에 도착할 무렵이면 영화가 시작할 것이다.

4.

해설 알맞은 동사의 형태를 결정하는 문제로, 먼저 동사가 아닌 (C) overseeing은 탈락된다. 주어 Mr. Simpson과 수일치가 맞지 않는 (A) oversee 역시 제외된다. 문미의 as of tomorrow(내일부터는) 미래시제를 나타내므로 (B) will oversee가 정답이다.

해석 심슨 씨는 내일부터 다가오는 프로젝트의 운영을 감독할 것이다.

실력 점검 문제 본책_ p.242~243

1. (C)	2. (C)	3. (B)	4. (C)	5. (B)
6. (A)	7. (D)	8. (D)	9. (B)	10. (D)
11. (D)	12. (B)	13. (A)	14. (C)	

1.
해설 알맞은 동사의 시제를 고르는 문제로, 문장 중간에 next Monday (다음 월요일)가 힌트가 된다. 즉 다음 월요일과 어울리는 시제는 미래시제이므로 (C) will attend가 정답이다.

해석 회계사들은 다음 주 월요일에 개정된 세법에 대한 지식을 습득하기 위해서 워크숍에 참석한다.

어휘 accountant 회계사 workshop 모임, 워크숍
acquire 획득하다, 얻다 knowledge 지식 revised 개정된
tax law 세법

2.
해설 빈칸 다음의 명사 ways(방법)를 앞에서 꾸미는 형용사를 고르는 문제다. ways 뒤의 to부정사가 '청중의 주목을 끌다'라는 의미이므로, find out proper ways(적절한 방법을 찾다)라는 표현이 필요하다. 따라서 형용사 (C) proper가 정답이다.

해석 일부 강연자들은 청중의 주목을 끌기 위한 적절한 방법을 찾고 싶어한다.

어휘 speaker 강연자, 연설자 find out ~를 알아내다, 밝혀내다
get attention 주목을 끌다 limited 제한된 raised 높은
proper 적절한 temporary 일시적인, 임시의

3.
해설 알맞은 동사의 시제를 고르는 문제로, 빈칸 뒤에 있는 yesterday가 중요한 힌트가 된다. yesterday(어제)는 과거 시점을 나타내므로 동사의 과거시제를 써야 한다. 따라서 정답은 (B) decided다.

해석 시 의회는 형편이 어려운 청소년을 위해 장학금 제도를 시행하기로 어제 결정했다.

어휘 offer 제공하다 scholarship 장학금 needy 가난한
decide 결정하다

4.
해설 빈칸 다음의 명사 employees(직원들)를 앞에서 수식하는 형용사를 고르는 문제다. 일단 (A) unprepared(준비가 안 된), (B) convenient(편리한), (D) limited(제한된) 모두 employees와 의미상 어울리지 않는다. 따라서 (C) additional이 정답이다.

해석 벨 투어는 관광업과 관련된 활동 경험을 가진 직원들을 추가로 채용하기로 결정했다.

어휘 decide to부정사 ~하기로 결정하다 recruit 모집하다
experience 경험, 체험 tourism-related activities 관광업 관련된 활동 additional 추가적인

5.
해설 알맞은 동사의 시제를 고르는 문제로, 뒤에 접속사 since 이하가 힌트가 된다. since(~ 이후로)가 이끄는 종속절에 과거시제가 나오면, 주절에 현재완료가 온다. 따라서 '회사가 설립된 이후로 지금까지 계속해서 일하다'는 계속의 의미를 나타내는 현재완료 (B) has worked가 정답이다.

해석 대니얼 씨는 회사가 설립된 이래로 신제품을 개발하는 일을 맡아왔다.

어휘 product 상품, 생산품 since ~ 이후로, 이래로
found 설립하다, 세우다 work on ~을 작업하다

6.
해설 빈칸 다음의 명사 inconveniences(불편)를 앞에서 수식하는 형용사를 고르는 문제다. (B) satisfied(만족하는), (C) leading(선두의) 모두 inconveniences와 의미상 어울리지 않는다. 따라서 '일시적인 불편'이라는 의미를 이루는 (A) temporary가 정답이다.

해석 우리의 네트워크가 개선될 때까지 인터넷을 사용할 때 일시적인 불편이 있을 것이다.

어휘 until ~까지 network 망, 네트워크 improve 개선시키다
inconvenience 불편 temporary 일시적인, 임시의
satisfied 만족한 leading 중요한, 선두의 permanent 영구적인

7.
해설 동사의 알맞은 시제를 고르는 문제로, 문두의 tomorrow(내일)가 힌트가 된다. 미래의 시간을 나타내는 표현이 있으므로, 동사의 시제 역시 미래를 나타내야 한다. 따라서 미래시제 (D) will be held(열릴 것이다)가 정답이다.

해석 환상적인 음악으로 가득 찬 록 콘서트가 내일 올림픽 경기장에서 열린다.

어휘 full of ~로 가득 찬 fantastic 환상적인, 굉장한
stadium 경기장, 스타디움

8.
해설 빈칸에는 명사 experts(전문가들)를 수식하는 형용사가 필요하다. '데이터 보안 문제를 논의하기 위해'라는 문맥상 '쟁쟁한 전문가들'이라는 의미가 필요하므로 (D) leading(정상의, 쟁쟁한)이 정답이다.

해석 세계의 쟁쟁한 전문가들이 데이터 보안 문제를 논의하기 위해 서울에서 모일 것이다.

어휘 expert 전문가 discuss 논의하다 issue 문제, 쟁점
data security 데이터 보안 defective 결함이 있는
corrupt 부패한, 타락한 leading 선두적인, 쟁쟁한

9.
해설 동사의 시제를 결정하는 문제로, 앞뒤 문장의 의미를 따져보아야 한다. 뒤 문장은 '우리 매장에서 쿠폰을 줄 것이다'로 미래를 나타내므로, if 이하의 문장 역시 미래시제가 필요하다. 하지만 조건을 나타내는 접속사 if 다음에는 현재시제가 미래를 대신하므로 (B) complete가 정답이다.

76

해석 이 설문지를 작성하시면, 우리 매장은 협조에 대한 보답으로 쿠폰을 드립니다.

어휘 survey 조사 coupon 쿠폰, 할인권 in return for ~에 대한 보답으로 cooperation 협력, 협조 complete 완료하다

10.

해설 부사 legally(법적으로)의 수식을 받는 동시에 전치사 for 이하와 연결될 수 있는 형용사 어휘를 고르는 문제다. 문맥상 '버스 운전기사들은 안전에 책임이 있다'는 의미가 필요하다. 따라서 be responsible for(~을 책임지다)라는 표현을 만드는 (D)가 정답이다.

해석 버스 운전기사들은 승객의 안전에 대해 법적으로 책임이 있다.

어휘 legally 법적으로 safety 안전 passenger 승객 additional 추가의 tentative 임시의, 잠정적인 available 이용할 수 있는 responsible 책임 있는

11-14.

수신: 앤 그레이그, 인사부장
발신: 프랑코 안토넬리, 건물 기술자
제목: 에너지 절약 정책
날짜: 3월 30일

안녕하세요, 앤

지난 4개월 동안, 우리 건물의 에너지 비용이 20퍼센트 줄었습니다. 이러한 감소는 주말에 근무하는 직원들이 난방이 되는 사무실의 구역만 사용하도록 허용되었기 때문입니다. 우리는 이러한 주말 정책을 지속할 계획입니다. 주말에 근무할 직원은 금요일 오후 3시까지 인사부장에게 연락해야 합니다. 초과근무 사용 신청서를 작성해야 하며 신청서에는 직원의 이름과 사무실에 있을 시간이 반드시 포함되어야 합니다.

협조에 감사합니다.

어휘 in the last four months 지난 4개월 동안 cost 비용 be reduced 감소되다, 줄다 reduction 감소, 삭감 mainly(= largely) 주로 be credited to ~ 때문이다, ~에 기인하다 the fact that ~라는 사실 be allowed to 동사원형 ~하도록 허용되다 heat 난방하다 human resources manager 인사부장 overtime 초과근무, 야근 fill out 작성하다 include 포함하다 cooperation 협조

11.

해설 빈칸 뒤의 20%는 명사 목적어가 아니라 수량을 표시하는 부사다. 보기의 동사 reduce는 뒤에 목적어를 수반하는 타동사이므로 능동태 (A) reduce, (B) reduced는 올 수 없다. 또한 문두의 부사구 in the last four months와 어울리는 시제는 현재완료다. 따라서 (D) have been reduced가 정답이다.

12.

해설 that절에 나오는 주어 the staff 다음에 오는 동사를 고르는 문제다. 수동태가 불가능한 자동사 (A) was remained와 (D) was stayed는 탈락된다. '난방이 되는 지정된 구역만 사용이 허용되었다'는 문맥이 와야 앞 문장인 '에너지 비용을 줄였다'와 의미가 통한다. 따라서 (B) was allowed가 정답이다.

13.

해설 [A] 우리는 이러한 주말 정책을 지속할 계획입니다.
(B) 난방시스템이 다음 주에 설치될 것입니다.
(C) 관리자는 고객으로부터 피드백을 취합해야 합니다.
(D) 인사과가 이러한 팸플릿을 배포했습니다.

해설 문맥에 알맞은 문장을 고르는 문제이다. 빈칸 앞 문장에서 건물 에너지 비용이 감소된 이유가 주말 근무자들이 난방 지역에서만 사무실 이용을 하기 때문이라고 언급했으므로 (A)가 정답이다.

14.

해설 문장 전체의 구조를 살펴보고 알맞은 시제를 선택하는 문제다. 앞 문장에 an overtime use form(초과근무 신청서)은 앞으로 필요시 작성해야 할 양식이므로 문맥상 미래시제가 필요하다. 따라서 미래시제 (C) will be가 정답이다.

UNIT 8 수동태

1. 능동태를 수동태로 바꾸는 방법

Check-up 본책_ p.245

1. (B)   2. (B)   3. (A)   4. (C)

1.

해설 알맞은 동사의 태(능동태 or 수동태)를 고르는 문제다. send(~를 보내다)는 뒤에 목적어를 동반하는 타동사로, 보기 (A) sent 바로 뒤에 목적어가 필요하다. 따라서 빈칸에는 목적어가 필요 없는 수동태 (B) was sent(배달되었다)가 들어가야 한다.

해석 그 편지는 어제 그에게 배달되었다.

2.

해설 문장의 구조상 빈칸은 주어 the novel 다음에 오는 동사 자리다. (A) written은 과거분사인 형용사로 빈칸에 올 수 없다. 따라서 동사인 수동태 (B) was written(저술되었다)이 정답이다.

해석 그 소설은 2013년에 그 작가에 의해 저술되었다.

3.

해설 알맞은 동사의 태(능동태 or 수동태)를 고르면 된다. 빈칸 다음에 목적어 a vaccine(백신)이 있으므로, 능동태인 (A) developed가 정답이다. 의미로 살펴보아도 주어 the doctor는 '백신을 개발하는' 주체이며 '개발되는' 대상이 아니다.

77

해석 그 의사는 그 질병의 백신을 개발했다.

4.

해설 문장의 구조를 살펴보면, Competition이 주어, is가 동사다. '주어+동사'의 문장구조가 있으므로, 빈칸에 동사 (A) expect와 (B) expects는 탈락된다. 불완전 자동사 is 뒤에 명사 (D) expectation(예상, 기대)은 주어와 동격관계가 아니므로 제외된다. 따라서 is expected to increase(증가할 것으로 예상된다)라는 수동태 표현을 이루는 (C) expected가 정답이다.

해석 자동차 업계의 경쟁이 내년에 더 심해질 것으로 예상된다.

2. 해석으로 수동태 찾기

Check-up 본책_ p.247

1. (A)   2. (A)   3. (A)   4. (A)

1.

해설 빈칸 앞의 to 다음에 올 수 있는 동사의 형태를 고르는 문제다. 빈칸 뒤에 목적어 Mr. Kim이 있으므로, 능동태 (A) promote(~를 승진시키다)가 정답이다.

해석 임원들은 연말에 김 씨를 승진시키기로 결정했다.

2.

해설 빈칸은 조동사 다음의 자리로, 동사원형인 (A) satisfy와 (B) be satisfied 모두 올 수 있다. 하지만 빈칸 뒤에 our customers라는 목적어가 있으므로 능동태인 (A) satisfy(~를 만족시키다)가 정답이다.

해석 이 신제품은 분명히 우리 고객들을 만족시킬 것이다.

3.

해설 빈칸 뒤에 목적어 the hotel employees가 있으므로, 능동태인 (A) surprised가 정답이다. 이제부터는 동사가 뒤에 목적어와 함께 쓰이는지, 동사 혼자만 쓰이는지를 함께 기억해 두도록 하자.

해석 예상치 못한 발표가 호텔 직원들을 놀라게 했다.

4.

해설 빈칸 앞에 동사 is가 있으므로, 동사 (B) locates와 (C) locate가 먼저 탈락된다. is located가 되면 '위치되어 있다'는 수동태가 되고, is locating이 되면 '~를 위치시키다'라는 능동태가 된다. 주어 the Rakuta Hotel는 '위치되는' 대상에 해당하므로 수동태를 만드는 (A) located가 정답이다.

해석 라쿠타 호텔은 방콕 상업지역에 위치하고 있다.

3. 자동사는 수동태 불가능

Check-up 본책_ p.249

1. (B)   2. (A)   3. (A)   4. (B)

1.

해설 동사 seem(~인 듯 보이다, ~처럼 보이다)은 뒤에 형용사를 보어로 수반하는 불완전 자동사이다. 기본적으로 자동사는 목적어를 수반하지 않으므로 수동태로 전환이 불가능하다. 따라서 seem very knowledgeable(매우 아는 것이 많아 보인다)라는 표현을 이루는 능동태 (B) seem이 정답이다.

해석 모든 지원자들이 매우 박식한 듯하다.

2.

해설 보기의 동사변형 형태는 자동사 rise에서 파생한 것인데, 자동사는 기본적으로 수동태 전환이 불가능하므로 (B) been risen은 오답이다. 따라서 능동태인 have risen(상승해왔다)을 이루는 과거분사 (A) risen이 정답이다.

해석 배송비가 급격하게 상승해왔다.

3.

해설 빈칸 앞의 동사구 has been과 함께 쓰여 올바른 동사구를 만드는 문제다. work는 자동사이므로 수동태를 이루는 (B) worked는 탈락된다. 따라서 has been working(일해왔다)이라는 능동태 표현을 완성하는 (A) working이 정답이다. 수동태의 형태는 'be+p.p.' 임을 잊지 말자.

해석 아오키 씨가 그 문제를 처리해왔다.

4.

해설 일단 주어 Russel Preston과 수일치가 맞지 않는 (A) work가 먼저 탈락된다. 동사 work는 자동사로 수동태가 불가능하기 때문에, (C) was worked와 (D) has been worked는 빈칸에 올 수 없다. 따라서 주어와 수일치가 맞으며, 능동태인 (B) has worked가 정답이다.

해석 러셀 프레스톤은 거의 14년 동안 인사부에서 일해왔다.

4. 수동태는 목적어가 없다

Check-up 본책_ p.251

1. (A)   2. (B)   3. (B)   4. (B)

1.

해설 빈칸은 알맞은 동사의 태를 고르는 문제다. 빈칸 다음에 목적어 the

opportunity(기회)가 있으므로, 능동태인 (A) appreciated를 정답으로 고르면 된다.

해석 경력에 대해 말할 기회를 주셔서 감사합니다.

2.

해설 빈칸 앞의 동사 have been distributed(분배되었다)는 수동태 동사구로 distributed까지만 있어도 완전한 표현이다. 빈칸은 동사 have been distributed를 뒤에서 꾸미는 부사 자리다. 따라서 정답은 (B) equally(똑같이)다.

해석 일은 똑같이 분배되었다.

3.

해설 빈칸 앞에 수동태 was renovated(개조되었다)가 있으므로, 빈칸에는 더 이상 목적어(명사)가 올 수 없다. 명사인 (A) us는 탈락된다. 따라서 '전치사+명사'로 이루어진 (B) by us가 정답이다. 수동태 문장에서 동사의 행위자는 'by+행위자'로 표시하는데, (B) by us가 그 역할을 하고 있다.

해석 그 건물은 우리에 의해 개조되었다.

4.

해설 더 이상 빈칸에는 동사가 들어갈 수 없으므로 (A) encourage와 (D) encourages는 탈락된다. 빈칸 다음에 its employees라는 목적어가 있으므로, 수동태를 이루는 (C) encouraged는 탈락된다. 따라서 능동태 동사구를 이루는 (B) encouraging이 정답이다.

해석 그 회사는 직원들이 근무 중에 편안한 신발을 신도록 권장하고 있다.

5. 수동태도 시제에 따라 변한다

Check-up 본책_ p.253

1. (B) 2. (A) 3. (B) 4. (B)

1.

해설 문장의 주어 the meeting(회의)은 '~를 개최하는, 여는' 주체가 아니라, '개최되는' 대상이므로 수동태 (B) will be held(열릴 것이다)가 정답이다. 빈칸 다음의 this afternoon(오늘 오후)을 보고, 능동태 (A) will hold를 선택하지 않도록 주의하자.

해석 회의는 오늘 오후에 열릴 것이다.

2.

해설 submit는 '~를 제출하다'라는 의미의 타동사로 반드시 목적어가 뒤에 와야 한다. 빈칸 뒤에 목적어가 없으므로 (B) submitted는 탈락된다. 따라서 수동태 (A) was submitted가 정답이다. 또한 문장의 주어 the report(그 보고서)는 '제출을 당하는' 대상이므로 수동태 (A) was submitted가 들어가야 한다.

해석 보고서는 어제 제출되었다.

3.

해설 문장의 주어 a lot of work(많은 일)는 '~를 끝마치는, 완료하는' 주체가 아니라, '완료되는' 대상이므로 수동태 (B) have been finished가 정답이다.

해석 많은 일이 내일까지 완료될 것이다.

4.

해설 빈칸 앞에 동사 is가 이미 있으므로 동사원형인 (A) sell, 현재완료 (C) has sold, 단수동사 (D) sells는 탈락된다. is being sold라는 수동태 동사구를 완성하는 (B) being sold가 정답이다.

해석 신상품을 위한 공간을 만들기 위해서 겨울 의류가 할인된 가격에 판매되고 있다.

실력 점검 문제 본책_ p.256~257

1. (B)	2. (C)	3. (A)	4. (B)	5. (C)
6. (A)	7. (D)	8. (C)	9. (B)	10. (C)
11. (C)	12. (C)	13. (A)	14. (D)	

1.

해설 먼저 주어 you와 수일치가 맞지 않는 (C) is installing이 탈락된다. (A) are installed와 (D) have been installed는 뒤에 목적어를 취하지 않는 수동태이므로 제외된다. 따라서 빈칸 뒤의 명사 목적어를 수반할 수 있는 능동태 (B) install이 정답이다.

해석 장비를 설치하기 전에 매뉴얼에 적힌 모든 설명서를 신중하게 읽으세요.

어휘 before ~ 전에   equipment 장비, 기계   read 읽다
instruction 지시사항, 설명서   manual 설명서   carefully 신중하게
install 설치하다

2.

해설 빈칸 다음의 명사 debt(채무, 부채)를 수식하는 형용사를 고르는 문제다. 일단 (A) proper(적절한), (B) convenient(편리한), (D) brief(간략한) 모두 debt와 의미상 어울리지 않는다. 따라서 '미지불 채무'라는 의미를 이루는 (C) outstanding이 정답이다.

해석 그 기업가는 미지불 채무를 줄이는 계획을 세울 것이다.

어휘 entrepreneur 기업가   reduce 줄이다   debt 채무, 빚
proper 적절한   convenient 편리한
outstanding 미지불의   brief 간략한

3.

해설 주어 the road pavement work와 수일치가 맞지 않는 (D) have been delayed가 먼저 탈락된다. delay(연기시키다, 지연하다)는 뒤에 목적어를 수반하는 타동사이므로 능동태인 (B) is delaying,

79

(C) delays 모두 올 수 없다. 따라서 목적어를 수반하지 않는 수동태 (A) is delayed가 정답이다.

해석 예산 삭감 때문에 도로 포장 작업은 약 2달 동안 지연된다.

어휘 road pavement 도로 포장   budget 예산(안)   cut 삭감

4.

해설 명사 sales performance(영업 실적)를 수식하는 형용사를 고르는 문제다. (A) alternative(대신하는), (C) leading(선두의), (D) responsible(책임 있는) 모두 sales performance(영업 실적)와 의미상 어울리지 않는다. 따라서 '인상적인 영업 실적'이라는 의미를 이루는 (B) impressive가 정답이다.

해석 글로벌 미디어는 1분기에 인상적인 영업 실적을 창출했다.

어휘 media 언론매체   produce 창출하다, 생산하다
quarter 분기   alternative 대신하는, 대안적인
impressive 인상적인   leading 선두적인, 중요한
responsible 책임 있는

5.

해설 조동사 will과 함께 문장의 동사 형태를 완성하는 문제다. 주어 this year's conference(올해의 총회)는 개최하는 주체가 아니라, 개최되는 대상이므로 수동태 (C) be held가 정답이다.

해석 올해 총회는 다음 주 토요일 오전 10시부터 오후 5시까지 BC 호텔에서 개최된다.

어휘 conference 총회, 회담   hold 개최하다

6.

해설 빈칸 뒤의 명사 plans(계획들)를 수식하는 형용사를 고르는 문제다. (B) growing(증가하는), (C) convinced(확신하는), (D) skilled(능숙한) 모두 plans와 의미상 어울리지 않는다. '상세한 계획을 기반으로 지사를 개설하다'는 의미가 필요하므로 (A) detailed가 정답이다.

해석 상세한 계획을 기반으로 하여, 최고경영자는 보스턴에 지사를 개설하기로 결정했다.

어휘 on a basis of ~을 기반으로, ~에 근거하여   plan 계획
decide to ~하기로 결정하다   branch office 지사, 지점
detailed 상세한   growing 성장하는, 증가하는
convinced 확신하는   skilled 능숙한

7.

해설 조동사 should와 함께 문장의 동사 형태를 완성하는 문제다. 조동사 다음에 (A) is reviewing과 (C) reviewed는 올 수 없다. 주어 all applications(모든 신청서들)는 검토하는 주체가 아니라, 사람에 의해 검토되는 대상이므로 수동태 (D) be reviewed(검토되다)가 정답이다.

해석 정부 보조금에 대한 모든 신청서들은 돈이 낭비되지 않도록 검토되어야 한다.

어휘 application 신청(서)   grant 보조금
in order not to부정사 ~하지 않기 위해서   waste 낭비하다
convinced 확신하는

8.

해설 빈칸 다음의 명사 increase in revenue(수익 증가)를 수식하는 형용사를 고르는 문제다. (A) instructive(교훈적인), (B) cautious(신중한), (D) sincere(진심의) 모두 의미상 어울리지 않는다. 따라서 '예기치 못한 증가'라는 의미를 이루는 (C) unexpected가 정답이다.

해석 소규모 기업주들은 지난 분기의 예기치 못한 수익 증가에 만족한다.

어휘 business owner 기업주   be satisfied with ~에 만족하다
increase 증가, 상승   revenue 수익   last quarter 지난 분기
instructive 교훈적인   cautious 신중한   unexpected 예기치 못한
sincere 진심의

9.

해설 주어 airplanes와 수일치가 맞지 않는 (C) arrives가 먼저 탈락된다. 동사 arrive(도착하다)는 자동사로 수동태가 불가능하므로 (A) were arrived와 (D) had been arrived는 빈칸에 올 수 없다. 따라서 능동태인 (B) arrived가 정답이다.

해석 악천후 때문에 타이완에서 출발한 항공기들이 너무 늦게 도착했다.

어휘 because of(= due to) ~ 때문에
bad weather conditions 악천후   airplane 비행기
too late 너무 늦게   arrive 도착하다

10.

해설 빈칸 다음의 명사 tax system(조세제도)을 수식하는 형용사를 고르는 문제다. (A) arranging(준비하는), (B) exempt(면제된), (D) understanding(사려 깊은)은 의미상 부적합하다. 따라서 '현존하는'을 뜻하는 (C) existing이 정답이다.

해석 대부분의 시민들은 지방 정부가 현존하는 조세제도를 수정하도록 요청해 왔다.

어휘 citizen 시민   local government 지방 정부   revise 개정하다
tax system 조세제도   arranging 준비하는   exempt (의무) 면제된
existing 현존하는   understanding 사려 깊은

11-14.

> 5월 23일 - 오늘 오전 미국 예술위원회는 제20회 포스트모더니즘 아트페스티벌을 뉴욕의 로얄 박물관에서 7월 12일부터 20일까지 연다고 발표했다. 이는 위원회 창립자인 프레드릭 로버트슨이 직접 발표했다. 올해 페스티벌에서는 저명한 아티스트인 톰 레이놀즈의 예술 공연이 펼쳐질 예정이다. 톰 레이놀즈는 조각가들과 함께 7월 15일부터 3일 동안 전시회를 갖는다. 모든 행사 티켓은 온라인 www.artsfestival.org를 통해 구입할 수 있다. **표를 미리 구매하시기를 권한다.** 페스티벌이 처음 시작된 이후로 해가 갈수록 인기가 높아지기 때문이다.

어휘 council 위원회 declare 선언하다, 발표하다 annual 연례의 museum 박물관 announcement 발표 founder 창립자, 설립자 feature 특징으로 하다, 중요한 참가자다 performance 공연 renowned(= famous) 유명한, 저명한 be accompanied by ~를 동반하다 sculptor 조각가 purchase 구매하다 advisable 권장할 만한, 타당한 popularity 인기, 대중성 unexpected 뜻밖의

11.

해설 주어 the announcement는 '발표되는 대상'이므로 수동태로 표현해야 한다. 바로 앞 문장 The American Arts Council declared earlier today에서 오늘 오전에 발표된 내용임을 알 수 있으므로 과거시제 (C) was made가 들어가야 한다.

12.

해설 조동사 will 다음에 오는 동사의 원형자리이므로 (B) featured는 바로 탈락된다. 빈칸 뒤에 목적어 an art performance(예술 공연)가 있으므로 수동태 (A) be featured와 (D) have been featured 모두 제외된다. 따라서 목적어를 수반할 수 있는 능동태 동사인 (C) feature가 정답이다.

13.

해설 앞에 선행사로 사람 이름이 나왔으므로 관계대명사 (A) who가 정답이다.

14.

해설 (A) 그러나, 행사 주최자들은 아직 준비가 되지 않았다.
(B) 표가 너무 느리게 판매될 것 같다.
(C) 게다가, 축제 참석은 제한적이다.
(D) 표를 미리 구매하시기를 권한다.

해설 문맥에 알맞은 문장을 고르는 문제이다. 빈칸 뒤 문장에서는 첫 해 이후로 축제가 인기 있다고 언급했으므로 내용 정황상 미리 구입하는 것을 권한다는 (D)가 정답이다.

UNIT 9 부정사

1. 부정사의 개념과 형태

Check-up 본책_ p.259

1. (A)   2. (B)   3. (A)   4. (C)

1.

해설 빈칸 앞에 있는 to의 성격을 규명하고, 올바른 어휘의 형태를 선택하는 문제이다. hope는 뒤에 명사 또는 to부정사를 목적어로 수반하는 동사다. 따라서 동사원형 (A) move가 정답이다.

해석 그 기업은 본사 이전을 희망한다.

2.

해설 빈칸 앞에 있는 to의 성격을 규명하고, 올바른 어휘의 형태를 선택하는 문제. look forward to의 to는 전치사이므로 뒤에 명사 또는 동명사(ing)가 와야 한다. 따라서 (B) seeing이 정답이다.

해석 귀하를 다시 뵙기를 고대합니다.

3.

해설 구조를 살펴보면 you should study hard(여러분은 열심히 공부해야 한다)에서 문장이 끝난 것으로 볼 수 있다. 문맥상 '연수 과정을 통과하기 위해서'라는 의미가 필요하므로 부정사의 부사적 용법을 완성하는 (A) pass가 정답이다.

해석 여러분은 연수 과정에 합격하기 위해 열심히 공부해야 한다.

4.

해설 be used to는 뒤에 to부정사와 명사, 동명사가 모두 올 수 있으므로 유의해야 한다. 문맥상 '직원들이 지금은 밤에 일하는 것에 익숙하다'는 의미가 필요하므로 동명사 (C) working이 정답이다.

해석 직원들이 지금은 밤에 일하는 데 익숙하지만 처음에는 힘들어 했다.

2. 명사적/형용사적 용법

Check-up 본책_ p.261

1. (B)   2. (B)   3. (B)   4. (C)

1.

해설 문장은 I need라는 '주어+동사'의 구조로 이루어져 있다. 더 이상 동사가 들어갈 수 없으므로 (A) receive는 탈락된다. 따라서 need의 목적어 역할을 하는 (B) to receive가 정답이다.

해석 나는 정보를 받아야 한다.

2.

해설 빈칸 앞에서 이미 문장이 끝났으므로, 동사인 (A) know는 빈칸에 올 수 없다. 따라서 정답은 (B) to know인데, 여기서 to know는 의미상 진짜 주어의 역할을 하는 진주어다.

해석 일련 번호를 아는 것이 중요하다.

3.

해설 빈칸 앞에서 문장이 끝났으므로, 동사인 (A) change는 빈칸에 올 수 없다. 또한 (A) change를 명사로 보더라도, 구조상 올 수 없다.

81

따라서 명사 the right를 뒤에서 꾸미는 (B) to change가 정답이다.

해석 우리는 일정을 변경할 권리를 가지고 있다.

4.

해설 구조를 살펴보면 접속사 that 앞뒤로 '주어+동사' 형태의 문장이 있다. 빈칸에는 더 이상 동사 (A) discuss는 올 수 없으며, 복합명사를 만들 수 없는 명사 (B) discussion 역시 제외된다. 따라서 an opportunity to+동사원형(~할 기회)라는 표현을 완성하는 (C) to discuss가 정답이다.

해석 나는 당신이 내 자격요건에 대해 의논할 기회를 주기를 희망합니다.

3. 부사적 용법

Check-up 본책_ p.263

1. (B)   2. (A)   3. (B)   4. (B)

1.

해설 빈칸 앞에 동사구 is studying(공부하고 있다)이 있으므로 동사인 (A) be는 탈락된다. 따라서 정답은 (B) to be인데, 이 경우 '~하기 위해서'라는 목적의 의미를 나타내는 부사적 용법이다.

해석 그녀는 의사가 되려고 공부하고 있다.

2.

해설 알맞은 어휘의 형태를 고르는 문제로 빈칸 앞의 in order to가 중요한 힌트가 된다. in order to 다음에는 동사원형이 바로 나오므로 (A) apply가 정답이다.

해석 일자리에 지원하려면 그 양식을 작성하세요.

3.

해설 형용사 sorry(유감스러운)와 함께 사용되는 형태를 고르는 문제다. 일단 전치사 없이 동명사인 (A) telling은 빈칸에 올 수 없다. 따라서 '~해서, 때문에'라는 의미로 be sorry to tell(말하게 되어 유감스럽다)을 이루는 (B) to tell이 정답이다.

해석 이런 말을 하게 되어 유감입니다.

4.

해설 문장의 구조를 살펴보면 동사는 들어갈 수 없으므로, (A) process와 (D) have processed는 제외된다. 빈칸 앞의 so as to는 to부정사와 함께 부사적 용법을 이룬다. 따라서 부정사 (B) to process가 정답이다.

해석 영업부는 더 많은 데이터를 처리하기 위해서 컴퓨터를 3대 더 구매할 것이다.

4. 동사/형용사 뒤에 오는 부정사

Check-up 본책_ p.265

1. (A)   2. (A)   3. (A)   4. (C)

1.

해설 빈칸 앞의 동사 refused 다음에 오는 알맞은 형태를 고르는 문제다. refuse가 이미 동사이므로 뒤에는 to부정사가 와야 한다. 따라서 (A) to agree가 정답이다.

해석 그들은 그것에 동의하기를 거절했다.

2.

해설 빈칸 앞의 동사 decided 다음에 오는 알맞은 형태를 고르는 문제다. decide는 뒤에 to부정사를 목적어로 수반하므로 (A) to participate가 정답이다.

해석 그 기업은 채용박람회에 참가하기로 결심했다.

3.

해설 빈칸 앞의 동사 failed 다음에 오는 알맞은 형태를 고르는 문제다. fail은 뒤에 to부정사를 목적어로 수반하므로 (A) to meet가 정답이다.

해석 그 팀은 마감시한을 맞추는 데 실패했다.

4.

해설 be동사 are를 보충하여 문맥을 완성하는 형용사를 고르는 문제로, 빈칸 다음의 부정사 to compete가 힌트가 된다. 따라서 be eligible to compete(경쟁할 자격이 있다)를 이루는 (C) eligible이 정답이다. 참고로 capable(~할 능력이 있는)은 be capable of+명사의 형태로 쓰인다.

해석 우리 회사의 모든 직원은 상을 놓고 경쟁할 자격이 있다.

실력 점검 문제 본책_ p.268~269

1. (A)   2. (A)   3. (D)   4. (B)   5. (D)
6. (C)   7. (C)   8. (D)   9. (D)   10. (A)
11. (C)   12. (B)   13. (D)   14. (A)

1.

해설 to 뒤에 오는 알맞은 동사의 형태를 고르는 문제다. encourage+A+to부정사(A가 ~하는 것을 권장하다)의 동사 표현이 이 문제에서는 수동태로 사용되었으므로, to 뒤에는 동사원형이 와야 한다. 따라서 (A) arrive(도착하다)가 정답이다.

해석 승객들은 출발 3시간 전에 공항에 도착하도록 권고된다.

어휘 passenger 승객 encourage 권장하다 airport 공항
departure 출발

2.
해설 빈칸은 동사 start를 수식하는 자리가 아니라 그 뒤의 at 7 P.M.을 꾸미는 부사 자리다. (C) recently(최근에)는 과거시제에 어울리며, 수식이 불가능하다. 따라서 start promptly at 7 P.M.(정확하게 저녁 7시에 시작하다)는 표현을 이루는 (A) promptly(정확하게, 즉시)가 정답이다.

해석 총회는 정확하게 저녁 7시에 시작하므로 발표자들은 1시간 전에 도착하도록 요청된다.

어휘 since ~하기 때문에 conference 총회, 회의 start 시작하다
speaker 연사, 발표자 require 요구하다 in advance 미리, 앞서서
promptly 정확하게, 즉시 popularly 대중적으로, 널리
recently 최근에 cordially 진심으로

3.
해설 구조를 살펴보면 접속사 if를 앞뒤로 '주어+동사' 형태의 문장으로 이루어져 있다. 빈칸에는 더 이상 동사 (A) ask, (B) was asked는 올 수 없다. 보기 중에서 the right를 뒤에서 꾸며 the right to ask(요구할 권리)라는 표현을 만드는 (D) to ask가 정답이다.

해석 상품에 결함이 있다면 모든 소비자는 언제나 전액 환불을 요구할 권리가 있다.

어휘 customer 고객 right 권리 full refund 전액 환불
at all times 항상 product(= goods) 상품, 제품
defective 결함 있는 ask for ~을 요청하다, 청구하다

4.
해설 동사 fasten을 수식하는 부사를 고르는 문제로, (D) extremely (대단히)는 동사를 수식하지 못하므로 탈락된다. (C) approximately (대략)는 숫자를 수식하는 부사로 제외된다. fasten your safety belts tightly(안전벨트를 단단히 고정시키다)라는 표현을 만드는 (B) tightly(단단히, 꽉)가 정답이다.

해석 비록 숙련된 운전자라 할지라도, 운전 중에는 안전벨트를 단단히 고정시키세요.

어휘 even though 비록 ~일지라도 skilled 능숙한
fasten 고정시키다, 매다 safety belt 안전벨트
eventually 결국에, 궁극적으로 tightly 단단히, 꽉
approximately(= roughly) 대략 extremely 대단히, 극도로

5.
해설 문장의 구조를 살펴보면 주어는 a guide book이고, 동사는 helps 이다. 동사 help는 목적어 뒤에 동사원형 또는 to부정사를 수반하므로 (D) select가 정답이다.

해석 관광안내서는 여행자들이 목적지를 선택하거나 호텔 예약할 때 유용하다.

어휘 guide book 관광안내서 tourist 여행객 destination 목적지
make a reservation 예약하다 select 선택하다

6.
해설 (B) exactly(정확하게)와 (D) personally(개인적으로) 모두 형용사 cold를 수식하기에 의미상 부적합하다. 또한 (A) properly(적절하게) 역시 뒤에 나오는 suffer severe crop damage(심각한 작황 피해를 입다)와 어울리지 않으므로 의미상 부적합하다. 따라서 (C) unusually(유달리, 평소와 다르게)가 정답이다.

해석 올해 유달리 추운 날씨 때문에, 농부들이 심각한 작황 피해를 입으리라 예상된다.

어휘 because of(= due to) ~ 때문에 cold 추운 weather 날씨
farmer 농부, 농장주 be expected to부정사 ~하리라 예상되다
suffer (고통, 피해) 시달리다, 겪다 severe 심각한 crop 작황
damage 피해 properly 적절하게 exactly 정확하게
unusually 대단히, 유난히 personally 개인적으로, 사적으로

7.
해설 동사 are가 있어 빈칸에 또 동사는 올 수 없으므로 (D) accept는 탈락된다. 빈칸 앞의 형용사 reluctant는 관용적으로 부정사를 뒤에 수반하여 be reluctant to부정사(~하기를 꺼려하다)의 형태를 이룬다. 따라서 (C) to accept가 정답이다.

해석 유능한 관리자는 새로운 생각을 수용하기를 주저하는 직원들을 독려한다.

어휘 effective manager 유능한 관리자 motivate 동기를 부여하다
reluctant 주저하는, 꺼리는

8.
해설 형용사 dependent(의존하는)를 앞에서 꾸미는 알맞은 부사를 고르는 문제다. '경기 침체에 취약하다' 뒤 문장으로 볼 때 의미상 (D) heavily가 적합하다.

해석 수입을 관광산업에 크게 의존하는 나라들은 경기 침체에 취약하다.

어휘 be dependent on ~에 의존하다 tourism 관광산업
income 소득, 수입 vulnerable 취약한, 공격당하기 쉬운
economic downturn 경기 침체 reluctantly 주저하며, 마지못해
avoidably 피할 수 있게 approvingly 찬성하여
heavily 심하게, 크게

9.
해설 빈칸 앞의 동사 wish 다음에 오는 알맞은 형태를 고르는 문제다. 더 이상 동사는 올 수 없으므로 (A) participate가 먼저 탈락된다. wish는 뒤에 to부정사를 목적어로 수반하기 때문에 (D) to participate이 정답이다.

해석 원예 대회에 참여하기를 희망하는 주민들은 금요일까지 신청서를 제출해야 한다.

어휘 resident 주민 wish to부정사 ~하기를 원하다
gardening 원예, 정원 가꾸기 contest 대회, 시합
submit 제출하다 application 신청(서), 지원(서) by ~ 까지
participate in ~에 참여하다

10.

해설 빈칸 다음의 1,000 runners를 앞에서 꾸미는 부사를 고르는 문제다. 따라서 숫자를 수식하는 부사 (A) approximately(대략)가 정답이다.

해석 경주에서 열리는 국제마라톤 대회에는 약 1,000명의 주자들이 참여할 것이다.

어휘 international 국제적인   marathon 마라톤   contest 대회, 시합   runner 주자, 선수   approximately(= about, roughly) 약, 대략   recently 최근에   highly 매우   previously 이전에

11-14.

> 모든 주택 소유주분들에게 알립니다!
> 연방정부는 주택을 수리하거나 개조하시는 분들께 기꺼이 도움을 드리고자 합니다. 주택 보유 기간, 위치, 상태와 연령, 소득, 혼인 여부와 상관없이 혜택을 받으실 수 있습니다. 이 프로그램의 목적은 에너지 절약과 근린 공동체 보존에 있습니다. 정부 보험은 주택 소유주분들이 주택을 개조하는 데 3만 달러까지 허용하고 있습니다. 창문, 방, 욕실, 부엌, 지붕, 현관 등을 개조할 수 있습니다. 공사는 대출 기관이 승인한 업자에 의해서 시공되어야 합니다.

어휘 pay attention 주목하다   federal government 연방정부   help+A+동사원형 A가 ~하도록 돕다   repair 고치다, 수리하다   remodel 개조하다   regardless of ~와 관계없이   own 보유하다   location 위치   income 수입, 소득   marital status 혼인 여부   potentially 잠재적으로   eligible 자격이 있는   purpose 목적   encourage 권장하다   energy conservation 에너지 절약   neighborhood 이웃   preservation 보존, 보호   insurance 보험   owner 소유주   improvement 향상, 개조   up to ~까지   include 포함하다   conversion 개조, 전환   bath 욕실   roofing 지붕 공사

11.

해설 'help+A+동사원형(A가 ~하도록 도와주다)'의 구조에서, 등위접속사 and로 연결되어 빈칸에 동사원형이 오는 병치구조다. 즉 빈칸에는 동사 repair와 병치를 이루는 동사원형 (C) remodel(~를 개조하다)이 정답이다.

12.

해설 형용사 eligible(자격 있는)을 수식하는 알맞은 부사를 고르는 문제다. 보기 부사 중에서 문맥상 가장 어울리는 (B) potentially(잠재적으로)가 정답이다.

13.

해설 문장의 구조상 일단 동사는 올 수 없으므로 (A) make와 (B) made가 바로 탈락된다. 동사 allow는 allow+목적어+to부정사의 형태로 쓰이므로 (D) to make가 정답이다.

14.

해설 (A) 공사는 대출 기관이 승인한 계약업자에 의해 시공되어야 합니다.
(B) 집 소유주는 프로젝트에 대한 피드백을 제시해야 합니다.
(C) 정부는 직원복지에 관심을 두고 있습니다.
(D) 몇몇 방은 업무 출장자들을 위해 임대될 수 있습니다.

해설 문맥에 알맞은 문장을 고르는 문제이다. 글 전체 문맥으로 볼 때 정부 보험 혜택의 조건 중 하나인 (A)가 가장 잘 어울린다.

UNIT 10 동명사

1. 동명사의 개념과 형태

Check-up 본책_ p. 271

| 1. (B)   2. (B)   3. (B)   4. (C) |

1.

해설 구조를 보면 빈칸 뒤에 동사 is needed가 있으므로 동사 (A) Make는 올 수 없다. 따라서 every effort(모든 노력)를 자체 목적어로 수반하는 동명사 (B) Making이 정답이다. 여기서 동명사 Making은 문장의 주어다.

해석 모든 노력을 기울여야 한다.

2.

해설 쉽게 명령문을 생각하고 동사원형 (A) Be를 선택하면 틀리는 문제다. 빈칸 뒤에 requires라는 동사가 있으므로 동사 (A) Be는 탈락된다. 따라서 a manager를 목적어로 수반하는 동명사 (B) Being이 정답이다.

해석 관리자가 되려면 많은 시간이 요구된다.

3.

해설 어휘의 형태를 결정하는 문제로 빈칸 앞의 전치사 Before가 힌트가 된다. 전치사는 뒤에 목적어로 명사나 동명사를 취하므로 동명사 (B) suggesting이 정답이다.

해석 아이디어를 제안하기 전에 개요를 준비하시오.

4.

해설 전치사 about 뒤에 알맞은 어휘의 형태를 결정하는 문제다. 전치사는 뒤에 목적어로 명사나 동명사가 올 수 있으므로 동사 (A) use와 (D) have used, 그리고 부정사 (B) to use는 모두 제외된다. 따라서 전치사 다음에 유일하게 올 수 있는 동명사 (C) using이 정답이다.

해설 방문자들은 제한구역 안에서 사진기 사용에 대한 다양한 규정을 알아야 한다.

2. 동명사와 명사의 차이점

Check-up 본책_p.273

1. (A)   2. (B)   3. (B)   4. (B)

1.
해설 동명사 (B) producing(생산하는 것)이 오면, '팔리는 중이다'라는 문장의 동사와 의미상 연결이 불가능하다. 또 정관사 the가 있으므로 정답은 명사 (A) product다.
해석 그 상품은 매우 잘 팔리고 있다.

2.
해설 전치사 in 뒤에 오는 알맞은 어휘의 형태를 고르는 문제다. 명사 (A) attendance가 오면 뒤의 명사 the lecture와 중복되므로 올 수 없다. 따라서 the lecture를 목적어로 수반하는 동명사 (B) attending이 정답이다.
해석 나는 그 강연에 참석하는 것에 관심 있다.

3.
해설 알맞은 품사를 선택하여 문장을 완성하는 문제다. reviewing은 전치사 after 뒤에 위치하는 동시에 명사 your work를 목적어로 취하는 동명사다. 동명사를 앞에서 수식하는 것은 형용사가 아니라 부사이므로 정답은 (B) cautiously(주의 깊게)다.
해석 우리는 당신의 작업을 주의 깊게 검토한 후에 결정할 것이다.

4.
해설 문장에 동사 began이 있으므로 동사 (A) investigate와 (C) investigated는 올 수 없다. 또한 명사 (D) investigation이 오면 뒤의 명사 the problems와 중복되어 올 수 없다. 따라서 began의 목적어인 동시에 명사 the problems를 자체목적어로 취하는 동명사 (B) investigating이 정답이다.
해석 기술팀은 컴퓨터 네트워크와 관련된 문제들을 조사하기 시작했다.

3. 동명사의 역할

Check-up 본책_p.275

1. (A)   2. (B)   3. (B)   4. (C)

1.
해설 이 문장에서 주어는 문두의 recovering이다. 여기서 recovering은 the deleted files를 목적어로 수반하는 동명사다. 동명사가 문장의 주어일 경우 단수로 취급하므로 (A) was가 정답이다.
해석 삭제된 파일을 복구하는 것은 어렵지 않았다.

2.
해설 문장의 주어는 his job이며, 동사는 includes다. 즉 빈칸에는 include의 목적어가 될 수 있는 형태가 필요하므로 정답은 동명사인 (B) looking이다.
해석 그의 업무는 아이들을 돌보는 일을 포함한다.

3.
해설 동사 should postpone과 빈칸 뒤의 명사 the matter를 연결할 수 있는 형태가 필요하다. 따라서 빈칸에는 postpone의 목적어인 동시에 the matter를 목적어로 수반하는 동명사 (B) discussing이 정답이다.
해석 우리는 그 문제를 논의하는 것을 연기해야 한다.

4.
해설 접속사 who 다음에 오는 동사를 선택하는 문제로, 빈칸 다음의 동명사 spending이 힌트가 된다. 동명사를 목적어로 수반하는 동사가 빈칸에 올 수 있으므로 (C) enjoys가 정답이다.
해석 청 씨는 여가 시간에 작곡을 즐기는 피아니스트다.

4. 동명사의 관용구

Check-up 본책_p.277

1. (B)   2. (B)   3. (B)   4. (A)

1.
해설 '~하러 가다'를 의미할 때는 go 뒤에 동명사를 붙여 쓴다. 따라서 go fishing(낚시하러 가다)이라는 표현을 이루는 동명사 (B) fishing이 정답이다.
해석 나는 다음 주에 낚시하러 갈 것이다.

2.
해설 be동사 보어인 동시에 of acquiring 이하와 어울리는 형용사를 고르는 문제다. (A) able은 be able to부정사(~할 수 있다)의 형태를 취하므로 제외된다. be capable of ~ing(~할 수 있다)처럼 쓰는 (B) capable이 정답이다.
해석 그는 새로운 기술들을 빨리 습득할 수 있다.

3.

해설 명사 difficulty(어려움)에 연결되는 어휘의 형태를 결정하는 문제다. 더 이상 동사는 올 수 없으므로 (A) find는 탈락된다. have difficulty (in) ~ing(~하는 데 어려움을 겪다)라는 표현을 이루는 (B) finding이 정답이다.

해석 나는 정보를 찾는 데 어려움을 겪었다.

4.

해설 문장의 주어와 동사는 뒤에 있는 we can expand 부분이므로 접속사 (C) Because와 (D) So that은 올 수 없다. 전치사 (B) During은 뒤에 동명사를 취하지 못하므로 탈락된다. 따라서 by cooperating (협력함으로써)이라는 표현을 만드는 (A) By가 정답이다.

해석 지역 기업들과 협력함으로써 우리는 컴퓨터 판매량을 늘릴 수 있다.

실력 점검 문제 본책_ p.280~281

1. (D)	2. (A)	3. (B)	4. (B)	5. (C)
6. (C)	7. (A)	8. (D)	9. (C)	10. (A)
11. (A)	12. (D)	13. (A)	1B. (B)	

1.

해설 전치사 after(~ 후에) 뒤에는 동명사와 명사가 오므로 동사 (A) is leaving, (C) left는 제외된다. (B) leave는 '휴가, 허락'이라는 의미의 명사가 가능하지만, 뒤의 the company와 복합명사를 만들 수 없다. 따라서 the company를 목적어로 수반하는 동명사 (D) leaving이 정답이다.

해석 마케팅 이사인 타일러 씨는 회사를 떠난 후에 창업을 하기로 결정했다.

어휘 marketing director 마케팅 이사
decide to부정사 ~하기로 결정하다

2.

해설 형용사 recent(최근의)를 앞에서 꾸미는 알맞은 부사를 고르는 문제다. 따라서 relatively recent phenomena(비교적 최근의 현상)이라는 표현을 만드는 (A) relatively가 정답이다.

해석 인터넷 쇼핑과 뱅킹은 비교적 최근의 현상들이다.

어휘 recent 최근의 phenomena 현상 (phenomenon의 복수형)
relatively 상대적으로, 비교적 previously 이전에
securely 확고하게 carefully 신중하게

3.

해설 빈칸 뒤에 can help라는 동사가 있으므로, 동사 (A) Provide는 빈칸에 올 수 없다. to부정사와 동명사가 문장의 주어 역할을 할 수 있는데, (C) Being provided와 (D) To be provided는 뒤에 목적어를 수반할 수 없어 탈락된다. 따라서 목적어를 취하면서 주어 역할을 하는 동명사 (B) Providing이 정답이다.

해석 우리 직원들에게 쾌적한 근로환경을 제공하는 것이 생산성을 향상하는 데 도움을 줄 것이다.

어휘 clean 깨끗한, 쾌적한 work environment 근로환경
increase 증가시키다 productivity 생산성 provide 제공하다

4.

해설 빈칸에는 동사구 deal with를 뒤에서 수식할 수 있는 부사가 와야 한다. 따라서 '효율적으로 다루다'라는 의미를 만드는 (B) efficiently가 정답이다.

해석 우리가 당신의 문제를 효율적으로 다룰 수 있도록 그 문제점에 대한 상세한 설명을 주십시오.

어휘 detailed 상세한 description 설명, 묘사 problem 문제, 걱정거리
so that S+V ~하기 위해서 deal with ~를 다루다
issue 쟁점, 문제 tightly 단단히 efficiently 효율적으로
variously 갖가지로 roughly 대략

5.

해설 문장에 동사 will be formed가 있으므로, 동사 (A) select와 (B) selected는 올 수 없다. 명사 (D) selection은 그 뒤의 명사 employees(직원들)와 복합명사가 불가능하다. 따라서 start의 목적어인 동시에, 명사 employees를 목적어로 취하는 동명사 (C) selecting이 정답이다.

해석 이번 달 승진될 직원 선정을 시작하기 위해서 인사위원회가 구성될 것이다.

어휘 personnel committee 인사위원회 form 구성하다
start 시작하다 promote 승진시키다 select 선정하다

6.

해설 빈칸은 be동사와 p.p. 사이에 들어가는 알맞은 부사를 고르는 문제다. 문맥상 '대체로 실적 평가에 의해 결정된다'라는 표현이 와야 앞뒤 문장의 연결이 가능하다. 따라서 (C) largely가 정답이다. (B) monthly는 부사처럼 보이지만 형용사이므로 답이 될 수 없다.

해석 관리자로의 승진은 대체로 실적 평가에 의해 결정된다.

어휘 promotion 승진, 홍보 supervisor 관리자 decide 결정하다
performance 실적, 성능 review 평가 monthly 월간의
largely 대체로, 주로 approximately 대략

7.

해설 주어 자리에 알맞은 동사 형태를 고르는 문제다. 주어 자리에는 명사에 상당하는 어구가 들어가야 하므로 동명사 (A) Setting이 정답이다. to부정사도 주어 자리에 쓰일 수 있지만 빈칸 뒤에 목적어인 goals가 있으므로 수동태인 (D) To be set은 쓸 수 없다.

해석 신입직원들을 위한 목표를 설정하는 것은 그들의 생각을 행동으로 바꾸는 데 도움이 된다.

어휘 set a goal 목표를 설정하다 convert A into B A를 B로 바꾸다

8.
해설 형용사 different(다른)를 앞에서 꾸며주는 알맞은 부사를 고르는 문제다. (A) consistently(지속적으로), (B) closely(면밀히), (C) approvingly(찬성하여) 모두 의미상 어울리지 않는다. 따라서 completely different(완전히 다른)라는 표현을 이루는 (D) completely가 정답이다.

해석 취업 면접은 그가 원래 예상했던 것과는 완전히 달랐다.

어휘 job interview 취업 면접 different from ~와 다른 originally 원래, 본래 expect 예상하다 consistently 지속적으로 closely 면밀하게, 밀접하게 approvingly 찬성하여 completely 완전히

9.
해설 알맞은 어휘의 형태를 결정하는 문제로, 빈칸 앞의 is dedicated to가 중요한 힌트가 된다. is dedicated to는 뒤에 명사 또는 동명사를 수반하는 동명사 관용표현이다. 따라서 동명사 (C) making이 정답이다.

해석 우리 연수원은 사원과 고용주들 모두가 항상 만족하도록 전념하고 있다.

어휘 training institute 연수원 be dedicated to ~에 헌신하다, 전념하다 both A and B A와 B 둘 다 employer 고용주 satisfied 만족하는 at all times 항상

10.
해설 빈칸은 be동사와 p.p. 사이에 들어가는 알맞은 부사를 고르는 문제이다. 문맥상 '적절하게 관리되다'라는 표현이 와야 앞뒤 문장의 연결이 가능하다. 따라서 (A) adequately가 정답이다.

해석 정부는 발전소가 선문가들에 의해 적절하게 관리되어야 한다고 확고하게 주장한다.

어휘 government 정부 firmly 단호히, 확고히 insist 주장하다 power plant 발전소 maintain 유지하다, 관리하다 professional 전문가 adequately 적절하게 randomly(= at random) 임의로, 무작위로 extremely 극도로 heavily 심하게

11-14.

> 스완슨 씨께,
>
> 음악 애호가이신 귀하께 인사드립니다.
> 플레즌트 뷰 음악협회는 귀하께서 PMS 멤버십을 연장해 주신 것에 감사드립니다. 신규 회원카드와 PMS 회원들께 드리는 혜택에 대한 자세한 안내를 담은 책자를 동봉했습니다. 귀하의 ID와 주소가 올바른지 확인하시기 바랍니다. 카드를 바꾸시려면 무료전화 번호로 연락주세요. 저희가 기꺼이 정보를 변경하고 대체 카드를 보내드리겠습니다. 이들 사항은 저희 웹사이트의 '회원 혜택' 난에서도 변경하실 수 있습니다. 변경하시려면 아래에 있는 사용자 이름과 패스워드가 필요합니다. PMS에 관심을 보여주신 여러분께 다시 한 번 감사 드리며, 계속해서 저희 플레즌트 뷰의 유서 깊은 음악협회 회원 혜택을 누리시기 바랍니다.
>
> 사용자 이름: sswanson
> 패스워드: b7098upu
>
> 감사합니다.
>
> 찰스 스테인스버리
> PMS 회장

어휘 thank A for B A에게 B에 대해서 감사하다 renew 갱신하다 membership 회원 brochure 소형 안내책자, 홍보책자 detail 상술하다 benefit 혜택 ensure 확실히 하다 correct 정확한 in order to부정사 ~하기 위하여 toll-free 무료의 correct 수정하다, 변경하다 replacement 대체 continue to부정사 ~하기를 계속하다

11.
해설 전치사 for 뒤에 오면서 그 뒤의 명사 your PMS membership과 어울리는 형태를 고르는 문제다. 일단, 전치사 다음에 동사원형인 (C) renew는 올 수 없다. 소유격 대명사 앞에는 형용사 (B) renewed와 (D) renewable은 올 수 없다. 따라서 전치사 뒤에 올 수 있는 동명사인 (A) renewing이 정답이다.

12.
해설 (A) PMS는 회원수의 증가를 기대하고 있습니다.
(B) 더욱이, 카드는 완전 무료로 구입할 수 있습니다.
(C) 다른 한편으로 혜택은 회원에게 제한을 두지 않습니다.
(D) 귀하의 ID와 주소가 올바른지 확인하시기 바랍니다.

해설 문맥에 알맞은 문장을 고르는 문제이다. 빈칸 앞 문장에서 새로운 회원카드와 소책자가 동봉되었다고 언급했으므로 가장 잘 어울리는 (D)가 정답이다.

13.
해설 바로 앞에 무료전화로 전화해서 정보를 변경할 수 있다는 내용이 있으며 이 문장 역시 웹사이트에서 변경할 수 있다는 내용이므로 (A) also(또한)가 정답이다.

14.
해설 전치사 of 다음에 오면서, 그 뒤의 명사 part와 어울리는 형태를 고르는 문제다. 일단 전치사 다음에 동사원형 (C) be와 부정사 (D) to be는 올 수 없다. 따라서 part를 보어로 수반하는 동명사 (B) being이 정답이다.

UNIT 11 분사

1. 분사의 형태와 역할

Check-up 본책_ p.283

1. (B)   2. (B)   3. (B)   4. (C)

1.

해설) 빈칸 앞뒤를 살펴보면 문장의 동사가 없음을 알 수 있다. (A) studying은 동사가 아니라 분사로 문장의 동사가 될 수 없다. 따라서 현재진행형인 (B) is studying이 정답이다.

해석) 그 신입사원은 지금 스페인어를 공부하고 있다.

2.

해설) 빈칸 앞의 has와 더불어 동사의 형태를 완성하는 문제다. 동사 have는 타동사로 '~로 가지고 있다'는 의미이거나, 현재완료(have p.p.)를 만드는 조동사다. 이 문제에서는 have played the piano (피아노를 연주해본 적이 있다)라는 표현을 이루는 (B) played가 정답이다.

해석) 그녀는 전에 피아노를 연주해본 적이 있다.

3.

해설) 빈칸 앞의 is와 더불어 알맞은 동사의 형태를 이루는 문제다. locate 는 '위치시키다'라는 의미의 타동사이므로 현재분사인 (A) locating 이 오면 뒤에 목적어가 와야 한다. 따라서 목적어를 수반하지 않는 수동태를 만드는 과거분사 (B) located가 정답이다.

해석) 그 건물은 공항 근처에 위치해 있다.

4.

해설) 빈칸 앞의 has와 더불어 동사의 형태를 완성하는 문제다. 이미 문장에 동사 has가 있으므로 동사 (A) rise, (B) rose, (D) rises 모두 탈락된다. 따라서 has risen(상승했다)라는 동사구를 이루는 과거분사 (C) risen이 정답이다.

해석) 종이제품의 원자재 비용이 지난 몇 년 동안 꾸준히 상승했다.

2. 현재분사와 과거분사

Check-up 본책_ p.285

1. (A)   2. (A)   3. (B)   4. (B)

1.

해설) 빈칸은 명사 game을 앞에서 꾸미는 알맞은 형용사를 선택하는 문제다. 과거분사 (B) excited(흥분된)는 사람의 기분을 나타낼 때 사용하는 어휘이므로 사물을 수식할 때 사용하는 현재분사 (A) exciting (흥미진진한)이 정답이다.

해석) 그것은 흥미진진한 경기였다.

2.

해설) 명사 trip을 앞에서 꾸미는 형용사를 고르는 문제다. 보기는 감정동사 tire(~를 피곤하게 만들다)에서 비롯된 분사인데, trip은 피곤하게 만드는 주체이므로 현재분사로 꾸며야 한다. 따라서 a tiring trip(피곤한 여행)이라는 표현을 만드는 (A) tiring이 정답이다.

해석) 그것은 피곤한 여행이 아닐 것이다.

3.

해설) 명사 products(제품들)를 꾸며주는 형용사를 고르는 문제다. products는 '손상을 주는' 주체가 아니라 '손상된' 대상에 들어가므로 (B) damaged로 수식해야 올바른 표현이 된다.

해석) 우리는 손상된 제품을 받았다.

4.

해설) 빈칸 앞의 접속사 that 뒤에 주어 air와 동사 is가 있으므로 동사 (C) pollute와 (D) pollutes는 올 수 없다. 명사 air를 꾸미는 어휘를 선택해야 하는데 (A) pollution(오염)과는 복합명사가 불가능하다. 공기는 오염시키는 주체가 아니라 오염되는 대상이므로 (B) polluted가 정답이다.

해석) 현재 연구는 오염된 공기가 지구 온난화의 주요 원인임을 입증했다.

3. 분사의 기타 용법

Check-up 본책_ p.287

1. (B)   2. (B)   3. (B)   4. (C)

1.

해설) 빈칸은 a letter(한 통의 편지)를 뒤에서 꾸미는 동시에 my tax payment(나의 세금 납부)를 수반하는 자리다. 과거분사인 (A) concerned는 뒤에 목적어를 수반할 수 없으므로 전치사처럼 쓰이는 현재분사인 (B) concerning(~에 관하여)이 정답이다.

해석) 나는 세금 납부에 관한 편지를 쓰고 있다.

2.

해설) 문장의 구조를 살펴보면 뒤에 주어와 동사로 이루어진 완전한 문장이 있다. 즉 동사인 (A) Start는 빈칸에 올 수 없다. 따라서 next week(다음주)와 함께 쓰여 '~부터'라는 표현을 이루는 (C) Starting(~부터)이 정답이다. starting과 비슷한 의미를 갖는 beginning, effective, as of도 알아두자.

해석) 다음 주부터 우리는 가격을 인상할 것이다.

3.

해설 접속사 as(~하듯이, 하면서) 다음에 이어지는 형태는 주어와 동사가 있는 문장이나, 분사구문이 가능하다. 동사 (A) discuss만 단독으로 올 수 없으므로 탈락된다. 따라서 '~한 대로'라는 관용표현을 이루는 (B) discussed가 정답이다.

해석 논의되었던 대로 지원서를 동봉합니다.

4.

해설 '주어+동사'의 요소를 갖춘 주절이 콤마 뒤에 있다. 접속사 없이 동사 (A) Compare와 (B) Compares는 올 수 없으며 명사 (D) Comparison의 자리도 아니다. 따라서 전치사 to와 함께 쓰여 compared to(~와 비교하여)라는 관용구를 이루는 (C) Compared가 정답이다.

해석 지난해와 비교해서 수출 물량이 10퍼센트가량 증가할 것으로 추정된다.

실력 점검 문제 본책_ p.290~291

1. (A)	2. (D)	3. (B)	4. (C)	5. (B)
6. (D)	7. (B)	8. (A)	9. (B)	10. (D)
11. (A)	12. (B)	13. (D)	14. (C)	

1.

해설 has와 함께 동사의 형태를 완성하는 문제다. 일단 동사원형 (C) concentrate와 현재분사 (B) concentrating은 올 수 없다. concentrate는 자동사로 수동태가 불가능하므로 (D) been concentrated 역시 제외된다. 따라서 현재완료시제(has concentrated)를 이루는 (A) concentrated가 정답이다.

해석 블랙 사는 건강관리 제품의 품질을 향상시키는 데 주로 집중해왔다.

어휘 largely(= mainly) 주로, 대체로   improve 개선하다
quality 품질   health-care 의료서비스, 보건
concentrate on ~에 집중하다

2.

해설 전치사 in과 명사 condition 사이에 오는 알맞은 품사를 고르는 문제다. 동사는 빈칸에 올 수 없으므로 (A) damage와 (C) damages 모두 탈락된다. 형용사 역할로 명사를 수식할 수 있는 분사인 (B) damaging(손상을 끼치는)과 (D) damaged(손상된)가 가능한데, '손상된 상태로 도착했다'는 수동의 의미를 나타내는 (D) damaged가 정답이다.

해석 몇 가지 부품들이 손상된 상태로 도착했기 때문에 복사기는 즉시 수리되지 못했다.

어휘 photocopier 복사기   be repaired 수리되다
immediately 곧, 즉시   parts 부품   arrive 도착하다
condition 상태, 상황

3.

해설 빈칸은 명사 computers(컴퓨터들)를 앞에서 수식하는 자리다. 일단, 동사원형 (A) exist와 부정사 (D) to exist는 올 수 없다. 보기의 exist는 '존재하다'라는 의미의 자동사인데, 자동사의 분사는 현재분사만 가능하므로 (B) existing이 정답이다.

해석 우리는 작업시간을 줄이기 위해서 기존 컴퓨터를 신형으로 교체할 계획이다.

어휘 plan to부정사 ~할 계획이다   replace 교체하다
latest 최근의, 최신의   reduce 줄이다   working hours 근무시간, 작업시간   exist 존재하다

4.

해설 문장의 구조를 보면 주어는 employees(직원들), 동사는 should fill out이다. 더 이상 동사는 올 수 없으므로 (A) interest와 (D) interests 모두 탈락된다. employees는 의미상 '관심을 주는' 주체가 아니라, '관심을 가지는' 대상이므로 (C) interested가 정답이다.

해석 웹 디자인 고급 과정 수강에 관심 있는 직원들은 양식을 작성해야 한다.

어휘 take a course 강좌를 듣다   advanced 고급의, 상급의
fill out 작성하다   form 양식, 서식

5.

해설 명사 the country(전국)를 수반하는 전치사를 선택하는 문제다. 일단, 뒤에 복수명사가 오는 (C) among은 바로 탈락된다. 따라서 throughout the country(전국에 걸쳐)라는 표현을 만드는 (B) throughout이 정답이다.

해석 소비자 단체는 다음 달 전국에 걸쳐 아파트들을 점검할 것이다.

어휘 consumer 소비자   organization 조직, 단체
review 점검하다, 검토하다

6.

해설 before 뒤에 '주어+동사'의 문장이나 동명사가 올 수 있지만, 동사원형 (A) send나 부정사 (B) to send는 올 수 없다. 따라서 the annual report를 목적어로 수반하는 동명사 (D) sending이 정답이다.

해석 직원들은 연례 보고서를 영업부장에게 제출하기 전에 신중하게 검토해야 한다.

어휘 before(= prior to) ~ 전에   annual report 연차 보고서, 연례 보고서
sales director 영업부장   employee 직원   review 검토하다
carefully 신중하게

7.

해설 빈칸 뒤의 명사 some musical performances(음악 공연)를 수반하는 분사형 전치사를 고르는 문제다. '음악 공연 이후에, 곧 은퇴 기념식이 열릴 것이다'라는 의미가 적합하므로 '~ 후에'라는 전치사 (B) Following이 정답이다.

해석 연회장에서 음악 공연 이후에 브라이언 씨의 은퇴 기념식이 열린다.
어휘 musical performance 음악 공연   retirement party 은퇴 기념식
concerning(= regarding) ~에 관하여   following ~ 이후에
considering ~을 고려하여   including ~을 포함하여

8.

해설 명사 your right(당신의 오른쪽)을 수반하는 전치사를 고르는 문제다. 명사 right는 전치사 on 또는 to와 함께 쓰여 하나의 표현을 완성한다. 따라서 on your right(당신의 오른쪽에, 오른편에)라는 표현을 만드는 (A) on이 정답이다.

해석 버스에서 내리면 오른편으로 NS 미술관이 보일 것이다.
어휘 get off 내리다, 하차하다   art museum 미술관
on your right 오른쪽에

9.

해설 접속사 as(~하듯이, 하면서) 다음에는 주어와 동사가 있는 문장이나, 분사구문이 가능하다. 동사 (C) discuss만 단독으로 올 수 없다. discuss는 목적어를 수반하는 타동사이므로 (D) discussing은 탈락된다. 따라서 '주어+be동사'가 생략되어 분사구문을 이루는 과거분사 (B) discussed가 정답이다.

해석 지난주 회의에서 논의되었듯, 항의 서한이 본사에 의해 검토될 것이다.
어휘 complaint 불만, 불평   main office(= headquarters) 본사
discussion 토론, 논의

10.

해설 명사 further notice를 수반하는 전치사를 고르는 문제로, 하나의 관용구로 접근해야 한다. 따라서 until further notice(추후 공지가 있을 때까지)라는 올바른 표현을 이루는 (D) until이 정답이다.

해석 인터넷 서버 문제 때문에 추후 공지가 있을 때까지 우리 웹사이트의 접속이 제한될 것이다.
어휘 due to ~ 때문에   problem 문제   access to ~로의 접근, 접속
be restricted 제한되다   further notice 추후 공지

11-14.

몬트클레어 파크 광고지 – 지역의 구매자와 판매자를 연결합니다
판매 품목: Eluxian 검정 가죽 소파
400달러 / 상품 소재지는 몬트클레어 파크

이 Eluxian 검정 가죽 소파, 스타일 넘버 322는 현대적인 디자인에 뒤로 완전히 젖혀져서 완벽한 안락함을 제공합니다. 이 소파는 매우 길어서 사용자가 몸을 완전히 쭉 뻗을 수 있습니다. 이것은 오직 고급스러움과 휴식을 제공하도록 디자인되었으며 어떠한 거실에도 안성맞춤입니다. 이 소파는 Eluxian 상점에서 구입한 지 1년이 지나지 않았습니다. 내구성 좋고 최고의 품질을 자랑하는 소파로 상태가 매우 양호하니 구입한 후에 아주 오랫동안 사용하실 수 있습니다. 소파 사진을 보려면 www.advertiseronline.org를 방문하세요.

어휘 connect 연결하다   leather 가죽   recline 뒤로 젖히다
fully(= completely) 완전히   comfort 안락함

stretch out 뻗다, 펼치다   exclusively 오직, 오로지
luxury 고급스러움   relaxation 휴식   purchase 구입하다
durable 내구성 있는   top-quality 최고 품질인   owner 소유주

11.

해설 (A) 소파는 매우 길어서 사용자가 몸을 완전히 쭉 뻗을 수 있습니다.
(B) 그 수치가 대부분의 사용자가 기대했던 것 보다 훨씬 높습니다.
(C) 회사에 투자하는 사람들은 기대보다 높은 수익을 얻고 있습니다.
(D) 소파 제조사는 고객의 피드백을 얻고자 노력하고 있습니다.

해설 문맥에 알맞은 문장을 고르는 문제이다. 빈칸 앞 문장에서 가죽 소파 제품에 대해서 언급을 했고 빈칸 뒷 문장에서는 제품이 우아함과 안락함을 제공해 주도록 만들어졌다고 하므로 앞뒤 문장의 연결 내용으로 (A)가 가장 적절하다.

12.

해설 빈칸 앞에 동사 is가 있으므로, 동사 (D) designs는 올 수 없다. design은 뒤에 목적어를 수반하는 타동사로 (C) designing 역시 제외된다. 명사 (A) designer는 셀 수 있는 명사로 a designer 또는 designers의 형태를 쓰지만, 문맥상 어울리지 않는다. 따라서 be동사와 함께 수동태를 이루는 (B) designed가 정답이다.

13.

해설 문장 끝에 less than one year ago(1년이 지나지 않은)라는 과거 시점이 있고 주어가 sofa이므로 수동태의 과거형이 와야 한다. 따라서 수동태의 과거시제인 (D) was purchased가 정답이다.

14.

해설 알맞은 전치사를 고르는 문제로, 동사 provide(~를 제공하다)가 힌트가 된다. provide는 provide A with B(A에게 B를 제공하다)의 형태로 사용되므로, (C) with가 정답이다.

UNIT 12 전치사와 접속사

1. 전치사

Check-up 본책_ p.293

1. (A)   2. (B)   3. (B)   4. (A)

1.

해설 빈칸은 전치사 with 뒤에 오는 명사의 자리로 (A) caution이 정답이다. with caution은 '주의 깊게, 신중하게'라는 의미로 부사처럼 동사 handle을 뒤에서 수식한다.

해석 그 장비를 신중하게 취급하세요.

2.

해설 날짜나 요일 앞에는 전치사 on을 쓰므로 (B) on이 정답이다.

해석 토요일에 찾으러 오세요.

3.

해설 알맞은 전치사를 선택하여 문맥을 완성하는 문제이다. 빈칸 뒤의 명사 10 minutes는 '시간'을 나타내는 표현으로 전치사 (B) for와 어울린다.

해석 10분 동안 쉽시다.

4.

해설 전치사 before 뒤에 동사는 올 수 없으므로 동사 (B) turn, (D) turns 그리고 to부정사 (C) to turn 모두 탈락된다. 따라서 전치사 뒤에 올 수 있는 동명사 (A) turning이 정답이다.

해석 새 복사기의 전원을 켜기 전에 사용 설명서를 읽어야 한다.

2. 접속사

Check-up 본책_ p. 295

1. (B)   2. (A)   3. (B)   4. (D)

1.

해설 알맞은 접속사를 결정하는 문제로 buses와 trains 사이의 and가 힌트가 된다. and는 앞에 보통 both가 와서 both A and B(A와 B 둘 다)라는 상관접속사를 이룬다. 따라서 (B) Both가 정답이다.

해석 버스와 기차 둘 다 편리하다.

2.

해설 빈칸 앞뒤로 두 개의 문장이 있다. 즉 빈칸에 오는 어휘는 as ~ as와 함께 접속사를 이루어야 한다. 따라서 as soon as(~하자마자)라는 접속사를 만드는 (A) soon이 정답이다.

해석 도착하자마자 우리에게 전화주세요.

3.

해설 빈칸 앞뒤로 '주어+동사'로 이루어진 두 개의 문장이 있다. 즉 빈칸은 문장을 연결하는 접속사 자리이므로 문장과 문장을 연결할 수 없는 (A) both는 들어갈 수 없다. 따라서 접속사 (B) because가 정답이다.

해석 매우 저렴하기 때문에 나는 이 식당을 좋아한다.

4.

해설 빈칸 앞뒤로 '주어+동사'로 이루어진 두 개의 문장이 있으므로 빈칸은 접속사 자리이다. 접속사 (C) what과 (D) until 중에서 뒤에 완전한 문장이 오는 (D) until(~까지)이 정답이다.

해석 전 직원은 프로젝트가 마무리될 때까지 휴가를 연기해야 한다.

3. 전치사와 접속사 구별

Check-up 본책_ p. 297

1. (A)   2. (B)   3. (B)   4. (C)

1.

해설 빈칸은 명사 arrival(도착) 앞이므로 전치사 자리다. 따라서 접속사인 (B) as soon as(~하자마자)는 들어갈 수 없고, upon arrival(도착하자마자)이라는 표현을 완성하는 전치사 (A) upon이 정답이다.

해석 도착하자마자 나에게 전화하세요.

2.

해설 빈칸은 its convenience(그것의 편리함) 앞이므로 전치사 자리다. 따라서 전치사인 (B) Due to(~ 때문에)가 정답이다. (A)는 Because of라면 정답이 될 수 있다.

해석 편리함 때문에 온라인 쇼핑은 급성장하고 있다.

3.

해설 빈칸은 명사 emergency(긴급 상황) 앞이므로 전치사 자리다. 따라서 전치사인 (B) In case of(~할 경우에)가 정답이다.

해석 긴급 상황인 경우 뒷문을 이용하세요.

4.

해설 빈칸 뒤의 문장 구조를 살펴보면 '주어+동사'로 이루어진 두 개의 문장이 있다. 즉 빈칸은 문장을 연결하는 접속사 자리다. 따라서 보기 중 유일한 접속사인 (C) Although(비록 ~에도 불구하고)가 정답이다.

해석 전에는 월요일마다 정기 회의를 열었지만, 이제는 화요일마다 진행한다.

4. 관계대명사

Check-up 본책_ p. 299

1. (A)   2. (B)   3. (B)   4. (B)

1.

해설 알맞은 관계사를 선택하여 문맥을 완성하는 문제다. 선행사 the manager(부장)가 사람을 지칭하므로 (B) which는 쓸 수 없다. 따라서 주격 관계대명사 (A) who가 정답이다.

해석 한 씨는 그 프로젝트를 준비하고 있는 부장이다.

2.

해설 선행사가 사물을 지칭하는 the logo(로고)이며 관계대명사 절의 목적어 자리가 비어 있다. 따라서 사람을 지칭하는 주격 관계대명사 (A) who는 쓸 수 없으며 목적격 관계대명사 (B) which가 정답이다.

해석 이것이 소비자 대부분이 선호하는 로고다.

3.

해설 동사를 선택하여 문장을 완성하는 문제인데 빈칸 앞에 who라는 주격 관계대명사가 있다. 즉 빈칸에는 two interns를 주어로 받는 동사인 (B) are가 정답이다.

해석 우리에게는 아주 의욕이 넘치는 수습사원 두 명이 있다.

4.

해설 선행사가 사물을 지칭하는 an organization(조직, 단체)이므로 (A) who는 탈락된다. 또한 관계대명사 절이 완전한 문장이므로 불완전한 문장을 이끄는 (C) which, (D) that 모두 제외된다. 따라서 선행사 an organization과 빈칸 뒤의 명사 mission의 소유관계를 이루는 (B) whose가 정답이다. 또한 의미상으로도 '그 단체의 목표는 ~를 돕는 것이다'가 되어야 하므로 whose가 와야 한다.

해석 DTP는 암에 걸린 사람들을 돕는 것이 목표인 단체다.

실력 점검 문제 본책_ p.302~303

1. (C)	2. (D)	3. (D)	4. (A)	5. (B)
6. (A)	7. (B)	8. (C)	9. (A)	10. (C)
11. (C)	12. (C)	13. (B)	14. (C)	

1.

해설 명사 the corner(모서리, 모퉁이)와 함께 사용하는 전치사를 고르는 문제다. at the corner of(~의 모퉁이에)라는 표현을 이루는 (C) at이 정답이다.

해석 우리 본사는 베이슨 가와 5번가가 만나는 지점에 있다.

어휘 headquarters 본사   be located 위치하다
at the corner 모퉁이에

2.

해설 명사 the recent survey(최근의 설문조사)를 목적어로 취하는 전치사를 고르는 문제다. '최근의 조사에 따르면'이라는 의미가 문맥상 가장 적합하므로 (D) According to가 정답이다.

해석 최근의 설문조사에 따르면, 지역 사무직원들은 다른 회사로 이직하기를 주저한다.

어휘 recent 최근의   survey 조사   be hesitant to 부정사
~하기를 주저하다   in spite of ~에도 불구하고   prior to ~ 전에
except ~를 제외하고   according to ~에 따르면

3.

해설 올바른 격의 관계대명사를 선택하여 문장을 완성하는 문제다. 선행사가 사람을 지칭하는 candidates(지원자들)이므로 (A) which는 제외된다. 그리고 '~의 이력서'라는 의미가 적합하므로 소유격 관계대명사 (D) whose가 정답이다.

해석 이력서가 대단히 인상적인 지원자들만이 우리 회사에서 일하게 될 것이다.

어휘 candidate 후보자   résumé 이력서   extremely 극도로, 대단히
impressive 인상적인

4.

해설 전치사를 고르는 문제로, 빈칸 앞의 전치사 from이 중요한 힌트가 된다. 무역박람회가 열리는 기간을 설명하고 있으므로 from A to B(A에서 B까지)를 나타내는 (A) to가 정답이다.

해석 국제 무역박람회는 시티 호텔에서 목요일부터 일요일까지 열린다.

어휘 international 국제적인   trade exhibition 무역박람회

5.

해설 빈칸 뒤의 명사 a lack of(~의 부족) 이하와 어울리는 전치사를 고르는 문제다. '프로젝트가 연기될 것이다'는 내용으로 미루어 볼 때, 원인이나 이유를 나타내는 문맥이 필요하다. 따라서 보기 중에서 because of의 동의어인 (B) Owing to(~ 때문에)가 정답이다.

해석 충분한 자금과 숙련된 인력의 부족 때문에 그 프로젝트는 1년 동안 연기될 것이다.

어휘 lack 부족   sufficient 충분한   fund 자금   delay 연기시키다
with regard to ~에 관하여   owing to(= because of) ~ 때문에
ahead of ~보다 앞서   aside from ~를 제외하고

6.

해설 알맞은 관계사를 고르는 문제다. 선행사가 사람을 지칭하는 track coach(트랙 코치)이므로 (D) which는 제외된다. 동사 met의 목적어 역할을 하는 목적격 관계대명사 (C) whom이 정답이다.

해석 오토바이 경주자들은 어제 경기장에서 만났던 트랙 코치한테 훈련 받을 것이다.

어휘 motorcycle 오토바이   racer 경주참가자, 선수
be trained 훈련받다   stadium 경기장

7.

해설 빈칸은 문장을 연결하는 접속사의 자리인데, 일단 문두에 올 수 없는 (A) Yet은 탈락된다. 나머지 보기 중에서 '~하기 전에'라는 의미로 사용되는 (B) Before가 와야 문맥상 어울린다.

해석 호텔을 예약하기 전에 모든 시설에 대한 세부사항을 신중하게 검토하시오.

어휘 make a reservation 예약하다   review 검토하다
details 세부사항   facility 시설   carefully(= with care) 신중하게

8.

해설 전치사 out of(~밖에, ~밖으로, 중에서)와 어울리는 알맞은 명사를 고르는 문제다. '계단을 사용하라'는 내용이므로, 엘리베이터를 이용할 수 없는 상황임을 유추할 수 있다. 따라서 '고장 났다'는 표현을 만드는 out of order의 (C) order가 정답이다.

해석 우리 건물의 엘리베이터가 고장 났기 때문에 모든 방문객은 뒤편 계단을 이용해야 한다.

어휘 rear 뒤편의 stairs 계단 out of fashion 유행이 지난
out of office 외근을 나간 out of order 고장 난
out of stock 재고가 없는

9.

해설 기간 명사 over 23 years(23년 이상)를 수반하는 전치사를 고르는 문제다. 일단, (B) Since와 (C) At은 뒤에 시점 명사가 오기 때문에 탈락된다. 결국, 'for+기간명사'의 표현으로, 현재완료 has provided 와 함께 쓰일 수 있는 (A) For가 정답이다.

해석 23년 넘게 콜린스 사는 지역 건축업자들에게 디자인 자문을 제공해왔다.

어휘 over(= more than) ~ 이상 provide 제공하다
consulting 컨설팅, 자문 regional 지역의, 지방의
builder 건축업자

10.

해설 빈칸은 receipt(수령)를 수반하는 전치사 자리다. 일단, (A) When 과 (B) Once는 접속사이므로 탈락된다. (D) As는 '~로서'라는 전치사로 사용되지만, 문맥상 의미가 부적합하다. 따라서 '~하자마자'를 나타내는 전치사인 (C) Upon이 정답이다.

해석 급여 명세서를 받자마자, 모든 직원은 그것을 즉시 살펴보아야 한다.

어휘 receipt 수령 pay statement 급여 명세서 examine 검토하다
immediately 즉시

11-14.

마리사 랭 씨
브라운 제과점
5312 리틀록 가
텀워터, 워싱턴

마리사 씨께

3주 전 귀하와 만났을 때 제과점 확장 계획에 대해 알게 되어서 참 좋았습니다. 함께 해리슨 가에 있는 제 건물을 방문했을 때, 귀하의 번창하고 있는 사업에 꼭 알맞은 위치인 것 같다고 말씀하셨습니다. 우리가 만난 이후로, 저는 이 건물이 임차 가능한지 여러 번 문의를 받았습니다. 저는 현재 2개월 동안 비어 있는 이 건물을 임대하기를 간절히 바라기에, 귀하께 임대 우선권을 드리고 싶습니다. 제과점으로 아주 좋은 위치입니다. 만약 아직도 해리슨 가의 건물을 임차하기 원하신다면, 바로 전화주시기 바랍니다.

감사합니다.

팀 페론
CEO, 노스웨스트 부동산 자본

어휘 expand 확장하다 bakery 제과점, 빵집 property 건물
indicate 나타내다 location 장소, 위치 inquiry 문의
availability 이용 가능성 be eager to ~하기를 열망하다
lease 임대하다, 임차하다 vacant 비어 있는
opportunity 기회 first refusal 매입 우선권

11.

해설 동사 seem과 빈칸 뒤의 명사 the right location을 연결하는 품사를 묻는 문제다. 명사를 수반하는 품사는 전치사이므로, (D) as if는 제외된다. 따라서 seem like(~인 듯하다)라는 표현을 이루는 전치사 (C) like가 정답이다.

12.

해설 접속사를 선택하여 문맥을 완성하는 문제로, 뒤 문장의 현재완료시제 have received가 힌트가 된다. 일단, (B) Though(~에도 불구하고)는 문맥상 적합하지 않다. '우리가 만난 이후로, 문의를 여러 번 받고 있다'는 의미가 필요하므로 (C) Since(~ 이후로, 이래로)가 정답이다.

13.

해설 빈칸 앞뒤 문장을 연결하는 접속사를 고르는 문제다. 일단, 뒤에 완전한 문장이 오는 부사절 접속사 (D) while(~ 동안에, ~ 반면에)은 제외된다. (A) that은 '콤마 또는 전치사' 다음에 사용할 수 없다. 따라서 선행사 the property(부동산, 건물)를 받을 수 있는 (B) which가 정답이다.

14.

해석 (A) 또한 임대 조건이 모든 사람에게 만족스럽습니다.
(B) 최근 많은 소비자들로 붐비었습니다.
(C) 제과점으로 아주 좋은 위치입니다.
(D) 그곳을 선택하기에 많은 기회가 있을 것입니다.

해설 문맥에 맞는 문장을 고르는 문제이다. 빈칸 앞 문장에서 거절할 수 있는 기회는 주지만 그 건물이 제과점으로 적합하다고 선택하는 것이 어울리고, 뒷 문장에서 관심 있다면 전화를 해 달라고 언급하므로 (C)가 정답이다.

Part 5&6 Review Test 본책_p.304~307

1. (D)   2. (D)   3. (C)   4. (A)   5. (C)
6. (B)   7. (D)   8. (A)   9. (C)   10. (B)
11. (A) 12. (D) 13. (D) 14. (C) 15. (C)
16. (D) 17. (C) 18. (B) 19. (B) 20. (D)
21. (B) 22. (C) 23. (A) 24. (D) 25. (A)
26. (C) 27. (C) 28. (B)

1.
해설 알맞은 대명사의 격을 선택하는 문제다. 빈칸 앞에 있는 prepare and submit(준비하고 제출하다)가 타동사고, 뒤에 transfer application(전근 지원서)은 목적어다. 따라서 빈칸에는 transfer application을 앞에서 꾸미는 대명사가 필요하므로 소유격인 (D) their(그들의)가 정답이다.

해석 이 서비스는 스스로 전근 지원서를 준비하고 제출하기 원하는 사람들을 위한 것이다.

어휘 those who ~하는 사람들 prepare 준비하다 submit 제출하다
transfer 이전, 전근 application 신청서, 지원서
by oneself(= on one's own) 혼자, 스스로

2.
해설 알맞은 품사를 결정하는 문제로, 빈칸 앞의 동사 show가 중요한 힌트가 된다. 동사는 더 이상 들어갈 수 없으므로 (A) consider(고려하다)는 탈락된다. show는 타동사와 자동사 모두 가능한데, show가 완전자동사라면 부사가 올 수 있지만, '기차에서 휴대폰을 사용하지 않음으로써'라는 문맥에 미루어 (C) considerately(배려 깊게, 사려 깊게)는 불가능하다. 또한 show는 뒤에 보어를 수반하는 불완전자동사가 아니므로 형용사 (B) considerate(배려하는, 사려 깊은) 역시 올 수 없다. 따라서 show consideration(배려를 보이다)라는 의미를 이루는 명사 (D) consideration이 정답이다.

해석 기차에서 휴대폰을 사용하지 않음으로써 다른 승객들에 대한 배려를 보여주세요.

어휘 passenger 승객 by ~ing ~함으로써 mobile phone 휴대폰
consider 고려하다 considerate 사려 깊은
considerately 사려 깊게 consideration 이해, 배려

3.
해설 빈칸 다음의 30 years를 앞에서 꾸미는 어휘를 선택하는 문제다. 30은 숫자이므로 숫자를 앞에서 수식할 수 있는 품사인 부사를 선택해야 하는데, 가능한 것은 (C) over다. 부사 (D) still은 숫자와 어울리지 않아 빈칸에 올 수 없다. over 이외에도 숫자를 수식하는 부사인 almost (거의), up to(~까지), approximately(대략), less than(~ 이하) 역시 기억해두자.

해석 30년 넘게, 게티 가구 사는 지역 업체들에게 튼튼한 가구를 제공해왔다.

어휘 provide A with B A에게 B를 제공하다 local 현지의, 지방의
durable 내구성 있는 over(= more than) ~ 이상

4.
해설 형용사 technical(기술적)의 수식을 받는 명사를 선택하는 문제다. 빈칸 앞에 있는 부정관사 a에 주의해야 한다. 즉 빈칸에는 셀 수 있는 명사가 들어가야 하므로 셀 수 없는 명사인 (C) information은 탈락된다. (A) description(설명, 묘사)은 가산명사이므로 앞에 부정관사 a가 붙을 수 있다. '기술적인 설명'이라는 덩어리 표현으로 technical description을 기억해두면 편하다.

해석 그 논설은 단지 기술적 설명이 아니라, 사회적 책임의 필요성에 대한 평론이다.

어휘 article 논설, 기사 technical description 기술적 설명
need for ~의 필요성 social responsibility 사회적 책임
attention 주의, 주목 mistake 실수

5.
해설 알맞은 품사를 선택해 문장을 완성하는 문제로, 먼저 빈칸 앞 to의 성격을 규명해야 한다. 빈칸 앞 to는 make every effort to부정사(~하기 위해 전력하다)의 to이므로, 빈칸에는 동사원형이 들어가야 한다. 따라서 (C) respond가 정답이다.

해석 월트 앤 그리샴은 가능한 한 신속하게 이메일 문의 사항에 응답하기 위해 전력한다.

어휘 make every effort to부정사 ~하기 위해 전력하다
respond to(= reply to) ~에 응답하다 inquiry 질의, 질문
promptly 즉시, 정확하게 as ~ as possible 최대한 ~하게

6.
해설 보기들이 동일한 어원에서 파생된 품사가 다른 어휘들이므로 문장의 구조로 접근하는 문제다. 동사 avoid 뒤에 동사가 또 나올 수 없으므로 (D) lengthen(늘리다)은 탈락된다. 부사 (C) lengthily(길게)는 명사를 꾸밀 수 없으며, 동사 avoid를 꾸민다고 봐도 의미가 통하지 않는다. 따라서 형용사가 명사를 수식하거나, 명사가 명사를 수식하는 복합명사 중에서 선택해야 한다. 의미상 length negotiations라는 복합명사는 불가능하므로 명사를 수식하는 형용사인 (B) lengthy(긴, 지루한)가 정답이다.

해석 피스 그룹 사는 지루한 협상을 피하기 위해 이 해결책을 선택하기로 결정했다.

어휘 decide to부정사 ~하기로 결심하다 choose 선택하다
solution 해결책 avoid 피하다 negotiation 협상 length 길이
lengthy 긴, 지루한 lengthily 길게, 장황하게 lengthen 늘리다

7.
해설 보기가 전부 동사 어휘들이므로 문맥에 가장 적합한 어휘를 선택하는 문제다. 해석으로 접근하거나 각 동사의 용법으로 접근해도 무방하다. 빈칸 다음에 명사 the contract agreement(계약 협정서)가 있으므로, 목적어를 수반할 수 없는 자동사인 (B) talk와 (C) appear가 먼저 탈락된다. (A) inform(~에게 통보하다)은 뒤에 사람을 목적어로 수반하므로 오답이다. 따라서 the agreement를 목적어로 수반하여 '협정에 서명할 것이다'라는 문맥을 완성하는 동사 (D) sign(서명하다)이 정답이다.

해석 금요일, 모든 관련 당사자들이 계약 협정서에 서명할 것이다.

어휘 involved 연루된 parties 당사자들 sign 서명하다
agreement 합의, 협정(서) inform 통보하다 appear 나타나다

8.
해설 빈칸 다음에 있는 명사 factory(공장)를 앞에서 꾸미는 알맞은 형용사를 고르는 문제다. 형용사와 명사의 어울림을 따져보아야 하는데, 의미상 적합한 것은 (A) previous(이전의)다. 빈칸 앞에 있는 than은 비교급에 사용하는 어휘이기 때문이다. 즉 '새로운 공장은 ~ 공장

보다 운영하는 데 100명 더 많은 직원이 필요할 것이다'라는 문맥으로 볼 때, the new factory와 the _____ factory가 비교의 대상이 되어야 한다. 따라서 빈칸에는 과거동사 did와 연결되면서 문맥을 완성하는 (A) previous가 들어가야 한다. 참고로 did는 앞 문장의 동사 need를 대신하는 대동사로 사용되었음에 유의하자.

해석 신설 공장은 이전의 공장보다 가동하는 데 100명 더 많은 직원이 필요할 것이다.

어휘 factory 공장   more 더 많은   employee 직원
operate 운영하다, 가동하다   previous 이전의
immediate 즉각적인   multiple 많은   considerable 상당한

9.

해설 빈칸은 문장 전체의 본동사가 들어갈 자리이므로 수일치와 시제, 태를 고려해서 선택해야 한다. 문장 끝에 과거를 나타내는 last week (지난주)이 있으므로 과거시제가 와야 한다. 따라서 (C) commuted가 정답이다.

해석 우리 직원들의 대략 절반이 지난주에 홀로 자가용을 이용해 출퇴근했다.

어휘 approximately 대략   half of the ~의 반
commute 통근하다, 출퇴근하다   alone 혼자, 홀로
personal car 자가용

10.

해설 문장에서 어떤 구성요소가 필요한지 결정하는 문제다. 빈칸 앞뒤로 '주어+동사'로 이루어진 문장이 2개 있으므로 빈칸에는 접속사가 필요하다. 따라서 보기 중에서 유일한 접속사 (B) before(~ 전에)가 정답이다. 나머지 보기 모두 전치사로 빈칸에 올 수 없다.

해석 부장은 보고서가 이사회에 제출되기 전에 매출 분석을 검토하고 싶어한다.

어휘 manager 부장, 관리자   review 검토하다   sales 매출
analysis 분석   report 보고서   submit(= send in, hand in) 제출하다   board of directors 이사회

11.

해설 알맞은 전치사를 선택해서 문맥을 완성하는 문제다. 빈칸 앞뒤의 어휘를 연결하면서 '비가 내릴 경우에'라는 의미를 이루는 전치사는 (A) of 밖에 없다. in the event of를 '~할 경우에 대비해서'를 의미하는 전치사구로 기억해두자.

해석 비가 내릴 경우, 연주회는 더햄 가 140번지 파크사이드 센터로 장소를 옮길 것이다.

어휘 in the event of ~할 경우에   concert 콘서트, 연주회

12.

해설 정관사 the 다음에 오면서 전치사 of 이하와 연결되는 알맞은 명사를 선택하는 문제다. 보기 모두가 명사이므로 의미로 접근해야 하는데, the rent for the property는 '부동산 임대료', becomes due는 '만기가 되다'를 의미한다. 즉, 빈칸에는 돈과 관련된 명사가 필요하므로 앞의 주절과 의미가 통하면서 문맥을 완성하는 (D) payment(지불, 지급)가 정답이다.

해설 임대차 계약서에는 부동산 임대료 지불이 만기가 되는 날짜를 명시해야 한다.

어휘 lease 임대차 계약(서)   state 명시하다   date 날짜
rent 임대(료)   property 자산, 건물   due 만기의
location 장소   renovation 보수공사   payment 지불

13.

해설 알맞은 품사를 선택하여 문맥을 완성하는 문제다. 접속사 that 다음에 주어 one of its employees(직원들 중 한 명)와 동사 threw away(파기하다)로 이루어진 문장이 있으므로, 빈칸에는 더 이상 동사가 들어갈 수 없다. 따라서 동사 (A) mistake, (B) mistakes, (C) mistook 모두 탈락된다. mistake는 동사 이외에도 '실수'라는 명사가 가능하므로, its employees와 복합명사의 경우도 생각해 보아야 한다. 하지만 여기서는 의미가 통하지 않으므로 (A), (B) 모두 제외된다. 결국, 빈칸에는 동사를 앞에서 꾸미는 부사 (D) mistakenly(실수로, 잘못하여)가 정답이다.

해석 P&P 은행은 직원 한 사람이 실수로 중요한 문서를 파기했음을 시인했다.

어휘 acknowledge 인정하다   employee 직원
throw away 없애다, 버리다   crucial 중요한, 결정적인
document 문서, 서류   mistakenly 실수로, 잘못하여

14.

해설 문장 전체의 구조를 살펴보고 올바른 품사를 선택하는 문제다. 주어는 all staff of the marketing department(마케팅부의 모든 직원들)이고, should attend(참석해야 한다)는 동사다. 즉, 하나의 문장으로 이루어져 있으므로 접속사인 (D) because(~ 때문에)는 빈칸에 들어갈 수 없다. (B) together는 '함께'라는 의미의 부사로 뒤에 명사를 꾸밀 수 없어 탈락된다. 결국 빈칸에는 명사 the manager(관리자)를 수반하여 문맥을 완성시키는 전치사가 필요한데, (A) among(~ 속에서)은 셋 이상을 나타내는 복수명사 앞에서 사용하므로 단수명사인 the manager 앞에 쓸 수 없다. 따라서 including the manager(관리자를 포함한)라는 표현을 이루는 전치사 (C) including이 정답이다.

해석 부장을 포함한 마케팅부의 전 직원은 월례 회의에 참석해야 한다.

어휘 staff 직원   marketing department 마케팅부   attend 참석하다
monthly 매월의   including ~를 포함하여

15.

해설 문장의 구조를 보고 알맞은 관계대명사나 관계부사를 선택하는 문제다. (A) where와 (D) when은 뒤에 완전한 문장이 오는 관계부사인데, 빈칸 다음의 'are considering buying a new vehicle'은 주어가 없는 불완전한 문장이므로 정답이 될 수 없다. 복합 관계대명사인 (B) whoever(누구든지)는 선행사 없이 쓰이므로 탈락된다. 즉 whoever는 anyone who의 축약형으로 빈칸 앞의 선행사 employees와 충돌이 생긴다. 따라서 빈칸 앞에 employees(직원들)라는 선행사를 지칭하면서, 주어 역할을 하는 주격 관계대명사 (C) who가 정답이다.

해석 이는 신차 구입을 고려하고 있는 직원들을 위한 자금 절약 기회다.

어휘 money-saving 자금을 절약할 수 있는 opportunity 기회 consider 고려하다 vehicle 차량, 자동차

16.
해설 알맞은 수식어를 선택하는 문제인데, 빈칸 다음에 all이 있다는 점이 힌트가 된다. all을 앞에서 수식할 수 있는 말은 한정되어 있으며 특히 형용사 계통의 어휘는 올 수 없다. 따라서 (A) every, (B) most는 탈락된다. 그리고 (C) near(가까운)는 형용사와 전치사가 되는 어휘인데 이 역시 all을 수식할 수는 없다. 따라서 정답은 (D) almost(거의)다.

해석 몇몇 지역의 매출 하락에도 불구하고, 그 그룹의 거의 모든 사업체들이 수익을 늘렸다.

어휘 in spite of(= despite) ~에도 불구하고 sales declines 매출 하락 several areas 몇몇 지역 almost all of 거의 모든 increase 늘리다, 불리다 profit 수익

17.
해설 빈칸 다음에 있는 명사 tickets를 앞에서 꾸미는 알맞은 형용사 어휘를 선택하는 문제다. for children 14 years and under(14세 이하 아동을 위한)가 있으므로 문맥상 (C) discounted(할인된)가 자연스럽다. 나머지 보기들은 문맥상 tickets를 꾸미기에 부자연스럽다.

해석 14세 이하 아동을 위한 할인권은 경기장 매표소에서 구매할 수 있다.

어휘 purchase 구매 renewed 갱신된 sealed 봉인된 discounted 할인된 traded 교환된

18.
해설 문두의 Escapie Banquet Hall이 주어이고, 문장에 동사가 없으므로 빈칸은 동사 자리다. 따라서 보기의 유일한 동사인 (B) has been reserved(예약이 되었다)가 정답이다. 참고로 reserve는 '~를 예약하다'라는 타동사로 뒤에 목적어가 필요하지만, 빈칸 다음에 목적어가 없으므로 수동태인 (B) has been reserved가 들어가야 한다. 또한 의미상 Escapie Banquet Hall은 예약하는 주체가 아니라, 예약되는 대상이므로 수동태가 되어야 한다.

해석 2월 5일 신임 CEO 환영회로 이스케이피 연회장이 예약되었다.

어휘 welcome reception 환영회 reservation 예약 reserve 예약하다

19.
해설 문장에 동사가 없으므로 빈칸은 동사 자리다. 동사를 선택하는 문제는 기본적으로 (1) 수일치, (2) 태(능동, 수동), (3) 시제를 적용하여 해결할 수 있다. 동사가 아닌 (A) different(다른)가 먼저 탈락되며, 불가산명사 주어 demand(수요)와 수일치가 맞지 않는 복수동사 (C) differ 역시 탈락된다. 또한 자동사 differ는 수동태가 불가능하므로 (D) is differed가 탈락된다. 따라서 3인칭 현재시제 형태인 (B) differs(다르다)가 정답이다.

해석 냉동식품에 대한 수요는 계절에 따라 상당히 다르다.

어휘 demand 수요, 요구 considerably(= significantly) 상당하게 from season to season 계절마다, 계절에 따라 different 다른 differ 다르다

20.
해설 올바른 어휘 형태를 결정하는 문제로, 빈칸 앞에 있는 requested (요청된)가 분사형 형용사이므로 명사를 꾸며야 한다. 그리고 requested 앞에 있는 정관사 the는 명사를 수식하기 위해 존재하는 어휘이므로 빈칸은 명사 자리다. 보기 중에서 명사 형태는 (D) information(정보) 밖에 없으므로 (D)가 정답이다. information은 대표적인 불가산명사라는 것도 기억해두자.

해석 신입사원은 근무일 4일 이내로 요청된 정보를 제출해야 할 것이다.

어휘 new staff 신입사원 be asked to 부정사 ~하도록 요구 받다 present 제출하다 requested information 요청된 정보 working day 근무일

21-24.

1월 25일
소피 그레인저
10 West 밴 뷰런 가
피닉스, 애리조나 85009

그레인저 씨께,
저에게 사파이어 사의 구매 전문가 직책을 제안해 주셔서 감사합니다. 비록 이 직책이 전문가로서 성장할 훌륭한 기회가 되겠지만, 신중한 숙고 후에 저는 다른 회사의 직책을 수락하기로 결정했습니다.
저를 면접하고 회사 소개를 위해 할애해 주신 시간에 감사드립니다. 앞으로 귀하의 지속적인 성공을 기원합니다.
감사합니다.

폴 하울랜드

어휘 purchasing specialist position 구매 전문가 직책 terrific 엄청난 professional growth 전문적 성장 deliberation 고려, 숙고 accept 수락하다 interview 면접하다 continued success 지속적인 성공

21.
해설 알맞은 대명사의 격을 선택하는 문제로 동사 offer는 offer+A+B (A에게 B를 제공하다)의 용법으로 쓰이므로 빈칸에는 목적격인 (B) me가 들어가야 한다.

22.
해설 빈칸은 명사 company(회사)를 꾸미는 형용사 자리다. (A) other(다른)는 뒤에 복수명사나 불가산명사를 수식하는 형용사다. (B) others(다른 것들)는 뒤에 명사를 수식할 수 없는 복수 대명사이며 (D) each other(서로) 또한 뒤에 명사를 수식할 수 없는 대명사다. 따라서 단수명사를 앞에서 수식하는 (C) another(다른 하나의)가 정답이다.

23.
해설 빈칸 앞에 be동사 am의 보어가 되는 알맞은 형용사를 선택하는 문제로, 전치사 of와 같이 사용하면서 의미상 맞는 어휘는 (A) appreciative(감사하는)다. be appreciative of(~에 대해 감사하다) 형태로 주로 쓰인다. (B) sensitive(민감한), (C) alternative(대안적인), (D) competitive(경쟁적인)는 문맥에 맞지 않는다.

24.
해석 (A) 다시 한번 고객성원에 감사드립니다.
(B) 저의 결정은 얼마나 많은 혜택을 얻을 수 있는지에 따라 달라집니다.
(C) 곧 인터뷰를 하기를 바랍니다.
(D) 앞으로 귀하의 지속적인 성공을 기원합니다.

해설 문맥에 맞는 문장을 고르는 문제이다. 빈칸 앞 문장에서 시간 내서 인터뷰를 하고 회사 소개해 준 부분에 대해서 감사하다고 언급했고 마무리 멘트이므로 (D)가 정답이다.

25-28.

발신: 캐런 브라운
수신: 부서장들
제목: 부서원 고과평가
날짜: 11월 2일

연말이 다가오므로 모든 부장들은 부서원들의 인사고과를 작성할 준비를 해야 합니다. 평가서 제출 마감 기한은 1월 15일입니다. 마감시한 약 한 달 전부터 각 직원의 성과에 대해 생각하기 시작하세요.
또한 각 직원에게 충분한 시간을 투자하려면 마감시한 최소 2주 전에는 보고서 작성을 시작하는 것이 현명합니다.
질문이 있으면 내선번호 7753의 내 사무실로 전화하세요.

감사합니다.
캐런

어휘 performance evaluations 인사고과 approach 다가오다 prepare 준비하다 deadline 마감시한 approximately 대략 prior to ~전에 be wise to부정사 ~하는 것이 현명하다 at least 최소한 ensure 보장하다 enough 충분한 devote (시간을) 투자하다 extension 내선번호

25.
해설 빈칸 앞에 조동사 should가 있으므로 빈칸에는 동사의 원형을 써야 한다. 따라서 정답은 동사원형인 (A) prepare(준비하다)다.

26.
해석 (A) 그러므로, 안전평가는 모든 부장들에게 필요합니다.
(B) 그렇지 않다면 회사는 추가 직원을 고용할 것입니다.
(C) 평가서 제출 마감 기한은 1월 15일입니다.
(D) 고객 요구사항을 적절하게 맞출 수 있을지 잘 모르겠습니다.

해설 문맥에 맞는 문장을 고르는 문제이다. 빈칸 앞 문장에서 연말에 모든 관리자들은 직원 평가서를 작성할 준비를 하라고 언급했으므로 (C)가 가장 잘 어울린다.

27.
해설 빈칸 다음에 one(하나의)은 숫자인데, 숫자는 형용사이므로 이를 앞에서 수식하는 것은 부사다. 따라서 정답은 부사 (C) approximately (대략)다. (A) approximate(대략적인)는 형용사이고, (B) approximates(~에 근접하다)는 동사의 3인칭 단수 형태이며, (D) approximation(접근, 근사)은 명사다.

28.
해설 빈칸 다음에 있는 명사 employee(직원)를 앞에서 수식하는 형용사를 찾는 문제다. 가산 단수명사를 앞에서 수식하는 형용사는 (B) each(각각의) 밖에 없다. (A) all(모든)이나 (D) most(대부분의)는 뒤에 복수명사나 불가산명사가 오고, (C) several(몇몇의)은 뒤에 복수명사가 와야 하므로 정답은 (B) each다.

UNIT 13 편지 / 이메일 / 광고

1. 편지

Check-up 본책_p. 311

해너 스미스 씨 귀하
백 시티 프로덕션스
822 로건 플레이스
뉴욕 시, 뉴욕 주 10023

스미스 씨께,
최근 귀사의 창업을 진심으로 축하합니다! 귀하가 당사 설비를 임대하기로 한 것을 기쁘게 생각하며 귀하의 벤처 회사가 성공하기를 기원합니다. 서명된 임대 계약서 한 부를 동봉합니다. 서류에 서명하고 날짜를 적으신 후 저에게 다시 보내주시기 바랍니다. 귀하의 신규 벤처에 행운이 깃들기를 바랍니다!

감사합니다
조 그레이
부사장

어휘 congratulations on ~을 축하하다 be delighted that ~하게 되어 기쁘다 choose to+동사원형 ~하기로 선택하다 lease 임대하다 facility 설비, 시설 venture 벤처기업 successful 성공적인 enclose 동봉하다 agreement 계약서 date 날짜를 기입하다

이 편지의 주된 목적은 무엇인가?
(A) 설비를 임대하기 위하여   (B) 계약을 마무리하기 위하여

해설 본문 3~4행 Please sign and date the document and return it to me(서류에 서명하고 날짜를 적으신 후 저에게 다시 보내주시기 바랍니다)에서 단서를 찾을 수 있다. 계약을 마무리하고자 하는 것이 이 편지의 목적이므로 정답은 (B)다.

2. 이메일

Check-up 본책_ p. 313

> 수신: roberta_anne@LPenterprise.net
> 발신: customer-relations@videotrunk.com
> 제목: 주문번호 4785
> 날짜: 1월 14일
>
> 로버타 앤 씨께,
> 귀하의 1월 5일 주문 상태에 대해서 방금 문의를 받았습니다. Clearvision 텔레비전 세트의 배송 지연에 대해 사과드립니다. 1월 18일까지는 꼭 받으실 수 있습니다. 추가 문의사항 있으시면 주저 없이 제게 직접 1-777-789-1432 번으로 전화 주십시오.
>
> 감사합니다.
> 브라이언 김
> 영업부 대리
> 비디오트렁크 사

어휘 receive 받다 inquiry about ~에 대한 문의 status 상태
apologize for ~에 대해 사과하다 delay 지연
no later than ~까지 hesitate to + 동사원형 ~하기를 주저하다

고객은 주문품을 언제 받을 수 있는가?
(A) 1월 14일까지 **[B] 1월 18일까지**

해설 본문 2~3행 you should receive it no later than January 18(1월 18일까지는 꼭 받으실 수 있습니다)에서 단서를 찾을 수 있다. no later than(~보다 늦지 않게, ~까지)은 전치사 by와 마찬가지로 '~까지'를 의미하므로 정답은 (B)다.

3. 일반 광고

Check-up 본책_ p. 315

> 입점업체를 찾습니다
> L.A. 슈퍼 경기장이 캘리포니아 주 로스앤젤레스에서 3월에 문을 엽니다. 이 다목적 스포츠센터는 미식축구부터 육상까지 다양한 행사들을 주최할 것입니다. 만약 음식이나 기념품 판매상으로 경기장 내 공간을 임대하는데 관심이 있다면 www.superarena.com을 방문해 더 많은 정보를 얻으세요.

어휘 vendor 판매상 multipurpose 다목적
be interested in ~에 관심이 있다 rent 임대하다 space 공간

이 광고는 누구를 대상으로 한 것인가?
(A) 운동지도사들 **[B] 자영업자들**

해설 본문 2~3행 If you are interested in renting space in the stadium as a food or gift vendor(만약 음식이나 기념품 판매상으로 경기장 내 공간을 임대하는데 관심이 있다면)에서 단서를 찾을 수 있다. 광고 대상은 경기장에서 판매하고 싶어하는 사람으로 정답은 (B)다.

4. 구인 광고

Check-up 본책_ p. 317

> 채용 공고
> 이 지역에서 가장 빨리 성장하는 자동차 판매업체 중 하나인 메리어트 자동차는 자동차를 판매할 활동적인 사람을 찾습니다. 저희 회사는 빠른 승진 기회와 구미가 당기는 봉급, 탁월한 복리후생을 제공합니다. 지원자들은 greghenson@marriotauto.com으로 자기소개서와 이력서를 제출하셔야 합니다.

어휘 auto dealer 자동차 판매업자 area 지역 look for ~을 찾다, 물색하다 dynamic 활동적인, 역동적인 individual 개인
opportunity 기회 rapid 빠른 promotion 승진
attractive 매력적인, 구미가 당기는 salary 봉급 excellent 탁월한
benefit 복리후생 applicant 지원자 submit 제출하다

메리어트 자동차가 광고하는 일자리는?
(A) 회계사 **[B] 영업 사원**

해설 본문 1~2행 looking for a dynamic individual to sell cars(자동차를 판매할 활동적인 사람을 찾습니다)에서 단서를 찾을 수 있으므로 정답은 (B)다.

실력 점검 문제 본책_ p. 320~323

Questions 1-2

> 사라 에마 사장님께
> 밸류 건축회사
> 1547 레밍턴 가
> 오스틴, 텍사스
>
> 에마 씨께,
>
> 우리 회사 전체를 대신해서 본사 건물의 재건축을 성공적으로 마무리해주셔서 감사를 표현하고 싶습니다. 약속했던 대로 7월 7일에 건물 공사를 마무리하였군요. 다시 한 번 감사드립니다!
>
> 감사합니다.
> 지미 카넬
> CEO, 퍼시픽 홀딩스 사

어휘 on behalf of ~를 대신해서 entire 전체의 would like to + 동사원형 ~하고 싶다 express 표명하다 successfully 성공적으로
complete 마무리하다 reconstruction 재건축
headquarters 본사 finish 끝내다, 마무리하다
as you promised 당신이 약속했던 대로

1. 이 편지의 목적은 무엇인가?
(A) 직원 변동 발표
[B] 감사 표명
(C) 일정 변경 발표
(D) 불만 제기

해설 본문 1행 I would like to express our thanks(감사를 표명하고 싶습니다)에서 단서를 찾을 수 있다. 그리고 맨 마지막 줄에 마무리로 한 번 더 Thanks!(감사합니다)라고 했으므로 정답은 (B)다.

2. 건물 공사는 언제 끝났는가?
(A) 지난주
(B) 8월 20일
(C) 지난해
(D) 7월 7일

해설 본문 마지막에 You finished the building on July 7 as you promised(약속했던 대로 7월 7일에 건물 공사를 마무리하셨군요)에 단서가 있으므로 정답은 (D)다.

Questions 3-5

수신: 전 직원
발신: 제임스 모건, 시설관리자
제목: 회사 주차장
날짜: 6월 18일

곧 진행할 회사 주차장 유지보수 작업에 대한 공지사항입니다. 주차장은 작업으로 폐쇄됩니다. 유지보수 작업은 내일 아침 9시에 시작됩니다. 이 작업은 오후 5시에 마무리됩니다.

협조에 감사드립니다.

어휘 reminder 상기시켜 주는 것, 공지사항 upcoming 다가오는
maintenance work 유지보수 작업   parking lot 주차장
cooperation 협조

3. 이메일의 목적은 무엇인가?
(A) 유지보수 작업 공지
(B) 제안 요청
(C) 편지 답변
(D) 회사의 신규 정책 소개

해설 본문 1행 this is a reminder of the upcoming maintenance work on the company parking lot(곧 진행할 회사 주차장 유지보수 작업에 대한 공지사항입니다)에서 단서를 찾을 수 있으므로 정답은 (A)다.

4. 공사는 언제 끝나는가?
(A) 오늘
(B) 6월 18일
(C) 내일 오후
(D) 내일 아침

해설 본문 3행 the work will be completed by 5:00 P.M.(이 작업은 오후 5시에 마무리됩니다)에서 단서를 찾을 수 있다. 바로 앞 문장에서 작업 시작은 내일 아침이라고 했으므로 마무리는 내일 오후가 된다. 따라서 정답은 (C)다.

5. 누가 이메일을 보냈는가?
(A) 최고경영자
(B) 유지보수 관리실
(C) 직원들
(D) 시설관리자

해설 이메일 상단 발신인 부분을 보면 James Morgan, Facilities Manager(제임스 모건, 시설관리자)라고 나오므로 정답은 (D)다.

Questions 6-9

셸리 어덴저
호주 수의학 협회
34 러스토버 가
루티 힐 뉴사우스웨일스 2766

3월 28일

스탠리 스미스 박사
캔버라 국립 대학교
수의학 대학
뉴사우스웨일스 2000

스미스 씨께,

호주 수의학 협회를 대표해 저는 당신을 우리의 6월 시드니 심포지엄의 강사로 초빙하고자 합니다. 심포지엄의 테마는 '예방 수의학 치료에 대한 의식 고취'이며 동물 영양과 건강에 관해 당신이 하신 새 연구는 우리가 주목할 필요가 있다고 믿는 종류의 문제들의 완벽한 예입니다. 따라서 저희는 당신이 6월 우리 수의학 전문가 강사진에 귀중한 자산이 될 것이라고 믿습니다.

발표자들은 우리 예상으로는 평균 약 40명이 되는 청중에게 강연하게 될 것이며 모든 강의실에는 시청각 장비가 갖추어져 있습니다. 강사의 개인 스타일에 따라 때로는 아주 양방향적인 발표를 만들기를 선택하는 분들이 있는가 하면 다른 경우에는 대부분의 시간 동안 강연하기를 선호하는 분들도 있습니다. 우리는 당신이 최근 연구와 동일한 주제에 대해 발표하기 원하실 것으로 예상하지만 물론 그 테마와 관련해 선택하시는 것은 무엇이든 좋을 것입니다. 강연 내용은 전적으로 당신에게 달려 있습니다.

발표자들은 일일 경비, 보통의 강연료, 야간 숙박에 대한 수당을 받게 되지만 우리는 강사들에게 여행 경비를 상환해 줄 처지는 아닙니다. 우리 경험으로는 대학교 학과들에서 교수들에게 이런 경비를 흔히 지원할 것입니다. 우리는 이 선택 사항을 소속 기관의 적절한 학과와 함께 의논하시기를 권합니다.

우리는 당신이 긍정적으로 답장해 주시기를 바랍니다. 만약 그렇다면 발표 내용의 요약본과 함께 심포지엄 광고지에 넣을 귀하의 사진 이미지 파일을 이메일로 보내 주시기 바랍니다. 우리와 함께하실 수 없는 경우에도 연락 주시기 바랍니다.

셸리 어덴저
호주 수의학 협회 회장

어휘 veterinary science 수의학 association 협회
on behalf of ~을 대표해 raise 고양하다, 고취하다
awareness 의식, 인식 veterinary 수의학의 asset 자산, 재산
lineup 진용, 출연진 be equipped with ~을 갖추고 있다
audiovisual 시청각의 interactive 양방향의 be up to ~에게 달려 있다, ~가 정할 일이다 stipend 수당, 급료 modest 보통의, 수수한
reimburse 상환하다, 배상하다 chair 회장, 의장

6. 발표들에 관해 제공되지 않는 정보는?
(A) 장소
[B] 길이
(C) 핵심 테마
(D) 예상 참석자 수

해설 내용 일치 문제이다. 첫 단락의 June symposium in Sydney에 (A)가, The theme of the symposium is "Raising Awareness for Preventative Veterinary Care,"에 (C)가, audiences averaging we anticipate about forty attendees에 (D)가 언급되어 있다. 따라서 지문에 언급되지 않은 [B]가 정답이다.

7. 어덴저 씨가 스미스 씨에게 보내 달라고 부탁하는 것은?
(A) 발표 원고
(B) 연구 보고서
(C) 지출 보고서
[D] 개인 사진

해설 세부 사항을 묻고 있다. 마지막 단락의 please e-mail a summary of your presentation's contents along with an image file of yourself에서 발표 내용 요약본과 함께 스미스 씨 자신의 이미지 파일을 이메일로 보내 달라고 했다. 따라서 image file of yourself를 personal photo로 바꾸어 표현한 [D]가 정답이다.

8. 어덴저 씨가 동물 영양이라는 주제에 관해 지적하는 것은?
(A) 지난 수의학자 학술회의의 주제였다.
[B] 스미스 씨가 그것에 관해 발표해야 한다.
(C) 새 연구가 그것에 관한 많은 믿음을 바꾸어 놓았다.
(D) 인기 있는 대학 과정의 중심이다.

해설 세부 사항을 묻고 있다. 첫 단락의 the new study you did about animal nutrition and health is a perfect example of the type of issues we believe need attention에서 스미스 씨의 연구 주제인 동물 영양과 건강은 수의학 협회가 주목하는 주제라고 했으며, 둘째 단락의 We expect you would like to present on the same topic as your recent research에서 협회 측은 스미스 씨가 자신의 연구와 동일한 주제에 대해 발표할 것으로 예상한다고 했으므로 [B]가 정답이다.

9. [1], [2], [3], [4]로 표시된 곳 중에서 다음 문장이 들어가기에 가장 적절한 곳은?
"우리는 이 선택 사항을 소속 기관의 적절한 학과와 함께 의논하시기를 권합니다."
(A) [1]
(B) [2]
(C) [3]
[D] [4]

해설 문맥상 제시문이 들어갈 자리를 찾는 문장 삽입 유형 문제이다. 제시문 앞에는 적절한 학과와 함께 의논할 수 있는 문제가 나와야 하므로 여행 경비 지원 문제를 언급하는 [D]가 정답이다.

UNIT 14 문자 메시지/온라인 채팅/공지/회람

1. 문자 메시지

Check-up 본책_p. 325

> 짐 클라크 [오후 2:32]
> 데이비슨 씨에게 급여 인상을 요청했어요?
>
> 카르멘 메시 [오후 2:34]
> 네, 한 달에 80달러 더 달라고 요청했어요.
>
> 짐 클라크 [오후 2:34]
> 그래서 받았나요?
>
> 카르멘 메시 [오후 2:35]
> 아니요, 30달러 받았어요.
>
> 짐 클라크 [오후 2:35]
> 그거 안됐네요.
>
> 카르멘 메시 [오후 2:36]
> 아, 괜찮아요, 없는 것보다는 낫죠.

어휘 ask for ~를 요청하다 a raise 급여 인상 a month 한 달에 get ~를 받다, 얻다 all right 괜찮은 better than nothing 아무것도 없는 것보다는 좋은

오후 2시 36분에 메시 씨가 "없는 것보다는 낫죠"라고 썼을 때 의미하는 바는 무엇인가?
[A] 대단히 기쁘진 않지만 만족한다.
[B] 급여 인상에 대해서 매우 실망하고 있다.

해설 better than nothing이란 문자 그대로 '아무것도 없는 것보다는 좋은'이라는 의미이므로 대단히 기쁘진 않지만 어느 정도는 만족한다는 의미로 정답은 [A]이다.

2. 온라인 채팅

Check-up 본책_p. 327

> 요시다 산체즈 [오후 4:42]
> 우리가 5월 23일에 주최하는 취업 박람회에 대해서 논의를 시작해야 한다고 생각하는데요. 우리 회사가 한 번도 이런 것을 해 본적이 없기 때문에 여러분들의 의견을 원합니다.
>
> 바네사 펜더 [오후 4:43]
> 잠재적인 지원자들을 위해서 몇몇 우리 부서들에 대한 투어를 하는 것은 어떨까요?
>
> 요시다 산체즈 [오후 4:49]
> 고마워요, 좋은 생각같이 들리네요. 그것을 우리 일정에 추가하겠습니다.
>
> 보먼 클라우드 [오후 4:52]
> 그들이 어떤 부서들을 둘러보아야 할까요? 그리고 얼마나 많은 참가자들이 올지 우리가 예상할 수 있을까요?
>
> 요시다 산체즈 [오후 4:53]
> 구매부, 연구개발부, 그리고 마케팅부는 괜찮을 겁니다. 하지만 회계부는 요즘에 대단히 바쁩니다. 대략 100명의 구직자들이 지금까지 등록을 했는데요. 하지만 우리는 120명이나 또는 그 이상을 계획해야 합니다.

바네사 펜더 [오후 4:54]
그들의 관심을 미리 알아 두는 게 좋을 겁니다. 우리가 그들을 작은 그룹으로 나눌 수 있도록 말이지요.

어휘 job fair 취업 박람회 since ~이래로, 때문에 input 입력, 의견, 제안 conduct ~를 실시하다 potential candidates 잠재적인 지원자들 add ~를 추가하다 attendee 참가자 around ~ 대략 ~ extremely 대단히, 극도로 interest 관심, 이익 in advance 미리 divide ~를 나누다

잠재적인 지원자들은 아마도 어떤 부서를 가지 않게 될 것인가?
(A) 회계부
(B) 연구개발부

해설 오후 4:53에 요시다 산체즈가 쓴 메시지를 보면 Accounting is extremely busy these days(회계부는 요즘에 대단히 바쁩니다) 라고 했으므로 정답은 (A)이다.

3. 공지

Check-up 본책_p.329

> 다음 세미나에 오세요!
>
> 다음 세미나는 11월 18일부터 11월 21일까지 캘리포니아 주 팜 스프링스에 있는 팜 스프링스 컨벤션센터에서 열립니다. 이는 그룹 토의로 구성됩니다. 귀사 제품을 마케팅하는 영리한 전략들을 배우세요. 서두르세요. 자리가 한정되어 있습니다!

어휘 take place 일어나다, 열리다 consist of ~로 구성되다 group discussion 그룹 토의 strategy 전략 limited 제한된

다음 세미나에서 무엇이 이루어질 것인가?
(A) 제품 시연
(B) 그룹 토의

해설 본문 2행 It will consist of group discussions(이는 그룹 토의로 구성될 것입니다)에서 단서를 찾을 수 있으므로 정답은 (B)다.

4. 회람

Check-up 본책_p.331

> 발신: 새뮤얼 틸리스
> 수신: 신입 사원들
> 제목: 교육 일정
>
> 다이나 사에 입사하신 여러분을 환영합니다. 여러분이 부서에서 보내는 첫 주가 즐거웠으면 합니다. 다음 주부터 여러분은 새로운 컴퓨터 시스템에 대한 보충 교육을 받게 됩니다. 모든 수업은 의무적이며 월요일부터 금요일 오후 2~4시에 진행됩니다.
> 남은 주에도 행운이 있길 빕니다!
>
> 새뮤얼 틸리스
> 다이나 운영부장

어휘 corporation 회사, 기업 department 부서 additional 추가의 mandatory 필수인, 의무인 rest 나머지 operational manager 운영부장

신입 사원들이 받게 될 수업은?
(A) 안전 강좌 (B) 컴퓨터 기술 강좌

해설 본문 2~3행 you will have additional company training for the new computer systems(여러분은 새로운 컴퓨터 시스템에 대한 보충 교육을 받게 됩니다)에서 단서를 찾을 수 있으므로 정답은 (B)다.

실력 점검 문제 본책_p.334~337

Questions 1-2

> 대릴 가드너 [오전 10:21]
> 린다, 헨드릭슨 자동차 웹사이트의 레이아웃 작성을 마쳤나요?
>
> 린다 터너 [오전 10:24]
> 이번 금요일이 마감 기한인 줄 알았는데요.
>
> 대릴 가드너 [오전 10:25]
> 그렇지만 그 고객이 우리의 진행 상황을 보겠다고 요청했어요. 우리가 그들에게 보여 줄 것이 있나요?
>
> 린다 터너 [오전 10:26]
> 크리스프-잇 크래커스 브랜드의 그래픽을 마무리하느라 바빴어요. 하지만 헨드릭슨 작업의 예전 초안이 있어요. 그들이 그것을 보면 최종 디자인이 어떤 모양이 될지 충분히 감을 잡을 수 있을 거예요.
>
> 대릴 가드너 [오전 10:28]
> 그래야 해요. 갖고 있는 것을 가능한 한 빨리 보내 주세요.

어휘 layout 레이아웃 (구성 요소의 배열) motor 자동차 due 마치기로 예정되어 있는 progress 진전, 진행 be busy ~ing ~하느라 바쁘다 rough 대강의, 개략적인 draft 원고, 초안 look like ~인 것처럼 보이다 as soon as possible 가능한 한 빨리

1. 오전 10:24에 터너 씨가 "이번 금요일이 마감 기한인 줄 알았는데요"라고 썼을 때 의미하는 바는?
(A) 과제를 마치지 못했다.
(B) 할당 업무를 일찍 받았다.
(C) 지시를 오해했다.
(D) 회의에 참석하지 않을 것이다.

해설 의도 파악 문제이다. 인용문은 과제 마감일이 아직 되지 않았다는 의미이고 I do have an old rough draft for the Hendrickson job에서도 헨드릭슨 작업의 예전 초안이 있다고 했으므로 해당 과제를 아직 마치지 못했음을 알 수 있다. 따라서 (A)가 정답이다.

2. 터너 씨가 만들고 있다고 말하는 것은?
(A) 스낵 제품의 이미지
(B) 새 건물의 디자인
(C) 자동차들의 스케치
(D) 책 표지의 초안

해설 세부 사항을 묻고 있다. 오전 10:26에 린다 터너가 I've been busy finishing the graphics for the Crisp-It Crackers brand(크래커스 브랜드의 그래픽을 마무리하느라 바빴다)고 했다. 따라서 graphics를 Images로, Crackers를 snack으로 바꾸어 표현한 (A)가 정답이다.

Questions 3-5

피닉스 발견 박물관에서의 멋진 화요일

피닉스 발견 박물관은 10여 년 동안 방문객들에게 과학의 경이로운 면을 보여 드리고 있습니다. 우리는 관람객들에게 바로 가까이에서 놀라운 과학 현상을 보여 주어 그들을 교육하고 즐겁게 하고 있습니다.

여러분이 다른 많은 피닉스 주민들과 같다면 관람객이 가장 많은 볼거리인 플라네타륨을 이미 보셨을 것입니다. 그곳에서 관람객들은 바닥에 누워 천장에 영사된 밤하늘을 지켜봅니다. 하지만 화요일마다 저희가 '멋진 화요일'이라는 특별한 체험을 제공한다는 것을 아셨나요? 멋진 화요일에는 저희의 모든 전시물에 자원봉사자들을 배치해 여러분이 전시물과 신체적으로 교감하도록 해 줍니다.

우리 기상 탱크가 구름을 만들어 내는 것을 그냥 지켜보는 대신에 판초를 입고 구름 속으로 들어가십시오. 마른 상태로 있고 싶으시면 흙 접시를 들고 저희 자연사 전시관에서 여러분이 직접 공룡 화석을 파헤쳐 내십시오. 그곳에서부터 저희 지질학관으로 건너가서 베이킹소다와 식초로 여러분만의 미니 화산을 만드십시오. 이상이 저희 20개 양방향 전시물 중의 겨우 3개입니다. 나머지를 보시려면 어느 화요일에든 피닉스 발견 박물관에 들르셔서 그것을 멋지게 만드십시오.

어휘 discovery 발견 amazing 경이로운 decade 10년 entertain 즐겁게 해 주다 incredible 믿어지지 않는, 놀라운, 대단한 scientific 과학적인 phenomena 현상 up close 바로 가까이에(서) planetarium 플라네타륨, 천체 투영기 staff ~에 직원을 두다 generate 발생시키다, 만들어 내다 stay dry 마른 상태로 있다 grab 움켜쥐다 uncover 드러내다 vinegar 식초

3. 플라네타륨에 관해 사실인 것은?
(A) 매주 하루 문을 연다.
(B) 인기 있는 볼거리이다.
(C) 등받이가 뒤로 넘어가는 좌석이 있다.
(D) 별도의 입구가 있다.

해설 셋째 문장의 our most well-attended attraction, the planetarium에서 플라네타륨이 가장 많이 관람하는 볼거리라고 했다. 따라서 well-attended를 popular로 바꾸어 표현한 (B)가 정답이다.

4. 특별 활동으로 언급되지 않은 것은?
(A) 화산 만들기
(B) 화석 찾기
(C) 동물 먹이 주기
(D) 구름 속에 들어가기

해설 후반부의 Instead of just watching our weather tank generate clouds, put on a poncho and step into one.에 (D)가, grab a plate of soil and uncover your own dinosaur fossils에 (B)가, create your own mini volcano with baking soda and vinegar에 (A)가 언급되어 있다. 따라서 지문에 언급되지 않은 (C)가 정답이다.

5. 다음 문장은 [1], [2], [3], [4] 중 어느 위치에 가장 적절한가?
"이상이 저희 20개 양방향 전시물 중의 겨우 3개입니다."
(A) [1]
(B) [2]
(C) [3]
(D) [4]

해설 문맥상 제시문이 들어갈 자리를 찾는 문장 삽입 유형 문제이다. 제시문은 Wonderful Wednesdays의 3가지 양방향 전시물들을 소개한 후에 할 수 있는 말이므로 (D)가 정답이다.

Questions 6-9

아서 잰 - 1월 15일 게시:
여러분 안녕하세요. 저는 지난달에 막 동네로 이사 왔고 좋은 치과 의사를 찾고 있어요. 페리스 하인스 쇼핑센터 근처의 내가 사는 곳에서 가까운 사람이면 더 좋겠어요. 추천해 주실 분 없나요? 아들이 함께 갈 거라서 치과 의사가 아이들을 잘 대하는 것이 필수입니다.

라덱 레흐 - 1월 17일 게시:
1월 19일에 번스가에 있는 스코트 클라인 치과에 갈 예정입니다. 예약 방문 뒤에 그에 대한 피드백을 주겠습니다.

베라 린디타 - 1월 18일 게시:
조심해요, 라덱 나는 클라인 씨에게 크게 실망한 경험이 있어요. 스케일링을 하러 그와 오전 예약을 잡고 그 시간에 직장을 쉬기까지 했어요. 하지만 그곳 접수 직원이 컴퓨터의 예약 시간대에 이중 예약을 했어요. 그래서 내가 도착했을 때는 치과 의사를 볼 수 없었어요. 믿어지지가 않아요! 다시 안 갈 거예요.

라덱 레흐 - 1월 19일 게시:
그거 짜증스럽겠네요, 베라. 운 좋게 내 스케일링 예약은 정시에 시작됐어요. 치과 의사는 예의 바르고 전문가다웠어요. 불만은 없어요. 하지만 로비에 아이는 한 명도 안 보였어요, 아서, 아마도 학교 가는 날이었기 때문이었을 거예요.

아서 잰 - 1월 21일 게시:
조사해 줘서 고마워요, 라덱. 사실은 어제 로즈가에 있는 크리스 슐레징거의 치과에 갔어요. 그녀는 훌륭한 치과 의사였어요! 그녀는 공룡 모양의 칫솔까지 갖고 있다가 우리 아들한테 주었어요. 그래서 물론 아들도 그녀를 무척 좋아했지요. 그녀를 적극 추천합니다.

어휘 post 글을 올리다, 게시하다   preferably 더 좋게는, 가급적
disappointing 실망스러운   teeth cleaning 스케일링
double-book 이중으로 예약을 받다   slot (일정표의) 자리, 시간대
unbelievable 믿어지지 않는   frustrating 좌절감을 주는, 짜증스러운
investigate 조사하다   actually 실제로는, 사실은
dinosaur-shaped 공룡 모양의

6. 잰 씨가 자기 집에 관해 지적하는 것은?
(A) 쇼핑몰에 가깝다.
(B) 1년 동안 그곳에 살고 있다.
(C) 근처에 치과가 문을 열었다.
(D) 그곳에 혼자 산다.

해설 세부 사항을 묻고 있다. 첫 단락의 where I live, near the Ferris Hines Shopping Center에서 잰 씨가 사는 곳이 페리스 하인스 쇼핑센터 근처라고 했다. 따라서 near를 close to로, Shopping Center를 mall로 바꾸어 표현한 (A)가 정답이다.

7. 1월 18일에 린디타 씨가 "믿어지지가 않아요"라고 썼을 때 의미하는 바는?
(A) 요금이 너무 비쌌다.
(B) 대기 시간이 짧았다.
(C) 제안이 비현실적이었다.
(D) 병원 측에서 실수를 했다.

해설 의도 파악 문제이다. 인용문 바로 앞의 But their receptionist had double booked the appointment slot in their computer. So, when I got there, I couldn't see the dentist.에서 치과의 접수 직원이 컴퓨터에 이중으로 진료 예약을 받는 바람에 치과 진료를 받지 못했다고 했다. (D)가 정답이다.

8. 레흐 씨가 1월 19일에 글을 올리기 전에 했을 일은?
(A) 수학여행을 감독했다.
(B) 사무실에서 일했다.
(C) 장난감을 구입했다.
(D) 치과를 방문했다.

해설 넷째 단락의 my teeth cleaning appointment started on time. The dentist was polite and professional.에서 레흐 씨가 예약한 시간에 치과 의사를 만나 스케일링을 받았음을 알 수 있으므로 (D)가 정답이다.

9. 슐레징거 박사에 관해 사실인 것은?
(A) 진료실을 이전했다.
(B) 아이에게 선물을 주었다.
(C) 번스가에 살고 있다.
(D) 환자와의 예약 시간을 지키지 않았다.

해설 마지막 단락에서 슐레징거를 언급하는 부분인 She even had a dinosaur-shaped toothbrush to give to my son에서 그녀가 공룡 모양의 칫솔을 아들에게 주었다고 했으므로 (B)가 정답이다.

UNIT 15 이중 지문 / 삼중 지문

1. 편지/이메일 이중 지문

Check-up 본책_ p.339

수신: 제임스 톰슨
발신: 버지니아 해먼드
날짜: 6월 10일
제목: 계좌번호 21043

톰슨 씨께,

저희 기록에 따르면 귀하의 계좌에 250달러의 미납 잔고가 있습니다. 45달러의 연체료가 있습니다. 그러나 이번 주까지 완납하신다면 연체료를 면제해 드리겠습니다. 저희 서비스를 다시 이용해 주시기 바랍니다.

감사합니다.
버지니아 해먼드, 회계사
EZ 여행사

수신: 버지니아 해먼드
발신: jt@hmail.net
날짜: 6월 12일

해먼드 씨께,
제 계좌(#21043)에 미납 잔고가 있다는 통보를 받았습니다. 청구서를 이메일로 보내주십시오. 청구서를 확인하고 최대한 빨리 납부하겠습니다.

감사합니다.
제임스 톰슨

어휘 account 계좌   indicate 표시하다, 나타내다   outstanding balance 체납액, 미납 잔고   late fee charge 연체료
full payment 완납   receive 받다   waive 면제하다
notification 통보, 통지   look over ~을 검토하다

해먼드 씨가 보낸 이메일의 목적은 무엇인가?
(A) 청구서를 보내려고   (B) 납부를 요청하려고

해설 첫 번째 지문 본문 1행 your account has an outstanding balance of $250(귀하의 계좌에 250달러의 미납 잔고가 있습니다)라고 한 다음 하단에 if full payment is received by the end of this week, we will waive the late fee charge(그러나 이번 주까지 완납하신다면 연체료를 면제해 드리겠습니다)에서 단서를 찾을 수 있다. 따라서 이번 주까지 미납액을 납부하라는 의미로 보아야 한다.

2. 기타 서식 이중 지문

Check-up 본책_p.341

```
수신: 휴 잭슨, 인사부
발신: 제니퍼 바움가트너
날짜: 금요일, 10월 3일

안녕하세요, 잭슨 씨

저는 새로운 사무실로 이전했다는 사실을 알려 드리고 싶습니다. 여기는 이전에 린다 브라운이 차지하고 있었던 방이었습니다. 저에게 다음 주 까지 새로운 내선번호를 제공해 주도록 필요한 조치를 취해주시길 바랍니다. 매우 감사합니다.

제니퍼 바움가트너
```

직원 이름	내선 번호
캐머런 링컨	5432
린다 브라운	4756
나탈리 서머스	1423
로버타 크레비츠	2645

제니퍼 바움가트너의 현재 내선번호는?
 (A) 4756   (B) 1423

해설 첫 번째 지문에서 this was previously occupied by Linda Brown(여기는 이전에 린다 브라운이 차지하고 있었던 방이었습니다)에서 단서를 찾고, 두 번째 지문에서 린다 브라운의 내선번호가 4756임을 알 수 있다. 정답은 (A).

3. 공지/회람 이중 지문

Check-up 본책_p.343

```
수신: 부서장들
참조: 전 직원
발신: 승미나, 부회장
제목: 자선 행사

많은 분들이 아시다시피, 우리 회사는 이번 주말에 교육기금연합을 위한 연례 기부금 모금행사를 후원합니다. 저는 이 행사에서 기조연설을 할 예정이며 여러분 모두 참석하기 바랍니다.

승미나
부회장
```

```
수신: 전 직원
발신: 승미나, 부회장
제목: 자선 행사

좋은 소식입니다! 주말 자선 모금행사에 아주 많은 분들이 참석했습니다. 55개국에서 손님들이 오셨고 모두 후하게 기부하셨습니다. 내년에는 행사를 두 번 개최하는 것도 생각하고 있습니다. 행사를 성공으로 이끈 여러분 모두에게 감사드립니다.

승미나
부회장
```

어휘 sponsor 후원하다 annual 연례의 fund-raising 기금 모금
keynote speech 기조연설 well-attended 많은 사람들이 참석한
host 주최하다, 손님을 맞다 donate 기부하다
generously 관대하게, 후하게 twice 두 번

행사에 대해서 나타난 사실은?
 (A) 지연되었다.   (B) 성공적이었다.

해설 두 번째 지문 1행 Our weekend charity fund-raiser was very well attended(주말 자선 모금행사에 아주 많은 분들이 참석했습니다)와 3행 Thank you all for making it such a success(행사를 성공으로 이끈 여러분 모두에게 감사드립니다)에서 행사가 성황리에 끝났음을 알 수 있으므로 정답은 (B)다.

실력 점검 문제

Questions 1-5 본책_p.344

```
발신: 리처드 골드스미스
수신: 와타나베 존슨
날짜: 화요일, 11월 12일
제목: 영업 총회

와타나베 씨께,
다음 달 뉴욕에서 열리는 연례 영업 총회에서 저를 대신해 참석해 주셔서 감사드립니다. 그 주에 중국 고객 몇 분이 방문하러 오기 때문에 그들을 만나야 합니다. 지난해 그 총회에서 저는 업무상 유용한 인맥을 많이 확보했고 귀하도 그러리라 확신합니다.

귀하의 비행기와 호텔을 예약해 달라고 우리 출장부서에 요청했습니다. 비행기, 렌터카, 호텔 비용은 회사가 지불하지만 복귀 후에 환급될 것입니다. 복귀하시면 영수증을 모두 제출해 주십시오.

총회 세미나 일정은 다음과 같습니다.
```

세미나 1	유명인사 마케팅	오전 9:00 – 11:30	월요일
세미나 2	인터넷 마케팅	오후 1:30 – 4:30	월요일
세미나 3	이벤트 마케팅	오전 9:00 – 11:30	화요일
세미나 4	직접 마케팅	오후 1:30 – 4:30	화요일

```
그럼 안전하게 잘 다녀오세요.
리처드
```

```
발신: 와타나베 존슨
수신: 리처드 골드스미스
날짜: 목요일, 12월 5일
제목: 좋은 경험이었어요!

귀하를 대신해 뉴욕 총회에 참석하게 해주셔서 감사합니다. 마케팅 지식을 넓히고 개인적인 업무 인맥을 확장하는 귀중한 경험이었습니다. 참고하시라고 총회 후기를 첨부했습니다.

그런데 원래 월요일 아침으로 예정되었던 첫 번째 세미나는 참석률이 저조한 탓에 취소되었습니다. 하지만 전반적으로 훌륭한 행사였습니다.

와타나베 존슨
영업부
```

어휘 take one's place ~를 대신하다   annual 연례의
conference 총회   useful 유용한   contact 연락하다
arrangement 예약   be reimbursed 환급받다   receipt 영수증
submit 제출하다   as follows 다음과 같다   on one's behalf
~를 대신하여   valuable 귀중한   experience 경험
broaden 넓히다   knowledge 지식   expand 확장하다, 늘리다
personal 개인적인   network 인맥   attach 첨부하다
review 평가, 후기   for your reference 참고로   originally 원래
be canceled 취소되다   low attendance 저조한 참석률
overall 전반적으로   Sales Dept. 영업부

1. 골드스미스 씨가 이메일을 쓴 이유는?
(A) 고객 몇 명을 만나라고 요청하려고
(B) 출장 예약을 하라고 요청하려고
(C) 출장에 대한 정보를 주려고
(D) 총회 일정 변경에 대해서 말하려고

해설 첫 번째 지문 본문 1행 Thank you for taking my place at the annual sales conference(연례 영업 총회에서 저를 대신해 참석해 주셔서 감사드립니다)에서 단서를 찾을 수 있다. 그리고 두 번째 단락과 일정표에서 출장에 대한 세부사항을 언급하고 있으므로 정답은 (C)다.

2. 골드스미스 씨가 총회에 대해서 암시하는 것은?
(A) 항상 뉴욕에서 열린다.
(B) 그는 수년 동안 참석했다.
(C) 업무상 인맥을 구축하기에 좋은 장소다.
(D) 중국에서 온 고객들이 참석할 것이다.

해설 첫 번째 단락 2~3행 Last year I made many useful business contacts at the conference(지난해 나는 그 총회에서 업무상 유용한 인맥을 많이 확보했다)에서 단서를 찾을 수 있으므로 정답은 (C)다.

3. 회사가 지불하지 않는 비용은?
(A) 항공 요금
(B) 식사 비용
(C) 호텔 숙박료
(D) 자동차 대여료

해설 첫 번째 지문 두 번째 단락 1~2행 The cost of the flight, rental car and hotel room will be paid in advance by the company(비행기, 렌터카, 호텔 비용은 회사가 지불한다)에서 단서를 찾을 수 있으므로 정답은 (B)다.

4. 총회에서 어떤 세미나가 취소되었는가?
(A) 유명인사 마케팅
(B) 인터넷 마케팅
(C) 이벤트 마케팅
(D) 직접 마케팅

해설 두 번째 지문 두 번째 단락 1행 the first seminar that was originally scheduled for Monday morning was canceled(원래 월요일 아침으로 예정되었던 첫 번째 세미나는 취소되었습니다)에서 첫 번째 단서를 찾고, 첫 번째 지문의 하단 일정표에서 월요일 아침 세미나가 Celebrity Marketing(유명인사 마케팅)이었음을 알 수 있으므로 정답은 (A)다.

5. 존슨 씨는 어느 부서에서 일하는가?
(A) 출장부
(B) 영업부
(C) 회계부
(D) 인사부

해설 두 번째 지문 하단 Watanabe Johnson, Sales Dept.(와타나베 존슨, 영업부)에서 단서를 찾을 수 있으므로 정답은 (B)다.

Questions 6-10   본책_ p.346

채용 공고 #89189

토론토에 위치한 언더라인 커뮤니케이션스는 영어 학습서 출판을 전문으로 합니다. 당사는 전 세계적으로 비즈니스 파트너가 있으므로 프랑스어, 일본어, 러시아어 또는 스페인어가 유창한 번역가와 저자를 구하고 있습니다. 후보자들은 영어 역시 유창하게 말하고 쓸 수 있어야 합니다.

우리는 경쟁력 있는 봉급과 복리후생도 제공합니다. 건강보험 또한 전 직원에게 적용됩니다.

직책에 지원하려면 퍼트리샤 라이트 앞 이메일 patty_wright@ucommunications.com으로 이력서와 자기 소개서를 보내주세요. 번역가로 지원하는지 아니면 저자로 지원하는지 구체적으로 밝혀 주십시오.

8월 30일

라이트 씨께

이 편지를 번역직에 대한 제 지원서의 일부로 받아 주십시오.

저는 몬트리올에서 태어나고 자라서 프랑스어가 모국어입니다. 또한 영어를 읽고 쓰는 데 능숙합니다. 그러나 저는 귀사의 러시아 프로젝트에 가장 관심이 많습니다.

이력서에도 밝혔듯이 저는 러시아어를 전공했습니다. 졸업 후 러시아 문화에 더욱 관심이 생겨 상트페테르부르크로 이사했고 거기서 3년을 체류했습니다. 저는 지금 가족과 더 가까이 지내기 위해서 토론토에 살고 있습니다. 그럼 소식 기다리겠습니다.

감사합니다.
베스 트래비어

어휘 job posting 채용 공고   specialize in ~를 전문으로 하다
around the world 전 세계로   look for ~를 찾다, 구하다
translator 번역가, 통역가   be fluent in ~에 유창하다
fluently 유창하게   competitive 경쟁력 있는, 뒤지지 않는
wage 급여   health insurance 건강 보험   available 이용 가능한

apply for ~에 지원하다   specify 구체적으로 밝히다
whether A or B A인지 B인지   accept 수용하다
as part of ~의 일환으로   application 지원(서)
be born and raised 태어나고 자라다   native language 모국어
as stated 진술되었듯이   major in ~를 전공하다
look forward to ~하기를 기대하다

6. 언더라인 커뮤니케이션즈는 어떤 회사인가?
(A) 신문
(B) 잡지
(C) 방송국
[D] 출판사

해설 첫 번째 지문 본문 1행 Underline Communications, located in Toronto, specializes in printing English learning books에서 단서를 찾을 수 있으므로 정답은 (D)다.

7. 광고에 따르면 사실인 것은?
(A) 언더라인 커뮤니케이션즈는 해외에 지사가 있다.
(B) 언더라인 커뮤니케이션즈는 보험을 제공하지 않는다.
(C) 언더라인 커뮤니케이션즈는 교육기관들을 소유하고 있다.
[D] 언더라인 커뮤니케이션즈는 외국 회사들과 함께 일한다.

해설 첫 번째 지문 본문 2행 we have business partners around the world(당사는 전 세계적으로 비즈니스 파트너가 있으므로)에서 단서를 찾을 수 있다. 본문에서 Health insurance is also available for all employees(건강보험 또한 전 직원에게 적용됩니다)라고 했으므로 (B)는 오답이다.

8. 언더라인 커뮤니케이션즈는 어디에 위치해 있는가?
(A) 파리
[B] 토론토
(C) 몬트리올
(D) 상트페테르부르크

해설 첫 번째 지문 1행 located in Toronto(토론토에 위치한)에서 단서를 찾을 수 있으므로 정답은 (B)다.

9. 트래비어 씨가 구사하지 못하는 언어는 무엇인가?
(A) 프랑스어
(B) 영어
(C) 러시아어
[D] 스페인어

해설 두 번째 지문 본문에서 French is my native language(프랑스어가 모국어입니다)와 fluent in reading and writing English (영어를 읽고 쓰는 데 능숙합니다), 그리고 I majored in Russian language(저는 러시아어를 전공했습니다)에서 각각 단서를 찾을 수 있으므로 정답은 지문에 언급되지 않은 (D)다.

10. 편지에서 암시된 것은?
[A] 트래비어 씨가 이력서를 보냈다.
(B) 트래비어 씨는 곧 이사할 것이다.
(C) 트래비어 씨는 라이트 씨를 방문했다.
(D) 트래비어 씨는 전문 경력을 가지고 있다.

해설 두 번째 지문 세 번째 단락에 있는 as stated in my résumé(이력서에도 밝혔듯이)에서 단서를 찾을 수 있다. 이 편지와 별도로 이력서를 따로 보냈다는 의미다. 따라서 정답은 (A)다. 본문에서 러시아에서 3년 체류했다는 말이 있을 뿐 경력을 쌓았다는 말은 없으므로 (D)는 오답이다.

Questions 11-15   본책_ p.348

수신: 전 직원
발신: 데보라 윌포드
날짜: 4월 25일
제목: 직원회의

다음 주 월요일 오후 2시에 101호실에서 월간 직원회의가 있습니다. 회의는 약 1시간 정도 진행됩니다. 전 직원이 회의에 참석해야 합니다. 만약 일정상 문제가 있다면 미리 알려 주십시오.

우리가 논의할 사항은 다음과 같습니다.

1. 복장 규정
2. 휴가 정책
3. 비용 절감

수신: 데보라 윌포드
발신: 시드 자블론스키
제목: 직원회의
날짜: 4월 26일

안녕하세요, 데보라 씨

저는 정오에 한국에서 오는 중요한 고객들과 약속이 있어 월간 회의를 빠져야 할 것 같습니다. 그러나 나중에 읽어볼 수 있도록 제 동료에게 회의록을 작성해 달라고 요청해 두었습니다.

이해해 주셔서 감사합니다.

어휘 staff meeting 직원회의   monthly 월간의   last 지속하다
attend 참석하다   scheduling conflict 일정상의 문제, 다른 약속
let +A+ know A에게 알려주다   in advance 미리
as follows 다음과 같다   afraid 걱정스러운   miss 놓치다, 빠지다
appointment 약속   important 중요한   associate 동료
take the minutes 회의록을 작성하다   so that ~하기 위해서
understanding 이해

11. 회람의 목적은?
[A] 직원 행사에 대한 세부내용을 알리려고
(B) 직책에 지원하려고

(C) 제안을 요청하려고
(D) 회의 자료를 배포하려고

> 해설 첫 번째 지문 본문 1행 there will be a monthly staff meeting next Monday(다음 주 월요일에 월간 직원회의가 있습니다)에서 단서를 찾을 수 있다. 따라서 정답은 (A)다. staff meeting이 보기에서는 staff function으로 바뀌었다.

12. 의제에 포함되지 않은 주제는?
(A) 복장 규정
(B) 유지보수 작업
(C) 휴가 정책
(D) 비용 절감

> 해설 첫 번째 지문 하단에 what we should discuss is as follows(우리가 논의할 사항은 다음과 같습니다)에서 (A), (C), (D)가 언급되었지만, (B) Maintenance Work(유지보수 작업)는 언급되지 않았으므로 정답은 (B)다.

13. 다음 달 월간 회의에는 누가 참석해야 하는가?
(A) 영업사원
(B) 신입 직원
(C) 부장
(D) 전 직원

> 해설 첫 번째 지문 본문 2행 all employees should attend the meeting(전 직원이 회의에 참석해야 합니다)에서 단서를 찾을 수 있으므로 정답은 (D)다.

14. 자블론스키 씨는 다음 월요일에 무슨 일을 할 것인가?
(A) 직원회의에 참석할 것이다.
(B) 하루 쉴 것이다.
(C) 휴가를 갈 것이다.
(D) 고객을 만날 것이다.

> 해설 두 번째 지문에서 자블론스키가 회의에 빠져야 하는 이유를 설명하면서 I have a previous appointment with important clients from Korea(저는 한국에서 오는 중요한 고객들과 약속이 있습니다)라고 한 말에서 단서를 찾을 수 있으므로 정답은 (D)다.

15. 회의는 언제 끝날 예정인가?
(A) 정오
(B) 오후 2시
(C) 오후 3시
(D) 오후 4시

> 해설 첫 번째 지문 본문 1~2행 the meeting will last about an hour(회의는 약 1시간 정도 진행됩니다)에서 단서를 찾을 수 있다. 회의가 오후 2시에 시작하는데 한 시간 뒤는 오후 3시이므로 정답은 (C)다.

4~6. 삼중 지문

실력 점검 문제

Questions 1-5 본책_ p.356

아메리칸 인저뉴어티가 사람을 구합니다! 우리는 걸프 스트림 항공사 계정으로 마이애미에서 일하는 우리 팀에 합류할 소프트웨어 개발자를 찾고 있습니다.

우리는 다음과 같은 자격을 갖춘 지원자를 찾고 있습니다.
- 컴퓨터 공학 학사 학위
- 관련 업계 3년 경력
- D ++ 및 코브라 프로그래밍 언어 지식

합격자는 다음과 같은 일을 하게 될 것입니다.
- 조종사들이 비행 연습을 위해 사용하는 프로그램 업데이트 — 이 가상 현실 컴퓨터들은 프로그래밍을 정기적으로 업데이트해야 합니다.
- 조종사 수행 능력 측정을 위한 평가 도구 개발 — 도구들은 조종 능력 측정하는 객관식 시험이나 게임을 포함합니다.
- 걸프 스트림 항공사 기술자들에게 우리 프로그램 사용 방법을 교육 — 우리는 정보 세미나를 통해 모든 고객에게 지속적인 지원을 제공합니다.

해당 직에는 다음을 제공합니다.
- 경쟁력 있는 급여
- 승진 기회
- 회사도 퇴직 연금 지원

applications@usaingenuity.com으로 비자이 랭키에게 지원하시기 바랍니다. 이력서와 자기소개서를 첨부하세요. 지원서가 쇄도할 것으로 예상되어 면접 대상으로 선정된 지원자에게만 연락을 드릴 수 있습니다. 이해해 주셔서 감사합니다.

발신: ptdaley@txtech.edu
수신: applications@usaingenuity.com
날짜: 11월 11일
제목: 소프트웨어 개발자 직

랭키 씨께,

걸프 스트림 항공사 계정의 소프트웨어 개발자 직에 지원합니다. 제 경력에 따라 제가 귀사에 적임자라고 생각합니다.

현재 트라이앵귤러 사에서 수석 D ++ 개발자로 일하고 있습니다. 이 직위에서 4년간 일해 왔습니다. 이전 직위는 YBN의 소프트웨어 엔지니어였는데, 그곳에서 GHQ 3급 숙련도 자격증을 취득했습니다. 그전에는 프리랜서로 디트로이트 지역에서 코브라 프로그래밍을 했습니다. 모두 합해서 업계 표준 프로그래밍 언어에 11년 경력이 있습니다. 첨부한 이력서에서 여러 해 동안 제가 해 온 일의 자세한 설명을 보시기 바랍니다. 컴퓨터 공학 정규 교육을 받지 않았지만, 광범위한 경력은 귀사의 요구 조건을 충족할 거라 생각합니다. 또한, 제 현 상관이 기꺼이 제 능력을 입증해 드릴 것입니다. 그의 연락처는 아래에 덧붙였습니다.

이 직에 선택된다면 아메리칸 인저뉴어티에 큰 기여를 할 것이라고 확신합니다. 고려해 주셔서 감사합니다.

패트릭 데일리

발신: applications@usaingenuity.com
수신: ptdaley@txtech.edu
날짜: 11월 14일
제목: 소프트웨어 개발자 직

데일리 씨께,

귀하의 이력서를 검토하고 추천인인 정 씨와 상담하고 나서 아메리칸 인저뉴어티 소프트웨어 개발자 직을 위한 면접 일정을 잡고자 합니다. 다음 주에 귀하께서 만나기에 편하신 시간을 답장해 주시기 바랍니다. 시애틀 지역에 게시지 않는다면 전화 면접을 준비할 수 있습니다.

비자이 랭키

어휘
- ingenuity 기발한 재주, 재간, 독창성 Gulf Stream 멕시코 만류(湾流) bachelor's degree 학사 학위 practice 연습하다 virtual reality (컴퓨터를 이용해서 만들어진) 가상현실 assessment 평가 (cf. assess 평가하다) ongoing 계속 진행 중인 advancement 승진 retirement savings 퇴직 연금 résumé 이력서 CV 이력서(= curriculum vitae) a letter of introduction 자기소개서
- perfect fit 꼭 맞는 사람, 적임자 triangular 삼각형의, 3자 간의 proficiency 숙달, 능숙 all told 모두 합해서[통틀어] attached 첨부된 (cf. attach 첨부하다) attest 증명[입증]하다, (법정 등에서) 증언[인증]하다 contact information 연락처 contribution 기부, 기여, 공헌, 기부금, 성금 consideration 고려, 숙고, 배려
- review 검토하다 reference (취업 등을 위한) 추천인[신원 보증인] arrange 마련하다, 준비하다 convenient 편리한 over the phone 전화로

1. 광고된 일자리의 직무로 언급되지 않은 것은?
(A) 교육 자료 교정
(B) 소프트웨어 사용 방법 교육
(C) 모의 비행 장치 유지 관리
(D) 시험 비행 테스트 만들기

해설 정보문에서 (B)는 Instruct Gulf Stream Airline technicians how to use our programs에, (C)는 Update the programs that pilots use to practice flying에, (D)는 Develop assessment tools to measure pilot performance에 해당한다. (A)에 대해서는 언급되지 않았다.

2. 데일리 씨에게 없는 그 일자리의 희망 자격 요건은?
(A) 경력
(B) 대학 졸업장
(C) 프로그래밍 지식
(D) 전문 자격증

해설 첫째 이메일 둘째 단락의 All told, I have eleven years of experience working with industry-standard programming languages.는 (A)를, I am currently working as the head D ++ software developer at Triangular, Inc.와 Before that I did freelance Cobra programming in the Detroit area.는 (C)를, My previous position was as a software engineer at YBN, where I earned a GHQ Level 3 Proficiency Certification.는 (D)를 나타낸다. Although I do not have a formal education in computer science, I believe that my extensive work history is more than sufficient to meet your needs.에서 컴퓨터 공학 정규 교육을 받지 않았다고 했으므로 (B)가 정답이다.

3. 첫 번째 이메일 둘째 단락 5행의 'account'와 의미상 가장 가까운 것은?
(A) 판
(B) 회원 자격
(C) 이력
(D) 숫자

해설 이 문장에서 account는 해 온 일에 대한 '설명'을 의미한다. 따라서 '(개인·가정·장소의) 이력'이라는 뜻의 (C) history가 의미가 가장 가깝다.

4. 정 씨에 관해 사실일 것 같은 것은?
(A) GHQ 자격증을 땄다.
(B) 컴퓨터를 프로그래밍한다.
(C) 데일리 씨를 관리한다.
(D) 컴퓨터 공학을 공부했다.

해설 첫째 이메일 둘째 단락의 My current supervisor will be happy to attest to my abilities as well. His contact information is attached below.에서 현 상관이 자신의 능력을 입증해 줄 것이라고 했고, 둘째 이메일의 After reviewing your CV and speaking with your reference Mr. Jung에서 추천인인 정 씨에게 연락했다고 했으므로 (C)가 정답이다.

5. 랭키 씨는 자기가 어디에서 일하고 있다고 암시하는가?
(A) 오스틴
(B) 디트로이트
(C) 마이애미
(D) 시애틀

해설 둘째 이메일 마지막 문장인 If you are not in the Seattle area, we can arrange an interview over the phone.에서 시애틀 지역에 없으면 전화 면접을 준비할 수 있다고 했으므로 랭키 씨는 시애틀에서 근무한다는 것을 알 수 있으므로 (D)가 정답이다.

Questions 6-10 본책_p.358

주문서

업체명: 루 영화 제작사
연락 담당자: 졸레네 루
전화번호: 555-0950
주문 날짜: 4월 11일

배송 장소: 크리스털 호수
배송 날짜와 시간: 5월 24일 오전 5:00

주문 내역	수량
크랜베리 머핀	150
햄 샌드위치	150
플레인 토스트	150
블루베리 베이글	150
요거트	300
사과	300

특별 지시 사항: 도착 즉시 루 씨에게 전화하세요. 그녀가 트럭들을 주차할 곳과 음식을 차릴 곳에 대해 지시해 줄 것입니다.

〈브라이언 해머의 모험〉
영화 촬영 일정

날짜	장소	시간	장면
5월 4일	그림월드 빌딩	오전 6시 ~ 오후 10시	브라이언이 일자리에 지원한다.
5월 10-11일	스타게이저스 카페	오전 5시 ~ 오후 9시	브라이언이 친구와 점심을 먹는다.
5월 16-18일	젠릴리 가든스	오후 5시 ~ 오전 3시	브라이언이 악단의 연주를 듣는다.
5월 24일	크리스털 호수	오전 1시 ~ 오후 1시	브라이언이 낚시하러 간다.

젠릴리 트리뷴

6월 10일—지난달에 영화 〈브라이언 해머의 모험〉이 젠릴리 시내와 주변에서 촬영되었다. 그 영화는 브라이언이라는 등장인물과 조경 건축가로서의 그의 삶을 중심으로 전개된다. 그 영화의 감독에 의하면 젠릴리가 선택된 것은 아름다운 건축물과 장엄한 경치 때문이라고 한다.

영화 제작은 주민들에게 흥분을 가져다주었으며 지역 경기 역시 활성화시켰다. 젠릴리 렌터카는 모든 장비를 촬영 장소들로 수송할 승합차와 자동차를 제공해 달라는 요청을 받았다. "우리에게 있는 모든 차량이 한 달간 임차되었습니다. 우리 업체에 아주 잘된 일이었습니다." 총지배인인 스펜서 콜드웰의 말이다.

지역 음식 공급업자들이 고용되어 출연진과 촬영 팀에게 그들이 촬영하는 동안 식사를 제공했다. 로사도 케이터러스의 업주인 안드레아스 로사도는 "우리 음식 공급 직원들이 크리스털 호수에서 400명이 넘는 촬영 팀원들에게 아침 식사를 제공했습니다. 그것은 우리의 최대 주문들 중의 하나였습니다."라고 말했다.

일부 운 좋은 주민들은 영화에 엑스트라로 캐스팅되기도 했다. "저는 돈을 받고 영화에 출연했어요! 3일 동안 촬영장에서 바이올린을 들고 관현악단 단원처럼 행동했어요." 지역 주민인 코하루 나카노의 말이다.

〈브라이언 해머의 모험〉은 내년에 영화관들에서 상영될 예정이다.

어휘 • order form 주문서 film 영화; 영화로 촬영하다
production 제작, 제작사 contact person 연락할 수 있는 사람
delivery 배송 location 장소, 위치 quantity 수량
muffin 머핀(오븐에 구워 낸 작고 둥근 빵) plain 양념하지 않은, 담백한
bagel 베이글(도넛 모양의 딱딱한 빵) upon arrival 도착 즉시
• adventure 모험 filming 촬영 location 장소, 위치
scene 장면 apply for a job 일자리에 지원하다
orchestra 오케스트라, 관현악단 go fishing 낚시하러 가다
• center around ~을 중심으로 하다 character 등장인물
landscape 조경 architecture 건축물 majestic 장엄한, 웅장한 boost 끌어올리다, 신장시키다 call upon ~에게 요청하다
general manager 총지배인, 사장 caterer (행사용) 음식 공급업자
crew (함께 일하는) 팀, 반 get paid 급여를 받다
on set (영화) 촬영장에서 be shown 상영되다

6. 양식 넷째 단락 2행의 단어 'set'과 의미상 가장 가까운 것은?
(A) 발견하다
(B) 놓다
(C) 굳히다
(D) 섞다

해설 동의어 문제이다. set the food에서 set은 '놓다, 차리다'라는 의미로 쓰였으므로 (B) place가 정답이다.

7. 5월 11일에 일어났을 일은?
(A) 〈브라이언 해머의 모험〉이 영화관들에서 상영되었다.
(B) 루 영화 제작사에 한 가지 주문을 했다.
(C) 촬영 일정이 젠릴리 시내 곳곳에 게시되었다.
(D) 함께 식사하는 두 친구에 관한 장면이 촬영되었다.

해설 세부 사항을 묻고 있다. 촬영 일정표의 날짜 May 10-11의 장면 Bryan eats lunch with a friend.에서 브라이언이 친구와 점심을 먹는다고 했다. 따라서 Bryan eats lunch with a friend.를 two friends sharing a meal로 바꾸어 표현한 (D)가 정답이다.

8. 콜드웰 씨가 제공한 서비스 종류는?
(A) 교통수단
(B) 음식
(C) 숙박
(D) 음악

해설 세부 사항을 묻고 있다. 기사 둘째 단락의 Jenlily Car Rentals was called upon to supply vans and cars to transport all the equipment to the filming locations.에서 젠릴리 렌터카가 모든 장비를 촬영 장소들로 수송할 승합차와 자동차를 제공해 달라는 요청을 받았다고 했으며 그 업체의 General Manager가 Spencer Caldwell이라고 했다. 따라서 vans and cars를 Transportation으로 바꾸어 표현한 (A)가 정답이다.

109

9. 로사도 씨에 관해 사실인 것은?
(A) 촬영 팀원들을 차로 크리스털 호수에 데려다주었다.
(B) 오전 5시에 행사에 음식을 공급했다.
(C) 그림월드 빌딩에서 일자리에 지원했다.
(D) 스타게이저스 카페에서 아침 식사를 제공했다.

해설 기사와 양식을 연계해 풀어야 하는 문제이다. 기사 셋째 단락의 Owner of Rosado Caterers Andreas Rosado said, "Our caterers served breakfast to more than 400 crew members at Crystal Lake.에서 로사로 케이터러스의 업주인 안드레아스 로사도가 업체 음식 공급 직원들이 크리스털 호수에서 400명이 넘는 촬영 팀원들에게 아침 식사를 제공했다고 했다. 양식의 Delivery Location: Crystal Lake와 Delivery Date and Time: May 24 at 5:00 A.M.에서 그의 업체가 오전 5시에 크리스털 호수로 음식을 배달했음을 알 수 있으므로 (B)가 정답이다.

10. 나카노 씨가 나온 장면에 사용되었을 촬영 장소는?
(A) 그림월드 빌딩
(B) 스타게이저스 카페
(C) 젠릴리 가든스
(D) 크리스털 호수

해설 기사와 일정표를 연계해 풀어야 하는 문제이다. 기사 넷째 단락의 "I got paid to be in a movie!" says local Koharu Nakano. "I was on set for three days holding a violin and acting like a member of an orchestra."에서 코하루 나카노가 3일 동안 촬영장에서 바이올린을 들고 관현악단 단원처럼 행동했다고 했다. 일정표를 보면 장면 Bryan listens to an orchestra.가 촬영되는 장소는 Jenlily Gardens이므로 (C)가 정답이다.

Questions 11-15 본책_ p.360

가을 교육과정			
과정	요일	시간	강좌 설명
커뮤니케이션	월요일, 수요일	오전 9:30–11:00	고객을 설득하기 원하는가? 고객을 납득시켜야 하는가? 이 수업은 학생들에게 여러 목적으로 자기 생각을 명확히 표현하는 법을 가르쳐 줄 것이다. 선수 과목: 리더십
재무	월요일, 수요일	오후 12:00-1:30	학생들은 재무의 주요 원리를 분석하고 재무 기획에 관해 배울 것이다. 이 수업은 투자, 예산 작성, 시장도 다룰 것이다. 선수 과목: 회계학 원론
리더십	화요일, 목요일	오후 2:30–4:00	이 과정은 한 사람이 어떻게 유능한 관리자가 될 수 있는가에 초점을 맞출 것이다. 학생들은 지도자의 속성, 기술, 역학을 분석할 것이다. 선수 과목: 경영학
마케팅	수요일	오후 2:00–5:00	마케팅은 모든 사업에 필수적이다. 이 과정은 마케팅의 중요성과 그것이 소비자 지출에서 하는 역할을 검토할 것이다. 선수 과목: 재정학 개론

https://www.mirandabusinessschool.edu/faculty

입학 안내	교과 과정	교수진	동문회

멜로디 달은 경영학 석사 과정 2학년 학생들을 가르치는 부교수이다. 그녀는 린허스트 대학교에서 경영학 박사 학위를 받았다. 달 박사는 몇 권의 책을 출판했으며 그녀의 연구는 《린허스트 타임스》와 《그레이트 이코노미 잡지》에 게재되었다.

호평을 받는 그녀의 책 《Z 회사 세우기》는 대기업 최고 경영자들의 공통적인 자질을 분석한다. 이 책은 현재 레너드 교수가 가르치는 가을 학기 리더십 수업에서 사용되고 있다. 달 교수는 이번 학기에 한 과목을 가르치고 있으며 그녀의 교수실은 베이커 홀에 위치해 있다.

공고

날짜: 10월 18일 수요일
시간: 오후 12시~1시 30분
교실: 호프 홀 201호
강사: 멜로디 달

병으로 인해 수업이 취소되었습니다. 오늘의 학습 자료는 학생들의 학교 이메일 계정으로 발송되었습니다. 질문이 있으시면 월요일 수업 중에 묻거나 화요일 주간 근무 시간 동안에 달 교수를 방문해 주십시오.

어휘
- convince 납득시키다 prerequisite 선행 조건, 선수 과목 analyze 분석하다 principle 원리 budgeting 예산 작성 effective 효과적인, 유능한 attribute 속성, 특질 dynamics 역학 play a role 역할을 하다 spending 지출 intro 개론, 입문(= introduction)
- admission 입학, 입학금 faculty 교수진 alumni 졸업생들, 동문들 associate professor 부교수 MBA 경영학 석사 (= Master of Business Administration) PhD 박사 (학위) (= Doctor of Philosophy) business administration 경영학 appear (인쇄물에) 실리다, 게재되다 acclaimed 호평을 받는 analyze 분석하다 major corporation 대기업 semester 학기
- instructor 강사 cancel 취소하다 due to ~으로 인해 illness 병, 아픔 material 자료 weekly 매주의, 주간의 office hours 근무 시간

11. 모든 가을 강좌에 해당하는 것은?
(A) 오후에 시작한다.
(B) 2시간짜리이다.
(C) 달 씨가 가르친다.
(D) 등록 요건이 있다.

해설 세부 사항을 묻고 있다. Fall Courses 일정표를 보면 모든 과정에 Prerequisite 항목이 표시되어 있다. 따라서 Prerequisite을 enrollment requirements로 바꾸어 표현한 (D)가 정답이다.

12. 일정표 첫 단락 3행의 단어 'express'와 의미상 가장 가까운 것은?
(A) 서두르다
(B) 우편으로 보내다
(C) 말하다
(D) 분산시키다

해설 동의어 문제이다. how to clearly express their ideas에서 express는 '표현하다'라는 의미로 쓰였으므로 '말하다'라는 의미의 (C)가 정답이다.

13. 웹페이지의 목적은?
(A) 학술 서적들을 상세히 열거하려고
(B) 유명한 동문들을 알리려고
(C) 이용 가능한 프로그램들을 열거하려고
(D) 한 교수를 설명하려고

해설 지문의 목적을 묻고 있다. 웹페이지의 Faculty 항목이 굵게 표시되어 교수진 소개 페이지임을 알 수 있으며 첫 문장부터 Melody Dahl 교수에 대한 정보를 제공하고 있다. 따라서 (D)가 정답이다.

14. 달 씨가 이번 가을에 가르치는 수업은?
(A) 커뮤니케이션
(B) 재무
(C) 리더십
(D) 마케팅

해설 일정표와 공고문을 연계해 풀어야 하는 문제이다. 공고문에 달 교수의 수업 요일과 시간이 Date: Wednesday와 Time: 12:00-1:30 P.M.으로 나와 있다. 일정표를 보면 Wednesday의 12:00-1:30 P.M.에 있는 과정은 Finance이므로 (B)가 정답이다.

15. 화요일마다 달 씨가 하게 될 일은?
(A) 베이커 홀에서 학생들을 만난다.
(B) 자기 학급에 매주 이메일로 짧은 편지를 보낸다.
(C) 린허스트 타임스에 칼럼을 쓴다.
(D) 소비자 지출에 관해 강의한다.

해설 공고문과 웹페이지를 연계해 풀어야 하는 문제이다. 공고문 마지막 문장 If you have any questions, ~ visit Professor Dahl during her weekly office hours on Tuesday.에서 질문이 있는 학생은 화요일 주간 집무 시간에 달 교수를 방문하라고 했다. 웹페이지를 보면 맨 끝의 her office is located in Baker Hall에서 그녀의 교수실이 베이커 홀에 있다고 했으므로 (A)가 정답이다.

Final Test

Part 1 본책_ p.365~367

1. (C) 2. (D) 3. (D) 4. (C) 5. (A) 6. (B)

1. MA

(A) She is working out at a gym.
(B) She is trying on some shoes.
(C) She is reaching for some shoes.
(D) She is pushing a cart.

(A) 여자가 체육관에서 운동하고 있다.
(B) 여자가 신발을 신어 보고 있다.
(C) 여자가 신발을 집으려고 한다.
(D) 여자가 카트를 밀고 있다.

해설 (A) 여자가 운동하는(working out) 모습이 아니므로 오답이다. 여자가 신발을 보고 있으므로 She is looking at some shoes (그녀는 신발을 보고 있다)라고 하면 정답이 될 수 있다.
(B) 여자가 신발을 신어 보는(trying on some shoes) 모습이 아니므로 오답이다.
(C) 여자가 신발을 향해 손을 뻗치는(reaching for some shoes) 모습이므로 정답이다. 아울러 여자가 명찰을 매고 있으므로 She is wearing a name tag around her neck(그녀는 목에 명찰을 매고 있다)라고 할 수 있다.
(D) 사진에 카트가 보이지 않으므로 오답이다.

어휘 work out(= exercise) 운동하다 gym 체육관
try on (옷이나 신발을) 신어 보다, 입어 보다
reach for ~로 손을 뻗다, 집으려 하다   push 밀다

2. MB

(A) The elevator is not working.
(B) Luggage is being loaded.
(C) Passengers are getting off a plane.
(D) People are standing in line at the boarding gate.

111

(A) 엘리베이터가 작동되지 않는다.
(B) 수화물을 싣고 있다.
(C) 승객들이 비행기에서 내리고 있다.
(D) 사람들이 탑승구에 줄을 서 있다.

해설 (A) 사진에 엘리베이터(elevator)가 보이지 않으므로 오답이다.
(B) 〈be+being+과거분사〉는 사람이 사물에 해당 동작을 가할 때 쓰는 표현이다. 따라서 보기 (B)가 정답이 되려면 누군가가 수화물을 싣고 있어야 한다. 하지만 사진에 수화물을 싣는 사람이 없으므로 오답이다.
(C) 사진에 비행기(plane)가 보이지 않으므로 오답이다.
(D) 사람들이 탑승구에(at the boarding gate) 줄을 서 있는 (standing in line) 모습이므로 정답이다.

어휘 work 작동하다   luggage 수화물   load 싣다   get off 내리다
stand in line 줄을 서다   boarding gate 탑승구

3. WA

(A) The lids on the containers are closed.
(B) The garbage bins are being emptied.
(C) Containers are stacked on the ground.
(D) Containers have been placed in front of a fence.

(A) 컨테이너의 뚜껑들이 닫혀 있다.
(B) 쓰레기통을 비우고 있다.
(C) 컨테이너들이 바닥에 층층이 쌓여 있다.
(D) 컨테이너들이 울타리 앞에 놓여 있다.

해설 (A) 컨테이너 하나가 뚜껑이 열려 있으므로 The lid on a container is open(한 컨테이너의 뚜껑이 열려 있다)이라고 하면 정답이 될 수 있다.
(B) 〈be+being+과거분사〉는 사람이 사물에 해당 동작을 가할 때 쓰는 표현이다. 사진에는 쓰레기통을 비우는 사람이 없으므로 오답이다.
(C) 컨테이너들이 바닥에 쌓여 있는(stacked on the ground) 모습이 아니므로 오답이다. 컨테이너들이 나란히 놓여 있으므로 Containers are placed side by side(컨테이너들이 나란히 놓여 있다)라고 하면 정답이 될 수 있다.
(D) 컨테이너들이 울타리 앞에(in front of a fence) 놓여 있으므로 정답이다.

어휘 lid 뚜껑   container 통, 컨테이너   closed 닫힌
garbage bin 쓰레기통   empty 비우다   stack 쌓다
place 두다, 놓다   fence 울타리

4. MB

(A) They are hanging some signs.
(B) They are shaking hands.
(C) They are browsing in a store.
(D) They are packing their jackets.

(A) 그들은 표지판을 걸고 있다.
(B) 그들은 악수하고 있다.
(C) 그들은 상점에서 물건을 보고 있다.
(D) 그들은 재킷을 챙겨 넣고 있다.

해설 (A) 여자들이 표지판을 걸고 있는(hanging some signs) 모습이 아니므로 오답이다. 표지판이 천장에 매달려 있으므로 Some signs are hanging from the ceiling(표지판 몇 개가 천장에 매달려 있다)이라고 하면 정답이 될 수 있다.
(B) 여자들이 악수하는(shaking hands) 모습이 아니므로 오답이다.
(C) 여자들이 상점에서 물건을 살펴보는(browsing in a store) 모습이므로 정답이다.
(D) 여자들이 재킷(jackets)을 챙기는 모습이 아니므로 오답이다.

어휘 hang 걸다, 매달다   sign 표지판   shake hands 악수하다
browse (상점에서 물건을) 둘러보다   pack (짐을) 싸다, 챙겨 넣다

5. WB

(A) Some people are playing musical instruments.
(B) The people are entering a building.
(C) Pedestrians are crossing at a crosswalk.
(D) The crowd is applauding the performance.

(A) 몇 사람이 악기를 연주하고 있다.
(B) 사람들이 건물에 들어가고 있다.
(C) 보행자들이 횡단보도를 건너고 있다.
(D) 군중들이 공연에 박수를 쳐주고 있다.

해설 (A) 몇 사람이 악기를 연주하는(playing musical instruments) 모습이므로 정답이다. 또한 악단이 거리를 행진하고 있으므로 The band is marching down the street(악단이 거리를 행진하고 있다)라고 할 수 있다.

(B) 사진 뒤쪽에 건물들이 보이지만 사람들이 건물로 들어가는 (entering a building) 모습이 아니므로 오답이다.
(C) 보행자들(pedestrians)이 횡단보도를 건너는(crossing at a crosswalk) 모습이 아니므로 오답이다.
(D) 사진에 박수치는(applauding) 군중들이 보이지 않으므로 오답이다.

어휘 musical instrument 악기 enter 들어가다 pedestrian 보행자 cross at a crosswalk 횡단보도를 건너다 crowd 군중, 인파 applaud 박수치다 performance 공연

6. WA

(A) One man is making a sandwich.
(B) One man is paying the cashier at the counter.
(C) One man is serving the customers.
(D) Both men are standing across from each other.

(A) 한 남자가 샌드위치를 만들고 있다.
(B) 한 남자가 계산대에서 계산원에게 값을 지불하고 있다.
(C) 한 남자가 손님들을 응대하고 있다.
(D) 두 남자가 서로 마주보고 서 있다.

해설 (A) 남자가 샌드위치를 만드는(making a sandwich) 모습이 아니므로 오답이다.
(B) 남자가 카운터에서(at the counter) 계산원에게 값을 지불하는 (paying the cashier) 모습이므로 정답이다.
(C) 남자가 손님들을 응대하는(serving the customers) 모습이 아니므로 오답이다.
(D) 남자들이 서로 마주보고 서 있는(standing across from each other) 모습이 아니므로 오답이다.

어휘 pay 값을 지불하다 cashier 계산원 counter 계산대 serve 손님을 응대하다, 모시다 customer 고객, 손님 both 둘 다 stand across from each other 서로 마주보고 서다

Part 2 본책_p.368

7. (A)	8. (C)	9. (A)	10. (B)	11. (C)
12. (A)	13. (B)	14. (C)	15. (A)	16. (B)
17. (C)	18. (B)	19. (B)	20. (A)	21. (A)
22. (A)	23. (C)	24. (A)	25. (B)	26. (C)
27. (B)	28. (B)	29. (B)	30. (C)	31. (C)

7. WA-MA

How do you like your new job?
(A) Actually, it's better than I expected.
(B) For about one month.
(C) Thanks, but I don't want to apply for the position.

당신의 새 직장 어떻습니까?
(A) 사실 기대했던 것보다 좋아요.
(B) 약 한 달 동안이요.
(C) 고맙습니다만 그 일자리에 지원하고 싶지 않아요.

해설 (A) How do you like ~?는 감정이나 의견을 묻는 질문으로 기대보다 좋다(better than I expected)고 대답하고 있으므로 정답이다.
(B) How long(얼마나 오래) 의문문에 대한 답변이므로 오답이다.
(C) job에서 연상되는 position을 썼지만 의미상 질문과 관련이 없으므로 오답이다.

어휘 How do you like ~? ~은 어떻습니까? actually 사실, 실은 expect 기대하다, 예상하다 for+기간 (기간) 동안

8. MB-WA

What time do you want to start the training session?
(A) The express train left already.
(B) Well, he's not a beginner.
(C) Let's have it right after lunch.

교육 과정을 몇 시에 시작하고 싶으세요?
(A) 고속 기차는 벌써 떠났어요.
(B) 음, 그는 초급자가 아닙니다.
(C) 점심 식사 후에 바로 합시다.

해설 (A) training과 유사 발음인 train을 썼지만 의미상 질문과 무관하므로 오답이다.
(B) start the training session에서 연상되는 beginner를 썼지만 when 의문문에 맞는 시점을 제시하지 않았으므로 오답이다.
(C) 시간을 묻는 when 의문문에 맞게 after lunch라는 시점을 제시하고 있으므로 정답이다.

어휘 training session 교육 과정 express train 고속 기차 leave 떠나다, 출발하다 beginner 초급자 right after[before] ~ 직후[직전]에

9. WB-MA

Why is everyone working overtime today?
(A) To meet a report deadline.
(B) From nine to six.
(C) Every day except Monday.

오늘은 왜 모든 사람들이 연장 근무를 하고 있죠?
(A) 보고서 마감일을 맞추기 위해서요.
(B) 9시부터 6시까지요.
(C) 월요일을 제외하고 매일입니다.

해설 (A) 이유를 묻는 why 의문문에 목적을 나타내는 to부정사로 대답하고 있으므로 정답이다.
(B) 연장 근무(working overtime)의 이유에 대한 대답이 아니라 How many hours do you work a day?(하루에 몇 시간이나 근무하세요?)에 대한 답변이므로 오답이다.
(C) 연장 근무의 이유에 대한 대답이 아니므로 오답이다.

어휘 work overtime[extended hours, extra hours] 연장 근무를 하다   meet[miss, extend] a deadline 마감일을 맞추다·놓치다·연장하다]   except ~을 제외하고

10. MB-WB
When will our new stock arrive?
(A) Shares were down 1.2 percent.
(B) I heard it's coming today.
(C) Sorry, it's out of stock.

새 물건이 언제 도착하죠?
(A) 주식이 1.2% 하락했어요.
(B) 오늘 온다고 들었어요.
(C) 미안하지만 재고가 떨어졌어요.

해설 (A) 질문에 쓰인 stock을 '매입 물건'이 아니라 '주식'으로 잘못 이해했을 때 연상 작용으로 shares(주식)를 쓴 것이므로 오답이다.
(B) 시간을 물어보는 when 의문문에 맞게 today라는 시점을 제시하고 있으므로 정답이다.
(C) stock을 반복한 함정 보기로 질문과 무관하므로 오답이다.

어휘 stock 재고, 매입 물건   arrive 도착하다   share 주식   out of stock 재고가 없는

11. WB-MB
Where is the convention center located?
(A) Yes, I used to live there.
(B) That's a suitable location.
(C) It's close to our headquarters.

컨벤션 센터가 어디에 있죠?
(A) 예, 저는 전에 거기 살았어요.
(B) 그곳은 꼭 알맞은 위치예요.
(C) 우리 본사와 가까워요.

해설 (A) 의문사 의문문에 yes나 no로 대답할 수 없으므로 오답이다.
(B) located와 발음이 비슷한 location을 썼지만 의미상 질문과 무관하므로 오답이다.
(C) 장소를 묻는 where 의문문에 '본사와 가깝다(close to our headquarters)'라고 위치를 말하고 있으므로 정답이다.

어휘 be located 위치하다   location 위치, 장소   close 가까운   headquarters 본사

12. MA-WB
How late do you usually stay at work?
(A) I try to leave around 6 every day.
(B) I'm sorry I came in late.
(C) No, there weren't any delays.

직장에 보통 얼마나 늦게까지 계세요?
(A) 매일 6시쯤 퇴근하려고 해요.
(B) 죄송하지만 늦게 왔습니다.
(C) 아니요, 전혀 지연되지 않았어요.

해설 (A) 직장에서 언제까지 근무하는지에 대한 질문에 6시라는 구체적인 퇴근 시간을 언급하고 있으므로 정답이다.
(B) 언제까지 근무하는지에 대한 답변이 아니라 정시 도착 여부에 대한 답변이므로 오답이다.
(C) 의문사 의문문에 yes나 no로 대답할 수 없으므로 오답이다.

어휘 How late+동사+주어+~? 얼마나 늦게까지 ~합니까?   stay at work 직장에 머무르다   leave 나가다, 퇴근하다   delay 지연

13. WA-MB
Does Mark need anything else for his business trip?
(A) Early next week.
(B) Just the company laptop.
(C) In Mr. Taylor's office.

마크가 출장을 위해 필요한 게 더 있습니까?
(A) 다음 주 초예요.
(B) 회사 노트북만 있으면 돼요.
(C) 테일러 씨의 사무실에서요.

해설 (A) When will Mark go on his business trip?(마크가 언제 출장을 갑니까?)에 대한 답변이므로 오답이다.
(B) 마크가 필요한 것으로 구체적인 물건인 회사 노트북(company laptop)을 언급하고 있으므로 정답이다.
(C) where 의문문에 대한 답변이므로 오답이다.

어휘 anything else 그 밖에 다른 것   business trip 출장   laptop [computer] 휴대용 컴퓨터, 노트북

14. MA-WA
Who should I talk to about a refund?
(A) He gave me a receipt.
(B) No, I won't tell anyone about it.
(C) Brian is in charge of that.

환불에 대해서 누구와 이야기해야 하나요?
(A) 그가 나한테 영수증을 줬어요.
(B) 아니요, 아무에게도 말하지 않을 겁니다.
[C] 브라이언이 담당합니다.

해설 (A) refund에서 연상되는 receipt를 언급했지만 사람을 묻는 who 의문문에 대한 답변이 아니므로 오답이다.
(B) 의문사 의문문에 yes나 no로 대답할 수 없으므로 오답이다.
(C) who 의문문에 대한 답변으로 사람 이름 Brian을 언급했으므로 정답이다.

어휘 refund 환불   receipt 영수증, 수령   be in charge of ~을 담당하다

15. WA-MA
What is our budget for this project?
(A) It hasn't been finalized yet.
(B) Sometime next year.
(C) In the supply closet.

이 프로젝트에 대한 우리 예산은 얼마입니까?
(A) 아직 최종 결정되지 않았습니다.
(B) 내년쯤에요.
(C) 물품 보관실 안에요.

해설 (A) 정확한 답변을 할 수 없을 경우 불확실성 표현을 쓸 수 있으므로 정답이다. It hasn't been decided yet(아직 결정되지 않았어요)이나 I have no idea(잘 모르겠습니다) 같은 답변도 가능하다.
(B) 시점을 물어보는 when 의문문에 대한 답변이므로 오답이다.
(C) 장소를 물어보는 where 의문문에 대한 답변이므로 오답이다.

어휘 budget 예산   finalize 완결하다   sometime 언젠가   supply closet 물품 보관실

16. WB-MA
May I ask where the customer service department is?
(A) Their service is excellent.
(B) You need to go up one more floor.
(C) The elevator broke down.

고객서비스부가 어디에 있는지 여쭤봐도 될까요?
(A) 그들의 서비스는 훌륭합니다.
[B] 한 층 더 올라가야 합니다.
(C) 엘리베이터가 고장 났어요.

해설 (A) customer service에서 연상되는 함정 보기로 위치를 묻는 질문과 무관하므로 오답이다.
(B) 의문사 where에 맞게 one more floor라고 위치를 알려주고 있으므로 정답이다. 간접 의문문에서는 문장 중간에 있는 의문사를 잘 듣고 그 의문사에 어울리는 답변을 찾아야 한다.
(C) 위치를 묻는 질문과 무관한 답변이므로 오답이다.

어휘 May I ask ~? ~을 여쭤봐도 될까요?
customer service department 고객서비스부   go up 올라가다
floor (건물의) 층   break down 고장 나다

17. MB-WB
Have you read the annual financial report?
(A) Oh, I didn't write the report.
(B) No, he's never led that team.
(C) I'll look at it this afternoon.

연례 재무보고서를 읽으셨어요?
(A) 오, 제가 그 보고서를 쓰지 않았습니다.
(B) 아니요, 그는 그 팀을 이끈 적이 없어요.
(C) 오늘 오후에 볼 겁니다.

해설 (A) report를 반복한 함정 보기로 읽었는지 여부를 물어보는 질문과 무관하므로 오답이다.
(B) read와 발음이 비슷한 led를 사용한 함정 보기로 질문과 무관하므로 오답이다.
(C) No를 생략한 채 오늘 오후(this afternoon)에 읽겠다고 했으므로 정답이다.

어휘 annual 연례의, 연간의   financial report 재무보고서   lead 이끌다   look at 보다   this afternoon 오늘 오후

18. WB-MB
Where can I charge my cell phone?
(A) Cash only, please.
(B) There's a plug here.
(C) Try his voice mail.

휴대폰 충전은 어디에서 하나요?
(A) 현금만 받아요.
[B] 여기 플러그가 있습니다.
(C) 그에게 음성 메일을 남겨 보세요.

해설 (A) 질문에서 charge(충전하다)를 '청구하다'로 잘못 이해했을 때 가능한 답변이므로 오답이다.
(B) 장소를 물어보는 where 의문문에 here라는 장소 부사를 이용해 대답하고 있으므로 정답이다.
(C) 질문의 주어가 I인데 his를 써서 대답할 수 없으므로 인칭 오류에 따른 오답이다.

어휘 charge 충전하다, 청구하다   plug (전기) 플러그   voice mail 음성 메일

19. WA-MB
You returned from your trip yesterday, didn't you?
(A) I'd like to return this item.
(B) No, I arrived early this morning.
(C) I took a trip to Germany.

여행에서 어제 돌아오셨죠, 그렇죠?
(A) 이 물품을 반납하고 싶습니다.
(B) 아니요, 오늘 아침 일찍 도착했어요.
(C) 저는 독일로 여행 갔어요.

해설 (A) 질문에서 returned는 '돌아왔다'는 뜻이지만 답변에서는 '반납하다'는 뜻으로 의미상 관련이 없으므로 오답이다.
(B) 부정으로 대답한 후 어제 도착한 것이 아니라 오늘 아침에 도착했다는 의미를 전달한 것이므로 정답이다.
(C) trip을 반복했지만 여행 장소에 대한 답변이므로 오답이다.

어휘 return 돌아오다, 반납하다 item 물품, 제품
take a trip to ~로 여행 가다

20. MA-WA
Would you e-mail me the phone number?
(A) Sure, I just sent it over.
(B) OK, I'll call you later.
(C) I haven't received the mail yet.

전화번호를 이메일로 보내 주실래요?
(A) 물론이죠, 방금 보냈어요.
(B) 좋아요, 제가 나중에 전화할게요.
(C) 저는 아직 우편물을 받지 못했어요.

해설 (A) 상대방의 부탁에 긍정으로 답변하고 있으므로 정답이다.
(B) phone number에서 연상되는 call을 썼지만 질문과 무관하므로 오답이다.
(C) mail을 반복한 함정 보기로 내용상 질문과 무관하므로 오답이다.

어휘 e-mail 이메일을 보내다 send over 전송하다, 보내다
later 나중에 receive 받다

21. WA-MA
Our lunch has been delivered.
(A) What did you order?
(B) Usually at twelve thirty.
(C) It should arrive shortly.

점심 배달 왔어요.
(A) 뭘 주문하셨죠?
(B) 보통 12시 30분에요.
(C) 곧 도착할 겁니다.

해설 (A) 점심이 도착했다는 말에 주문한 음식이 무엇인지 물어보고 있으므로 정답이다.
(B) What time do you eat lunch?(몇 시에 점심을 드세요?)에 대한 답변이므로 오답이다.
(C) delivered에서 연상되는 arrive를 사용했지만 부적절한 응답이므로 오답이다.

어휘 deliver 배달하다 order 주문하다 shortly[= soon] 곧

22. MB-WA
Should we contact our customers by phone or mail?
(A) A letter would be more professional.
(B) It's very convenient.
(C) I got your call, thank you.

우리가 고객들에게 전화로 연락해야 할까요, 아니면 우편으로 연락해야 할까요?
(A) 편지가 더 격식에 맞을 거예요.
(B) 그건 매우 편리합니다.
(C) 전화 받았어요, 고마워요.

해설 (A) 선택 사항으로 제시된 전화와 우편물 중에서 편지를 의견으로 제시한 것이므로 정답이다.
(B) It이 phone과 mail 중 어느 쪽을 가리키는지 알 수 없으므로 오답이다.
(C) phone에서 연상되는 call을 사용한 함정 보기로, 제시된 선택 의문과 무관한 답변이므로 오답이다.

어휘 contact 연락하다 by phone 전화로 by mail 우편으로
professional 직업상 적절한 convenient 편리한

23. WB-MA
How can I get to the airport?
(A) I will pick you up at the airport.
(B) My flight departs at 7 this evening.
(C) I'd take the subway.

공항에는 어떻게 가나요?
(A) 제가 공항으로 태우러 갈게요.
(B) 제 비행기는 오늘 저녁 7시에 출발해요.
(C) 저라면 지하철을 탈 겁니다.

해설 (A) airport를 반복한 함정 보기로 공항까지의 이동 방법에 대한 답변이 아니므로 오답이다.
(B) airport에서 연상되는 flight를 언급했지만 질문과 무관하므로 오답이다. What time does your flight leave?(당신의 비행기는 몇 시에 떠나죠?)에 대한 답변이다.
(C) 공항까지의 이동 수단을 묻는 질문에 지하철을 언급하고 있으므로 정답이다.

어휘 get to+장소 ~로 가다 pick up 태우러 가다 depart 출발하다
take (기차, 버스, 택시 등을) 타다 subway 지하철

24. MB-WB
Why don't we eat breakfast before the workshop?
(A) Well, I already ate.
(B) The shop is new.
(C) Scrambled eggs, as usual.

워크숍 전에 아침을 먹는 게 어때요?
(A) 음, 저는 벌써 먹었어요.
(B) 그 상점은 새로 생긴 겁니다.

(C) 늘 먹던 대로 스크램블드에그 주세요.

해설 (A) Why don't we로 시작하는 의문문은 제안 의문문이다. 같이 식사를 하자는 제안에 이미 먹었다는 대답으로 거절 의사를 전달하고 있으므로 정답이다.
(B) shop을 반복했을 뿐 식사를 하자는 제안에 부적절한 답변이므로 오답이다.
(C) breakfast에서 연상되는 scrambled eggs를 이용한 함정 보기로 오답이다.

어휘 scrambled eggs 스크램블드에그(버터, 우유를 넣어 볶은 계란 요리)

25. WB-MB
Shouldn't we prepare handouts for every participant?
(A) Kevin will give them out.
(B) No, some people can share.
(C) It is mandatory to attend the meeting.

모든 참가자를 위해 유인물을 준비해야 하지 않을까요?
(A) 캐빈이 배부할 겁니다.
(B) 아니요, 몇 사람은 같이 보면 돼요.
(C) 의무적으로 회의에 참석해야 합니다.

해설 (A) Who will hand out the materials to the participants? (누가 참석자들에게 자료를 나눠줄까요?)에 대한 답변이므로 오답이다.
(B) 부정으로 대답한 후 그 이유를 제시하고 있으므로 정답이다.
(C) participant에서 연상되는 attend the meeting을 쓴 함정 보기로 질문과 무관한 답변이므로 오답이다.

어휘 prepare 준비하다 handout 유인물 participant 참가자
give out 배부하다 share 공유하다 mandatory 의무적인
attend 참석하다

26. WA-MA
Who can take the class in Web site design?
(A) She works on the east side.
(B) Sure, I'll sign that form for you.
(C) Well, ask your manager.

누가 웹사이트 디자인 수업을 들을 수 있죠?
(A) 그녀는 동쪽에서 근무해요.
(B) 물론이죠, 제가 당신을 위해 그 양식에 서명할게요.
(C) 음, 상사에게 물어보세요.

해설 (A) Web site를 west side로 잘못 들었을 때 연상되는 대답이므로 오답이다.
(B) 의문사 의문문에는 yes나 no뿐만 아니라 yes의 대용어인 sure, of course와 no의 대용어인 never, not at all로도 대답할 수 없다. 따라서 who 의문문에 sure로 대답했으므로 오답이다.

(C) who 의문문에 확답을 피한 채 상사에게 문의하라고 우회적으로 답변하고 있으므로 정답이다.

어휘 take a class 수업을 듣다 on the east side 동쪽에
sign 서명하다 form 양식

27. MB-WA
There was a power outage last night.
(A) It's powered by batteries.
(B) Did you lose any computer files?
(C) No, we stayed in last night.

어젯밤 정전이 있었어요.
(A) 그것은 건전지로 작동됩니다.
(B) 없어진 컴퓨터 파일이 있었나요?
(C) 아니요, 어젯밤 우리는 집에 있었어요.

해설 (A) power를 반복한 함정 보기로 내용상 부적절한 반응이므로 오답이다.
(B) 정전(power outage)이 있었다는 말에 정전으로 없어진 파일이 있었느냐고 되묻고 있으므로 정답이다.
(C) last night을 반복했지만 제시된 문장과 무관한 응답이므로 오답이다.

어휘 power outage[failure] 정전 power 작동시키다 lose 잃다
stay in 집에 머무르다

28. WB-MA
Aren't we planning to open a new data center?
(A) No, they close early on holidays.
(B) It's still under discussion.
(C) Yes, he'll add up the figures for you.

우리는 새로운 데이터 센터를 열 계획 아닌가요?
(A) 아니요, 그들은 휴일에는 일찍 닫아요.
(B) 아직 검토 중이에요.
(C) 예, 그가 당신을 위해서 수치를 합산할 겁니다.

해설 (A) open의 반의어로 close를 썼지만 의미상 질문과 무관하므로 오답이다.
(B) 여전히 검토하고 있다고 불확실하게 답변하고 있으므로 정답이다.
(C) data에서 연상되는 figures(수치)를 썼지만 자료 센터의 개관 여부를 묻는 질문과 무관한 답변이므로 오답이다.

어휘 plan to+동사원형 ~할 계획이다 open 열다
on holidays 휴일에 add up 합산하다 figures 수치

29. MB-WB
Would you rather walk or take a taxi to the art museum?
(A) I like modern art the best.
(B) Let's take the shuttle bus instead.
(C) I've never worked there.

미술관으로 걸어가시겠어요, 아니면 택시를 타시겠어요?
(A) 저는 현대 미술을 가장 좋아합니다.
(B) 그 대신에 셔틀버스를 탑시다.
(C) 저는 거기서 일한 적이 없어요.

해설 (A) art를 반복했지만 미술관으로 어떻게 이동할지에 대한 답변이 아니므로 오답이다.
(B) 선택 의문문에서 언급되지 않은 제3의 대안으로 셔틀버스를 제시하고 있으므로 정답이다.
(C) walk와 발음이 비슷한 worked를 썼지만 질문과 무관한 답변이므로 오답이다

어휘 Would you rather A or B? A 하시겠어요, 아니면 B 하시겠어요?
take (버스, 택시 등을) 타다   art museum 미술관
modern art 현대 미술   instead 대신

30. WB-MB
Where do you get copies made?
(A) Frank makes excellent coffee.
(B) He purchased it somewhere else.
(C) There's a print shop in our building's basement.

어디에 복사를 맡깁니까?
(A) 프랭크는 커피를 아주 잘 탑니다.
(B) 그는 다른 곳에서 그걸 구입했어요.
(C) 우리 건물 지하에 복사가게가 있습니다.

해설 (A) copies와 발음이 비슷한 coffee를 썼을 뿐 복사 장소를 묻는 질문과 무관한 답변이므로 오답이다.
(B) Where do you ~?에 He를 주어로 대답할 수 없으므로 인칭 오류에 의한 오답이다.
(C) where 의문에 구체적인 장소로 대답하고 있으므로 정답이다.

어휘 make coffee 커피를 타다   purchase 구입하다
somewhere else 어딘가 다른 곳에서   print shop 인쇄소
basement 지하

31. WA-MB
Is health insurance available to all employees?
(A) I think she is at the hospital.
(B) You can make claims through e-mail.
(C) Yes, you just need to apply through Human Resources.

전 직원이 건강 보험을 이용할 수 있나요?
(A) 그녀는 병원에 있을 겁니다.
(B) 이메일로 청구할 수 있습니다.
(C) 예, 인사부를 통해 신청만 하면 됩니다.

해설 (A) health에서 연상되는 hospital을 썼지만 질문과 무관한 답변이므로 오답이다.
(B) health insurance에서 연상되는 make claims를 썼지만 질문과 무관하므로 오답이다.
(C) 건강 보험(health insurance)의 이용 가능성에 대해 긍정으로 답변한 뒤 신청 방법을 설명하고 있으므로 정답이다.

어휘 health insurance 건강 보험   available 이용 가능한
hospital 병원   make a claim 청구하다   apply 신청하다

Part 3   본책_ p. 369~372

32. (D)	33. (D)	34. (C)	35. (B)	36. (D)
37. (C)	38. (B)	39. (B)	40. (A)	41. (B)
42. (C)	43. (A)	44. (D)	45. (A)	46. (C)
47. (D)	48. (B)	49. (A)	50. (A)	51. (C)
52. (B)	53. (C)	54. (B)	55. (D)	56. (B)
57. (C)	58. (A)	59. (D)	60. (B)	61. (A)
62. (B)	63. (D)	64. (A)	65. (C)	66. (B)
67. (B)	68. (D)	69. (A)	70. (B)	

32-34

MB: Cathy, I heard you just got a new computer. How is it?
WA: ³²⁾**I bought my first laptop.** It's a little small, but has enough storage capacity to save all my data. I love it.
MB: It takes getting used to the smaller screen, but ³³⁾**it's very convenient**, especially when you travel on business.
WA: Exactly, ³⁴⁾**that's why I purchased it. These days, I've been traveling a lot more to our branch offices.** Since it's light and compact, it's easy to take with me on business trips.

남: 캐시, 컴퓨터를 새로 구입했다고 들었어요. 어때요?
여: 노트북을 처음 샀어요. 조금 작지만 제 자료를 모두 저장하기에 저장 용량이 충분해요. 마음에 들어요.
남: 작은 화면에 적응하려면 시간이 걸리지만 출장 갈 때 아주 편해요.
여: 맞아요, 그래서 제가 이 노트북을 구입했어요. 요즘 지점으로 출장을 많이 다니거든요. 이 노트북은 가볍고 작아서 출장 때 갖고 다니기가 쉬워요.

어휘 get 사다   laptop (computer) 휴대용 컴퓨터, 노트북
enough 충분한   storage capacity 저장 용량   save 저장하다
take (시간 등이) 걸리다   get used to ~에 익숙해지다
convenient 편리한   travel on business 출장 가다

purchase 구입하다, 구매(품)   these days 요즘
branch office 지점   light 가벼운   compact 소형인

32. 여자는 무엇을 구입했는가?
(A) 디지털 카메라
(B) 텔레비전
(C) 서류가방
(D) 노트북

해설 질문의 핵심어는 purchase이고 보기에 물건이 제시되어 있으므로 대화에서 purchase나 유사어가 나오는 부분에서 언급되는 물건을 빠르게 포착해야 한다. 여자가 I bought my first laptop이라고 했는데 여기서 bought가 purchase의 의미이므로 정답은 (D)다.

33. 남자는 뭐라고 말하는가?
(A) 디지털 카메라는 할인 중이다.
(B) 그는 작은 화면을 싫어한다.
(C) 그는 온라인으로 전자제품을 주문한다.
(D) 노트북은 편리하다.

해설 남자가 it's very convenient라고 했는데 it이 앞 문장에서 언급된 laptop을 말하므로 정답은 (D)다.

34. 여자는 왜 구입했는가?
(A) 더 신형 모델을 원했다.
(B) 발표 준비를 해야 했다.
(C) 출장을 위해 필요했다.
(D) 딸에게 선물로 사주고 싶었다.

해설 남자가 '노트북이 출장을 다닐 때 편하다'고 했는데 여기기 that's why I purchased it이라고 응답했고 이어서 These days, I've been traveling a lot more to our branch offices라고 했으므로 정답은 (C)다.

어휘 drop off ~을 맡기다   suit 정장   get 받다   charge 청구하다
extra 추가의, 추가 요금   pick up 찾아가다
make sure 반드시 ~하다   be done 완료되다   by+시점 ~까지

35. 남자는 어디에서 근무하는가?
(A) 복사 가게
(B) 세탁소
(C) 호텔
(D) 여행사

해설 여자가 대화를 시작하면서 I'd like to drop this suit off to be cleaned라고 했는데 정장을 세탁하는 곳은 세탁소이므로 정답은 (B)다.

36. 여자는 내일 무엇을 할 것 같은가?
(A) 고객을 만난다.
(B) 연회에 참석한다.
(C) 직장에 복귀한다.
(D) 면접을 본다.

해설 여자가 I have an interview early tomorrow morning이라고 했으므로 정답은 (D)다.

37. 여자의 주문은 언제 준비되는가?
(A) 4시
(B) 5시
(C) 6시
(D) 7시

해설 보기에 시간이 제시되어 있으므로 각 보기를 빠르게 읽어 둔 다음, 어떤 시간이 대화에서 언급되는지를 포착해야 한다. 남자가 대화 마지막에 I'll make sure it's done by six o'clock이라고 했으므로 정답은 (C)다.

35-37

WB: Hi, 35)**I'd like to drop this suit off to be cleaned.** Is there any way I can get it today?

MB: Let me see… OK, but we'll have to charge you extra because you need it today. It'll be an extra $5.

WB: That's fine. I just need it early because 36)**I have an interview early tomorrow morning.** What time can I pick it up?

MB: 37)**I'll make sure it's done by six o'clock.**

여: 안녕하세요. 이 정장을 세탁 맡기고 싶은데요. 혹시 오늘 찾을 수 있을까요?
남: 어디 보자, 좋아요. 하지만 오늘 필요하시기 때문에 추가 요금이 부과됩니다. 추가 요금은 5달러입니다.
여: 괜찮습니다. 내일 아침 일찍 면접이 있어서 그 옷이 빨리 필요해요. 몇 시에 찾을 수 있을까요?
남: 6시까지 꼭 해 드리겠습니다.

38-40

WB: Phillip, 38)**I can't find the receipts** for all the hardware items we bought last week.

MA: Uh-oh. We need those.

WB: Right. This isn't the first time I've misplaced an important file, either. I think it's time we hire someone to help with maintaining our office.

MA: OK. 39)**Should I call a temporary staffing agency** to find an assistant?

WB: You know, the last time we went through one of those, I was disappointed. 40)**Let's try putting our own job listing on the Internet** and see if we can find anyone that way.

MA: All right. I know a good Web site we can use. I'll do that right away.

여: 필립, 지난주에 우리가 산 모든 하드웨어 물품에 대한 영수증들을 못 찾겠어요.
남: 이런. 우리는 그것들이 필요해요.
여: 맞아요. 내가 중요한 파일을 잘못 놓아두는 게 이번이 처음도 아니죠. 우리가 사무실 관리를 도와줄 누군가를 채용할 때가 된 것 같아요.
남: 좋아요. 내가 임시 직원 채용업체에 전화해 조수를 구해 볼까요?
여: 그러니까, 지난번에 우리가 그런 업체들 중 한 곳에 의뢰했을 때 실망스러웠어요. 인터넷에 우리 회사 구인 광고를 올려 우리가 그런 식으로 사람을 구할 수 있는지 알아보죠.
남: 좋아요. 우리가 이용할 수 있는 좋은 웹사이트를 알고 있어요. 당장 그렇게 할게요.

어휘 receipt 영수증 hardware 하드웨어, 금속 제품 item 품목, 물품 misplace 잘못 놓아두다 it's time ~할 때이다 hire 채용하다 maintain 유지하다 temporary 임시의 staffing 직원 채용 agency 대행사, 기관 assistant 조수, 비서 the last time 지난번에 ~했을 때 go through 거치다, 의뢰하다 be disappointed 실망하다 put 게시하다, 올리다 job listing 구인 목록 see if ~인지 알아보다 right away 즉시, 당장

38. 여자는 어떤 문제를 언급하는가?
(A) 전화기가 고장 났다.
[B] 서류를 분실했다.
(C) 직원이 지각한다.
(D) 대행업체가 문을 닫았다.

해설 여자의 첫 대사 I can't find the receipts에서 영수증들을 못 찾겠다고 했다. 따라서 receipts를 document로 바꾸어 표현한 [B]가 정답이다.

39. 남자는 누구에게 전화하길 제안하는가?
(A) 개인 비서
[B] 채용정보 업체
(C) 웹 디자인 회사
(D) 철물점

해설 세부 사항을 묻고 있다. 남자의 두 번째 대사 Should I call a temporary staffing agency에서 임시 직원 채용업체에 전화할지를 묻고 있다. 따라서 staffing을 employment로 바꾸어 표현한 [B]가 정답이다.

40. 남자는 다음에 무엇을 할 것 같은가?
[A] 온라인상에 정보를 올린다.
(B) 옛날 직원에게 연락한다.
(C) 전동 공구 몇 개를 산다.
(D) 분실물을 찾는다.

해설 다음 행동을 묻는 문제이다. 여자의 마지막 대사 Let's try putting our own job listing on the Internet에서 인터넷에 회사 구인 광고를 올리자고 제안하자 남자의 마지막 대사 I'll do that right away.에서 당장 그렇게 하겠다고 했다. 따라서 putting our own job listing on the Internet을 Post some information online으로 바꾸어 표현한 (A)가 정답이다.

41-43

MA: Hello, ⁴¹⁾**I'm calling to see if you have a book in stock.** The title is *Technical Times*, and it's by Arthur Morton.

WB: Yes, it looks like we just got a new shipment of this book in. It's very popular these days. ⁴²⁾**If you want, I can hold it for you.**

MA: Yes, that would be great. ⁴³⁾**My name is Tom Gavin**, and I'll be by after work to pick it up. Could you tell me how much it costs?

WB: Sure, it's $30 for the hardcover and $15 for the paperback.

남: 안녕하세요, 그곳에 책이 있는지 알아보려고 전화 드립니다. 제목은 〈테크니컬 타임스〉고 아서 모튼이 쓴 겁니다.
여: 예, 그 책 새 물량이 막 들어온 거 같아요. 그 책이 요즘 인기가 많죠. 원하시면 제가 손님을 위해 한 권 맡아 놓을게요.
남: 예, 그거 좋겠네요. 제 이름은 톰 게빈이고 퇴근 후 찾으러 갈게요. 가격이 얼마인지 말씀해 주시겠어요?
여: 물론이죠, 양장본은 30달러, 문고판은 15달러입니다.

어휘 see if+주어+동사 ~인지 알아보다 title 제목 technical 기술적인 look like ~인 것 같다 new shipment 새 물량, 새 물건 popular 인기 있는 these days 요즘 hold 맡아 놓다 after work 퇴근 후 pick up 찾으러 가다 cost 비용이 들다 hardcover 두꺼운 표지, 양장본 paperback 문고판

41. 여자는 어디에서 근무하겠는가?
(A) 박물관
[B] 서점
(C) 옷 가게
(D) 전자제품 가게

해설 화자의 근무지에 대한 언급은 대화의 초반부에 쓰인 단어들로 알 수 있다. 남자가 대화를 시작하면서 I'm calling to see if you have a book in stock이라고 했으므로 정답은 [B]다.

42. 여자는 무엇을 제안하는가?
(A) 제품을 특별 주문하는 것
(B) 남자를 대기자 명단에 올리는 것
[C] 남자가 요청한 것을 맡아 놓는 것
(D) 남자의 주문을 배달해 주는 것

해설 여자가 If you want, I can hold it for you라고 했는데 it이 남자가 문의한 책을 말하므로 정답은 [C]다.

43. 남자는 어떤 정보를 주는가?
[A] 이름
(B) 주소
(C) 전화번호
(D) 신용카드 정보

해설 남자가 My name is Tom Gavin이라고 했으므로 정답은 (A)다.

44-46

MA: Hello, **44)I have a package for Ms. Suzy Lund.** Is that you?

WA: No, Ms. Lund is in a meeting right now. She won't be back here until three o'clock. She is one of my coworkers, so I can accept the package for her.

MA: OK. Thank you. **45)It's a little heavy, so I'll bring it to your desk.** First, **46)I'll need you to sign your name here, please.**

WA: Here you are, thank you.

남: 안녕하세요, 수지 런드 씨 앞으로 소포가 있습니다. 본인이세요?

여: 아니요, 런드 씨는 지금 회의 중이에요. 3시에나 여기 돌아와요. 런드는 제 동료니까 제가 대신 소포를 받아드리죠.

남: 예, 감사합니다. 약간 무거우니까 제가 책상까지 갖다 드릴게요. 먼저 여기에 서명해 주세요.

여: 여기요, 고마워요.

어휘 package 소포　be in a meeting 회의 중이다　not ~ until + 시점 (시점)이 되어서야 ~할 것이다　coworker 동료　accept 받다
Here you are (물건 등을 내밀면서 하는 말) 여기 있습니다

44. 남자는 누구겠는가?
(A) 고객
(B) 영업직원
(C) 수리공
(D) 배달원

해설 화자의 직업이나 소속기관은 대화의 초반부에 쓰는 단어로 알 수 있다. 남자가 대화를 시작하면서 I have a package for Ms. Suzy Lund라고 했는데 누군가에 전달할 소포를 갖고 있는 사람은 배달원이므로 정답은 (D)다.

45. 남자는 여자에게 무엇을 주는가?
(A) 소포
(B) 신용카드
(C) 무료 견본
(D) 표

해설 남자가 It's a little heavy, so I'll bring it to your desk라고 했는데 It은 앞 문장의 package를 말하므로 정답은 (A)다.

46. 남자는 무엇을 요청하는가?
(A) 영수증
(B) 기부금
(C) 서명
(D) 명함

해설 남자가 I'll need you to sign your name here, please라고 했으므로 정답은 (C)다. 요청 사항이나 향후 계획에 대한 내용은 대화의 후반부에 언급되는 경우가 많다는 것을 알아 두자.

47-49

WA: Hi, **47), 48)I was wondering if you have these pants in blue.** I have too many pairs of black pants.

MA: We used to have them in blue, but only black and white are left now. If you really want blue pants, **49)I can call another store** and see if they have them available there.

WA: No, that's OK. I don't have time to go to another store today. I'll just look around to see if I can find something else. Thank you for your help.

MA: You're welcome.

여: 안녕하세요, 이 바지가 파란색으로 있는지 궁금해요. 검은색 바지는 너무 많아서요.

남: 파란색 바지가 있었는데 지금은 검은색과 흰색만 남았어요. 꼭 파란색 바지를 원하시면 제가 다른 상점에 전화해서 재고가 있는지 알아볼게요.

여: 아니요, 괜찮아요. 오늘 다른 상점에 갈 시간이 없어요. 그냥 다른 게 있는지 둘러볼게요. 도와주셔서 감사합니다.

남: 천만에요.

어휘 wonder if ~인지 궁금하다　in blue 파란색으로
see if ~인지 알아보다　available 이용 가능한
look around 둘러보다

47. 화자들은 무엇에 대해 얘기하고 있는가?
(A) 블라우스
(B) 팔찌
(C) 신발
(D) 바지

해설 대화의 주제는 대개 대화의 초반부에 등장한다. 여자가 대화를 시작하면서 I was wondering if you have these pants in blue라고 했으므로 정답은 (D)다.

48. 여자는 어떤 색을 요청하는가?
(A) 빨간색
(B) 파란색
(C) 흰색
(D) 검은색

해설 여자가 I was wondering if you have these pants in blue라고 했으므로 정답은 (B)다. 바로 뒷문장에 I have too many pairs of black pants라는 말을 듣고 Black을 정답으로 고르지 않도록 유의해야 한다.

121

49. 남자는 무엇을 하겠다고 제안하는가?
[A] 다른 상점에 전화하기
[B] 상품 주문하기
[C] 여자에게 다른 스타일 보여주기
[D] 재고가 들어오면 여자에게 전화하기

해설 남자가 I can call another store라고 했으므로 정답은 (A)다.

50-52

WA: Hi, all. Did you hear? Next week we can't use our offices on this floor.

MB: Why not?

WA: 50)**They're changing all of the floors from carpeting to tile.**

MA: Can we work from home then?

WA: I'm afraid not. There are some private cubicles we can temporarily use upstairs, though.

MB: But Terry and I are working together on an important sales presentation.

MA: That's right. 51)**We need a conference room or somewhere we can talk to each other and rehearse our demonstration.**

WA: Hmm ... I'll look for an empty room you can use.

MB: Thanks.

MA: Oh, Ms. Jones, 52)**we need a projector for our slides**, too.

WA: OK, Terry. I'll see what I can do.

여: 모두들 안녕하세요. 소식 들었나요? 다음 주에 우리가 이 층의 사무실들을 사용할 수가 없대요.
남1: 왜 안 되나요?
여: 바닥 전체를 카펫에서 타일로 바꿀 거예요.
남2: 그러면 집에서 일할 수 있나요?
여: 그렇지는 않을 거예요. 하지만 위층에 우리가 임시로 사용할 수 있는 개인 칸막이 공간들이 있어요.
남1: 하지만 테리와 저는 중요한 영업 프레젠테이션을 함께 준비하고 있어요.
남2: 맞아요. 우리는 서로 대화하고 발표를 연습해 볼 수 있는 회의실 같은 곳이 필요해요.
여: 음… 당신들이 사용할 수 있는 빈방을 찾아볼게요.
남1: 고마워요.
남2: 오, 존스 씨, 우리는 슬라이드를 보여 줄 프로젝터도 필요해요.
여: 알았어요, 테리. 내가 어떻게 할 수 있을지 알아볼게요.

어휘 floor (방의) 바닥, (건물의) 층 carpeting 카펫류; 카펫 천 tile 타일 work from home 집에서 일하다 I'm afraid not. (유감이지만) 그렇지 않을 거예요. private 사적인, 개인적인 cubicle 칸막이 공간 temporarily 임시로 upstairs 위층, 2층 though 그래도, 하지만 important 중요한 sales 판매, 영업 presentation 프레젠테이션, 발표 somewhere 어느 곳 talk to each other 서로 대화하다 rehearse (실제처럼) 연습하다 demonstration 실물 선전, 시연회 look for 찾다 empty 비어 있는 projector 프로젝터, 영사기 slide 슬라이드 see 알아보다

50. 여자가 사무실에 관해 언급한 것은 무엇인가?
[A] 바닥들이 교체될 것이다.
[B] 시설들이 문을 열 것이다.
[C] 회의가 지연될 것이다.
[D] 재택근무 프로그램이 시작될 것이다.

해설 세부 사항을 묻고 있다. 여자의 첫 대사 They're changing all of the floors from carpeting to tile.에서 바닥 전체를 카펫에서 타일로 바꿀 것이라고 했다. 따라서 They're changing all of the floors를 Floors will be replaced로 바꾸어 표현한 (A)가 정답이다.

51. 남자들은 왜 같은 방에서 일해야 하는가?
[A] 사무용품을 함께 사용하려고
[B] 교육 프로그램을 진행하려고
[C] 프레젠테이션을 준비하려고
[D] 같은 컴퓨터를 사용하려고

해설 세부 사항을 묻고 있다. 남자의 두 번째 대사 Terry and I are working together on an important sales presentation과 남자2의 두 번째 대사 We need a conference room ~ we can talk to each other and rehearse our demonstration.에서 두 사람이 영업 프레젠테이션을 함께 준비하고 있어서 함께 대화하고 시연회를 연습할 수 있는 회의실 같은 곳이 필요하다고 했다. 따라서 정답은 (C)이다.

52. 테리는 무엇이 필요하다고 하는가?
[A] 전화기
[B] 프로젝터
[C] 칸막이 공간
[D] 인쇄기

해설 세부 사항을 묻고 있다. 남자의 두 번째 대사 Terry and I are working together에서 테리가 남자2임을 알 수 있다. 남자2의 마지막 대사 we need a projector for our slides에서 슬라이드를 보여 줄 프로젝터가 필요하다고 했으므로 정답은 (B)이다.

53-55

WB: Hello, ⁵³⁾**I made reservations for fifteen people for this Saturday at eight o'clock.** Well, I'm going to have to change them.

MB: OK, but if you want to cancel them, ⁵⁴⁾**you won't get your deposit back according to our restaurant policy.**

WB: No, I don't want to cancel my reservations. ⁵⁵⁾**I just want to increase the size of my party to twenty.** Will that be all right?

MB: Oh, that will be fine. The room you reserved can accommodate up to twenty-five people.

여: 안녕하세요, 이번 주 토요일 8시로 15명 예약했습니다. 예약을 변경하려고요.
남: 좋아요, 하지만 취소하시면 저희 식당 방침에 따라 보증금을 돌려받으실 수 없습니다.
여: 아니요, 예약을 취소하고 싶지 않아요. 그냥 일행 인원수를 20명으로 늘리고 싶어요. 괜찮을까요?
남: 오, 괜찮습니다. 예약하신 방에는 최대 25명까지 들어갈 수 있습니다.

어휘 make a reservation 예약하다　change 변경하다　cancel(= call off) 취소하다　cf) postpone(= put off) 연기하다　get back 돌려받다　deposit 보증금　according to ~에 따라　policy 방침, 정책　increase 늘리다　all right 괜찮은　accommodate 수용하다　up to 최대

53. 여사는 몇 시를 언급하는가?
(A) 6시
(B) 7시
(C) 8시
(D) 9시

해설 여자가 I made reservations for fifteen people for this Saturday at eight o'clock이라고 했으므로 정답은 (C)다.

54. 남자는 어디에서 근무하는가?
(A) 호텔
(B) 식당
(C) 골프장
(D) 자동차 대여점

해설 남자의 근무 장소를 묻는 질문인데 남자가 you won't get your deposit back according to our restaurant policy라고 했으므로 정답은 (B)다.

55. 여자는 무엇을 변경하고 싶은가?
(A) 시간
(B) 날짜
(C) 차량의 크기
(D) 참석 인원수

해설 여자가 I just want to increase the size of my party to twenty라고 했는데 the size of my party가 the number of people을 의미하므로 정답은 (D)다.

56-58

MA: Sonya, could you do me a huge favor? I'm in a meeting with Ms. Gutierrez right now, and we want to hold a conference call with our client, Mr. Ivanov. ⁵⁶⁾**Can you please find his number for me?**

WB: Sure. Mr. Ivanov … Alexei Ivanov … right? I don't see his name under the Meyers account.

MA: ⁵⁷⁾**No, Mr. Ivanov is on the O'Sullivan account**, remember? We're working with him on the construction project.

WB: Oh! My mistake. ⁵⁸⁾**OK. I see it now. Do you have a pen?**

MA: Yes.

WB: It's 555-0127.

남: 소냐, 번거로운 부탁 좀 들어줄래요? 바로 지금 구티에레스 씨와 회의를 하고 있는데요, 우리는 고객인 이바노프 씨와 전화 회의를 하고 싶어요. 내 대신 그의 번호를 찾아 줄 수 있나요?
여: 그럼요. 이바노프 씨… 알렉세이 이바노프… 맞죠? 메이어스 거래처 아래에는 그의 이름이 보이지 않는데요.
남: 이니요, 이바노프 씨는 오설리번 거래처에 있어요, 기억 나요? 우리가 그 건설 사업을 그와 함께 진행하고 있어요.
여: 오! 내가 실수했네요. 맞아요, 이제 보여요. 펜 있어요?
남: 네.
여: 555-0127이에요.

어휘 do me a favor 내 부탁을 들어주다　huge 엄청난, 대단한　hold 열다, 개최하다　conference call 전화 회의　client 고객, 의뢰인　account 고객, 거래처　remember 기억하다　construction 건설, 건축　mistake 실수

56. 남자는 여자에게 무엇을 부탁하는가?
(A) 구티에레스 씨에게 회의에 관해 알려 줄 것
(B) 고객에 관한 정보를 찾을 것
(C) 메이어스 거래처의 일원에게 연락할 것
(D) 이바노프 씨와 전화 회의를 열 것

해설 세부 사항을 묻고 있다. 남자의 첫 대사 we want to hold a conference call with our client, Mr. Ivanov. Can you please find his number for me?에서 여자에게 함께 전화 회의를 할 고객의 번호를 찾아 달라고 했다. 따라서 number를 information으로 바꾸어 표현한 (B)가 정답이다.

57. 여자는 어떤 실수를 하는가?

(A) 전화를 잘못 걸었다.
(B) 연락 담당자에게 전화하지 않았다.
(C) 다른 거래처 명단을 찾아보았다.
(D) 이름의 철자를 틀리게 적었다.

해설 세부 사항을 묻고 있다. 여자의 첫 대사 I don't see his name under the Meyers account.와 이어지는 남자의 두 번째 대사 No, Mr. Ivanov is on the O'Sullivan account에서 여자가 고객 이름을 엉뚱한 거래처에서 찾고 있었음을 알 수 있으므로 정답은 (C)이다.

58. 여자가 "펜 있어요?"라고 말할 때 의미하는 바는 무엇인가?

(A) 내가 정보를 알려 줄게요.
(B) 당신의 펜을 빌리고 싶어요.
(C) 이 서류에 서명해 주셔야 해요.
(D) 내가 그 실수를 지적하고 있어요.

해설 화자의 의도 파악 문제이다. 인용문 바로 앞의 OK. I see it now.에서 여자가 고객의 번호를 찾았다고 했으므로 남자에게 번호를 받아 적으라는 의미임을 알 수 있다. 따라서 정답은 (A)이다.

59-61

WA: Flint Realty. This is Diane.

MA: Hi Diane. It's Jim Nelson. ⁵⁹⁾**I'm doing an apartment search, and hope you can help me.**

WA: Oh, hi Mr. Nelson. Sure, what size unit are you looking for?

MA: Well, I need three bedrooms and two bathrooms, and I'd prefer a place near downtown.

WA: Hmm ... In April there's a vacancy on the fifth floor of Montgomery Tower. Three beds, two baths, and a great city view, but ...

MA: ⁶⁰⁾**What is it?**

WA: There's no elevator access.

MA: Oh, a walk-up ... That wouldn't work. What else do you have?

WA: Unfortunately that's all we have for April, but ⁶¹⁾**I can get in touch with you when something else opens up.**

여: 플린트 부동산입니다. 저는 다이앤입니다.
남: 안녕하세요, 다이앤. 저는 짐 넬슨입니다. 아파트를 찾고 있는데 도와주실 수 있으면 좋겠어요.
여: 아, 안녕하세요, 넬슨 씨. 그럼요. 어떤 크기의 집을 찾으시나요?
남: 침실 3개와 욕실 2개가 필요하고 시내에서 가까운 장소라면 더 좋겠어요.
여: 으음… 4월에 몽고메리 타워의 5층에 빈집이 있어요. 침실 3개, 욕실 2개, 그리고 멋진 시내 전망, 하지만…
남: 뭐죠?
여: 엘리베이터를 이용할 수가 없어요.
남: 아, 계단으로 올라가는 건물… 그건 안 되겠네요. 그 외에 다른 집은 없나요?
여: 유감스럽게도 그게 우리가 4월에 가진 전부지만 다른 집이 생기면 연락드릴 수 있어요.

어휘 realty 부동산 search 검색, 조사 unit 구성단위, (아파트 등의) 한 가구 look for 찾다, 구하다 prefer 선호하다 place 장소, 곳 downtown 시내 vacancy 빈집, 빈방 view 전망, 경치 walk-up 엘리베이터가 없는 건물 work 효과가 있다, 잘되다 unfortunately 유감스럽게도 get in touch with ~와 연락하다 open up 열리다, 생겨나다

59. 남자가 전화한 목적은 무엇인가?

(A) 신운송업자를 고용하려고
(B) 일자리에 지원하려고
(C) 불만을 제기하려고
(D) 아파트를 구하려고

해설 대화의 목적을 묻고 있다. 남자의 첫 대사 I'm doing an apartment search, and hope you can help me.에서 아파트를 찾는 것을 도와 달라고 했다. 따라서 doing an apartment search를 find an apartment로 바꾸어 표현한 (D)가 정답이다.

60. 남자가 "뭐죠?"라고 말한 이유는 무엇인가?

(A) 여자가 사용한 용어를 모른다.
(B) 여자가 무슨 말을 할지 궁금해하고 있다.
(C) 여자를 도와주겠다고 제안하고 있다.
(D) 전화번호를 적어야 한다.

해설 화자의 의도 파악 문제이다. 여자의 세 번째 대사 Three beds, two baths, and a great city view, but …에서 말끝을 흐리고 있으므로 남자가 여자의 다음 말이 무엇인지를 묻고 있음을 알 수 있다. 따라서 정답은 (B)이다.

61. 여자는 남자에게 무엇을 하겠다고 하는가?

(A) 남자에게 나중에 전화하는 것
(B) 남자가 소지품을 챙기는 것을 도와주는 것
(C) 남자의 집주인에게 연락하는 것
(D) 남자를 자신의 사무실로 안내할 것

해설 세부 사항을 묻고 있다. 여자의 마지막 대사 I can get in touch with you when something else opens up에서 다른 집이 생기면 연락하겠다고 했다. 따라서 get in touch with를 Call로 바꾸어 표현한 (A)가 정답이다.

62-64

MB: Devon's Warehouse. How can I help you?

WB: Hi. 62)**I canceled an order for some shirts and a skirt through your Web site—**

MB: Uh-huh.

WB: But I still see a charge on my credit card when I check my credit card balance.

MB: That's because it takes our computers a few days to alert the credit card company about the cancellation.

WB: Well, uh, 63)**I canceled more than a week ago**.

MB: Oh, that's surprising, then. Maybe your card company is withholding the funds for some reason. Have you tried calling them?

WB: No, not yet.

MB: OK. 64)**Try giving them a call to see if they can resolve the issue.**

WB: All right, I'll do that.

남: 데번스 웨어하우스입니다. 어떻게 도와드릴까요?
여: 안녕하세요, 그곳 웹사이트로 셔츠들과 스커트 주문을 취소했습니다.
남: 네, 그런데요.
여: 그런데 제 신용 카드 결제액을 확인해 보니 신용 카드에 청구 금액이 여전히 보여서요.
남: 그것은 저희 컴퓨터들이 신용 카드 회사에 그 취소 건에 관해 통보하는 데 며칠이 걸리기 때문입니다.
여: 글쎄요, 어, 취소한 지 일주일이 넘었는데요.
남: 아, 그렇다면 그건 이상한 일이데요. 아마도 신용 카드 회사에서 어떤 이유로 그 돈을 보류하고 있는지도 모르겠네요. 그곳에 전화해 보셨나요?
여: 아니요, 아직 안 했어요.
남: 그러면 그곳에 전화하셔서 그들이 그 문제를 해결해 줄 수 있는지 알아보세요.
여: 알겠어요. 그렇게 할게요.

어휘 warehouse 대형 창고 cancel 취소하다 order 주문; 주문하다 charge 청구 금액, 요금 check 확인하다 balance 잔액 alert 통보하다 cancellation 취소 surprising 놀라운 withhold 보류하다, 주지 않다 funds 돈, 자금 reason 이유 resolve 해결하다 issue 문제, 쟁점

62. 데번스 웨어하우스는 어떤 종류의 회사인 것 같은가?
(A) 식품 유통업체
(B) 의류점
(C) 컴퓨터 판매점
(D) 자동차 판매업체

해설 여자의 첫 대사 I canceled an order for some shirts and a skirt through your Web site에서 데번스 웨어하우스가 의류를 취급하는 업체임을 알 수 있으므로 정답은 (B)이다.

63. 남자가 놀랍다고 말하는 것은 무엇인가?
(A) 배송품이 도착하지 않았다.
(B) 신용 카드 승인이 거절되었다.
(C) 웹사이트에 장애가 생겼다.
(D) 환불금이 지급되지 않았다.

해설 세부 사항을 묻고 있다. 남자의 세 번째 대사 it takes our computers a few days to alert the credit card company about the cancellation.에서 결제 취소를 신용 카드 회사에 통보하는 데 며칠이 걸린다고 하자 이어지는 여자의 대사 I canceled more than a week ago에서 취소한 지 일주일이 넘었다고 했으므로 남자가 놀랍다고 했다. 따라서 정답은 (D)이다.

64. 남자는 여자에게 무엇을 권하는가?
(A) 금융 회사에 전화할 것
(B) 컴퓨터를 다시 켜는 것
(C) 주문을 다시 넣을 것
(D) 융자를 신청할 것

해설 세부 사항을 묻고 있다. 남자의 마지막 대사 Try giving them a call to see if they can resolve the issue.에서 신용카드 회사에 전화해 문제를 해결해 줄 수 있는지 알아보라고 했다. 따라서 card company를 financial company로 바꾸어 표현한 (A)가 정답이다.

65-67

WA: Hello. Yesterday I ordered some terracotta gardening pots from your Web site, but, uh, 65)**in today's newspaper I found a fifty-percent off coupon for your store** ...

MB: And you'd like to apply that coupon to your order? That's possible, but 66)**my supervisor needs to authorize it first. His extension is three five one**. Would you like me to transfer you?

WA: That's all right. I have an appointment soon, so I'll call back later. Three five one you said?

MB: That's correct. Oh, and 67)**you'll need some information from the order confirmation we e-mailed you**, so please have that ready when you call back.

WA: Sure, I'll print that out now. Thanks for your help.

여: 여보세요. 어제 그곳 웹사이트에서 테라코타 화분 몇 개를 주문했는데요, 그런데, 음, 오늘 신문에서 그쪽 매장의 50% 할인 쿠폰을 발견했어요…

남: 그래서 그 쿠폰을 주문에 적용하고 싶으신 거죠? 그것은 가능하지만 먼저 저희 관리자가 승인해야 합니다. 그의 내선 전화는 351번입니다. 제가 전화를 돌려 드릴까요?

여: 괜찮습니다. 곧 약속이 있어서 나중에 다시 전화할게요. 351번이라고 하셨죠?

남: 맞습니다. 아, 그리고 저희가 이메일로 보내 드린 주문 확인 정보가 필요하실 테니 다시 전화하실 때 그것을 준비해 주시기 바랍니다.

여: 그러죠, 지금 인쇄할게요. 도와주셔서 고마워요.

이쉬마엘스 도예점 직원 명부	
직원	내선
레이첼 애슐리	350
아이작 프리드먼	351
후안 오르테가	352
지로 다나카	353

어휘 terracotta 테라코타(점토를 유약을 바르지 않고 구운 것) gardening pot 화분 apply 적용하다 authorize 승인하다 extension 내선 (번호) transfer 넘겨주다, 연결해 주다 appointment 약속, 예약 call back 다시 전화하다 correct 정확한, 올바른 confirmation 확인 e-mail 이메일을 보내다 print out 인쇄하다, 출력하다 pottery 도자기, 도예 directory 안내판, 명부

65. 여자가 원하는 것은 무엇인가?
(A) 약속 시간 잡기
(B) 속달 배송물 받기
(C) 할인 쿠폰 사용하기
(D) 잡지 구독하기

해설 세부 사항을 묻고 있다. 여자의 첫 대사 but, uh, in today's newspaper I found a fifty-percent off coupon for your store …에서 오늘 신문에서 그쪽 매장의 50% 할인 쿠폰을 발견했다고 말하며 쿠폰 사용을 원한다는 것을 암시하고 있다. 따라서 정답은 (C)이다.

66. 시각정보에 의하면, 남자의 관리자는 누구인가?
(A) 레이첼 애슐리
(B) 아이작 프리드먼
(C) 후안 오르테가
(D) 지로 다나카

해설 시각정보 연계 문제이다. 남자의 첫 대사 my supervisor needs to authorize it first. His extension is three five one.에서 관리자의 내선 번호는 351번이라고 했다. 그리고 표를 보면 Isaac Friedman의 내선 번호가 351이므로 정답은 (B)이다.

67. 여자는 무엇을 하겠다고 하는가?
(A) 이메일 작성하기
(B) 문서 인쇄하기
(C) 소포 배달하기
(D) 전화 연결하기

해설 남자의 마지막 대사 you'll need some information from the order confirmation we e-mailed you에서 이메일로 보낸 주문 확인 정보가 필요할 것이라고 하자 여자의 마지막 대사 I'll print that out now에서 지금 그것을 인쇄하겠다고 했다. 따라서 order confirmation을 document로 바꾸어 표현한 (B)가 정답이다.

68-70

MB: I'm excited to try this diner, Carol. I've heard their cream of broccoli soup is excellent.

WB: Yes, a lot of their dishes are very popular. **68) *Big City Informer* magazine even gave their sandwiches the "Best Value" award.**

MB: Oh, I'll order one of those too. I can't believe I've never eaten here before. I mean, **69) it's such a short walk from our office**.

WB: It was nice to walk here instead of having to sit in traffic like usual. Hmm … Oh no!

MB: What is it?

WB: I think I left my wallet at the office … **70) Would you mind paying for my lunch** and I'll pay you back later?

남: 이 식당을 이용해 보게 되어 기분이 아주 좋네요, 캐럴. 이곳의 브로콜리 크림수프가 훌륭하다고 들었어요.

여: 네, 이곳의 많은 요리들이 인기가 무척 많아요. 〈빅 시티 인포머〉 지에서는 이곳의 샌드위치에 '최고 가치' 상을 주기까지 했어요.

남: 오, 나도 그 중 한 개를 주문할래요. 전에 여기서 한 번도 먹지 않았다는 걸 믿을 수가 없네요. 내 말은 우리 사무실에서 이렇게 조금만 걸어오면 된다는 거죠.

여: 평소처럼 차량 행렬 속에 앉아 있는 대신에 걸어서 여기에 오길 잘했죠. 음… 아 이런!

남: 무슨 일이죠?

여: 지갑을 사무실에 두고 온 것 같아요… 나중에 갚을 테니 내 점심 값 좀 내주시겠어요?

블레인스 식당	
수프	
브로콜리 크림수프	4달러
샐러드	
시금치와 호두	4달러
소노마	5달러
샌드위치	
빅 디퍼	8달러
터키 클럽	7달러

어휘 excited 신이 난, 흥분한   try 이용해 보다   diner 작은 식당
excellent 훌륭한, 탁월한   dish 요리   popular 인기 있는
magazine 잡지   value 가치   award 상, 상금   order 주문하다
believe 믿다   mean 의미하다   walk 걸어 다니는 거리
instead of ~ 대신에   traffic (왕래하는) 차량들, 교통(량)
like usual 평소처럼   wallet 지갑   mind 꺼리다
pay for (비용을) 내다, 결제하다   pay back 갚다   later 나중에
spinach 시금치   walnut 호두

68. 시각정보에 의하면, 어떤 메뉴 항목이 상을 받았는가?
(A) 브로콜리 크림수프
(B) 시금치와 호두
(C) 소시지
(D) 빅 디퍼

해설 시각정보 연계 문제이다. 여자의 첫 대사 *Big City Informer magazine even gave their sandwiches the "Best Value" award.*에서 잡지사에서 이 식당의 샌드위치에 '최고 가치' 상을 주었다고 했다. 메뉴를 보면 Sandwiches 항목 아래에 Big Dipper가 있으므로 정답은 (D)이다.

69. 화자들이 식당에 관해 언급한 무엇인가?
(A) 직장에 가깝다.
(B) 그곳에 자주 간다.
(C) 자리 나기를 오래 기다려야 한다.
(D) 요리들이 비싸지 않다.

해설 세부 사항을 묻고 있다. 남자의 두 번째 대사 *it's such a short walk from our office*와 여자의 두 번째 대사 *It was nice to walk here*에서 식당이 사무실에서 걸어올 수 있는 거리에 있음을 알 수 있다. 따라서 *such a short walk from our office*를 *close to their workplace*로 바꾸어 표현한 (A)가 정답이다.

70. 여자는 남자에게 무엇을 부탁하는가?
(A) 예약을 할 것
(B) 식사비를 내 줄 것
(C) 분실물을 찾을 것
(D) 산책하러 갈 것

해설 세부 사항을 묻고 있다. 여자의 마지막 대사 *Would you mind paying for my lunch*에서 점심 값을 내 달라고 했다. 따라서 *lunch*를 *meal*로 바꾸어 표현한 (B)가 정답이다.

Part 4 본책_ p.373~375

71. (A)	72. (C)	73. (D)	74. (B)	75. (D)
76. (C)	77. (D)	78. (B)	79. (C)	80. (B)
81. (D)	82. (A)	83. (B)	84. (C)	85. (A)
86. (D)	87. (C)	88. (A)	89. (B)	90. (A)
91. (C)	92. (C)	93. (A)	94. (B)	95. (A)
96. (D)	97. (D)	98. (D)	99. (C)	100. (B)

71-73 MB

71)This is a KDX radio traffic update. Currently, the traffic situation does not seem to be improving anywhere in the city. In addition to our regular Friday evening rush hour traffic, **72)we have traffic from people leaving the city for the holiday this weekend.** Traffic is backed up on both sides for miles, and it doesn't seem like it'll clear up any time soon. This is the worst traffic the city has seen in a long time. All major roads throughout the city are affected. **73)The best thing to do is to take the subway** if you can. Keep your radio tuned to 93.5, and I'll be back in thirty minutes to give you an update. This is Matt Louder.

KDX 라디오 최신 교통 정보입니다. 현재 교통 상황은 시내 어느 곳에서도 나아질 기미가 보이지 않습니다. 평상시 금요일 저녁 혼잡시간 교통량에 더하여 이번 주말 연휴를 위해 도시를 떠나는 사람들의 차량까지 섞여 있습니다. 차량은 양쪽으로 수 마일 밀려 있는 가운데 곧 해소될 것 같지가 않습니다. 이 도시에서 오랜만에 겪는 최악의 정체입니다. 시내 전역에 걸쳐 모든 주요 도로들이 영향을 받고 있습니다. 최상의 선택은 가능하면 지하철을 이용하는 것입니다. 93.5로 라디오 채널을 고정하시기 바라며 30분 후에 새로운 정보를 드리겠습니다. 이상 맷 라우더입니다.

어휘 traffic update 최신 교통 정보   currently 현재
traffic situation 교통 상황   improve 개선되다, 나아지다
anywhere 어디에서도   in addition to ~에 더하여
rush hour 혼잡시간   be backed up (차량이) 밀리다
for miles 수 마일   clear up 해소되다   any time soon 곧
in a long time 오랜만에   throughout ~ 전역에
affect 영향을 끼치다   keep the radio tuned to ~로 라디오 주파수를 고정하다

71. 화자는 무엇에 대해 이야기하고 있는가?
(A) 교통
(B) 날씨
(C) 지역 소식
(D) 다가오는 행사

해설 이야기의 주제는 이야기의 초반에 언급되므로 처음 시작하는 부분을 잘 들어야 한다. 라디오 방송을 시작하면서 *This is a KDX radio traffic update*라고 했으므로 정답은 (A)다.

127

72. 남자가 주말에 대해 언급한 내용은 무엇인가?
(A) 도로 공사가 있을 것이다.
(B) 아마도 눈이 내릴 것이다.
[C] 휴일일 것이다.
(D) 야외 콘서트가 있을 것이다.

해설 질문에 weekend라는 말이 있으므로 본문에서 weekend가 언급되는 부분에서 정답의 단서를 찾아야 한다. 화자가 we have traffic from people leaving the city for the holiday this weekend라고 했으므로 정답은 (C)다.

73. 화자는 무엇을 권하는가?
(A) 따뜻하게 옷 입기
(B) 일찍 도착하기
(C) 조심해서 운전하기
[D] 대중교통 이용하기

해설 제안이나 요청 사항이 이야기의 후반부에 나오는 경우가 많다. 화자가 방송 후반부에 The best thing to do is to take the subway라고 했으므로 정답은 (D)다.

74-76 MA

Hello, this is Adam from Electronics Plus. ⁷⁴⁾**My coworker Maria** told me that ⁷⁵**you called earlier asking for help with your recent purchase.** I'm very sorry to hear that the lamp isn't working, but to be entirely sure it's the lamp that is faulty and not the wiring, ⁷⁶⁾**I'd like to ask that you plug it into a different outlet.** This will determine whether or not the lamp is in good working condition. If it doesn't work in the other outlet, please bring it in, and our technician will take a look at it to see what the problem is. Should he be unable to fix it, we will find a replacement for you.

안녕하세요, 저는 일렉트로닉스 플러스의 아담입니다. 제 동료 마리아한테 고객님께서 최근에 구입하신 물건에 대해 도움을 요청하고자 조금 전에 전화하셨다고 들었습니다. 램프가 작동되지 않는다고 하니 매우 죄송합니다만 결함이 있는 부분이 배선이 아니라 램프라는 것을 분명히 하기 위해 램프를 다른 콘센트에도 꽂아 보시길 부탁 드립니다. 이렇게 하면 램프가 작동이 잘 되는 상태인지 아닌지 알 수 있을 겁니다. 만약 다른 콘센트에서도 작동되지 않을 경우 가지고 오시면 저희 기술자가 문제점이 무엇인지 살펴볼 겁니다. 만약 기술자가 고칠 수 없다면 교체해드릴 수 있는 물건을 찾아보겠습니다.

어휘 coworker 동료　ask for ~을 요청하다　recent 최근의　purchase 구매(품), 구매하다　work 작동하다　entirely 완전히, 전적으로　faulty 결함이 있는　wiring 배선　plug into ~에 플러그를 꽂다　outlet 콘센트　determine 결정하다　in good working condition 작동이 잘 되는 상태인　bring in 가져오다　technician 기술자　take a look at ~을 보다　replacement 교체품

74. 마리아는 누구겠는가?
(A) 아담의 고객
[B] 아담의 동료
(C) 사진작가
(D) 정비사

해설 화자가 자신의 이름을 말한 후에 My coworker Maria라고 했으므로 정답은 (B)이다. 본문의 coworker가 보기에서 colleague로 바꾸어 표현되었다.

75. 전화를 건 목적은 무엇인가?
(A) 결함에 대해 불만을 제기하기 위해
(B) 신제품을 추천하기 위해
(C) 상점 할인을 광고하기 위해
[D] 기술적인 도움을 제공하기 위해

해설 메시지의 목적은 메시지 초반에 언급되므로 앞부분을 잘 들어야 한다. 화자가 you called earlier asking for help with your recent purchase라고 말했는데 이것은 결국 상대방에게 도움을 주고자 회신 전화를 한 것이므로 정답은 (D)다.

76. 화자가 청자에게 먼저 하라고 권하는 것은 무엇인가?
(A) 전구 교체
(B) 불 끄기
[C] 다른 콘센트에 꽂아 보기
(D) 램프를 상점으로 가져가기

해설 제안이나 권유 또는 요청을 할 때 주로 suggest, ask, recommend, request, I'd like you to+동사원형, Please+동사원형 등의 표현을 쓴다. 여기서는 메시지 중간 부분에 ask를 써서 I'd like to ask that you plug it into a different outlet이라고 했으므로 정답은 (C)다.

77-79 WB

⁷⁷⁾**After a week of nonstop rain and wind**, now we have great news for you. It looks like we're going to have clear and sunny skies starting Tuesday, and you can expect a sunny weekend as well. Highs will be in the upper 50s with overnight lows in the lower 40s, so ⁷⁸⁾**you'll definitely need a jacket**. You can expect scattered showers tomorrow as the clouds move off to the east, with skies clearing tomorrow night. For more detailed information, ⁷⁹⁾**let's look at the 7-day weather forecast.**

한 주 내내 비가 오고 바람이 불었는데 이제 여러분에게 좋은 소식이 있습니다. 화요일부터 하늘이 맑고 화창해질 것으로 보이며 주말에도 날씨가 화창할 것으로 예상됩니다. 최고 기온은 20도에 조금 못 미치겠고 밤 동안 최저 기온은 5도 안팎으로 재킷이 꼭 필요하겠습니다. 내일은 구름이 동쪽으로 물러나면서 산발적인 소나기가 예상되며 밤부터 하늘은 개겠습니다. 더 자세한 정보를 위해 7일 간 일기예보를 보시겠습니다.

어휘 nonstop 연속적인 look like ~처럼 보이다 clear 맑은 sunny 화창한 starting+시점 (시점)부터 시작해 as well 또한 highs 최고 기온 lows 최저 기온 overnight 밤 동안의 scatter 흩뿌리다 scattered showers 산발적인 소나기 move off to+장소 ~로 물러나다, 떠나다 detailed 상세한 weather forecast 일기 예보

77. 최근에 날씨가 어땠는가?
(A) 부분적으로 흐림
(B) 화창하고 맑은
(C) 흐리고 추운
(D) 비 오고 바람 부는

해설 일기예보에서는 <현재의 날씨 상황+앞으로의 날씨 예보+날씨에 따른 조언+다음 방송 시간 또는 프로그램 소개>의 순서로 전개된다. 따라서 질문이 최근의 날씨 상황이므로 일기예보의 앞 부분을 잘 들어야 한다. 일기예보를 시작하면서 After a week of nonstop rain and wind이라고 했으므로 정답은 (D)다.

78. 화자는 무엇을 권하는가?
(A) 실내에 머물기
(B) 재킷 입기
(C) 조심스럽게 운전하기
(D) 우산 가져오기

해설 일기예보에서는 날씨가 춥거나 비 또는 눈을 예보할 때 청취자들에게 우산을 챙기거나 따뜻한 옷을 입으라는 조언을 하기도 한다. 여기서는 you'll definitely need a jacket이라고 했으므로 정답은 (B)다.

79. 다음에 무슨 일이 있겠는가?
(A) 관광이 시작될 것이다.
(B) 비행기가 이륙할 것이다.
(C) 예보를 보여 줄 것이다.
(D) 안전 시범을 보여 줄 것이다.

해설 일반적으로 방송을 마치면서 다음 방송 시간이나 프로그램을 언급하므로 방송 마지막 부분에서 정답의 단서를 찾아야 한다. 방송 마지막에 let's look at the 7-day weather forecast라고 했으므로 정답은 (C)다.

80-82 MA

80) **Hello, all managers.** Some of you may have already met her, but 81)**I would like to introduce Femi Glover, our new human resources manager.** Femi comes highly recommended, as she has fifteen years of experience at three major companies including Freeport, Western Airlines, and Madison Incorporated. Femi is here to help all of you and your employees. I would like you to schedule a lunch with her and your team so everyone can get to know each other. Now, 82)**I'll let Femi tell a little more about herself.**

지점장 여러분, 모두 안녕하세요. 어떤 분은 벌써 만났을 지도 모르겠지만 신임 인사부장인 페미 글로버를 소개합니다. 페미는 프리포트, 웨스턴 항공, 그리고 매디슨 사를 포함한 주요 회사 세 곳에서 15년의 경력을 갖고 있어서 많은 추천을 받고 있습니다. 페미는 여러분과 직원 모두를 도와주기 위해 우리 회사로 왔습니다. 여러분은 페미와 팀의 점심 약속을 정해서 모두가 서로 친해지도록 하시기 바랍니다. 이제 페미가 간략히 자신을 소개할 시간을 갖겠습니다.

어휘 already 이미, 벌써 introduce 소개하다 human resources manager 인사부장 come highly recommended 적극 추천을 받는다 major 주요한 including ~을 포함해 schedule 일정을 잡다 get to know each other 서로 친하게 되다, 알고 지내다

80. 화자는 누구에게 연설을 하고 있는가?
(A) 기자들
(B) 지점장들
(C) 중역들
(D) 신입직원들

해설 연설의 대상은 연설문의 초반에 언급되므로 처음 시작하는 부분에서 정답의 단서를 포착해야 한다. 화자가 제일 먼저 Hello, all managers라고 했으므로 정답은 (B)다.

81. 글로버 씨는 누구인가?
(A) 시장 분석가
(B) 신임 최고 경영자
(C) 회사 대변인
(D) 인사부장

해설 화자가 글로버를 소개하면서 I would like to introduce Femi Glover, our new human resources manager라고 했으므로 정답은 (D)다.

82. 다음에 어떤 일이 있겠는가?
(A) 글로버 씨가 말할 것이다.
(B) 계약을 논의할 것이다.
(C) 연사가 질문에 대답할 것이다.
(D) 마케팅 계획이 소개될 것이다.

해설 다음에 할 행동, 향후 계획, 요청, 당부 등에 대한 언급은 이야기의 후반부에 언급된다. 여기서도 이야기 제일 마지막에 화자가 I'll let Femi tell a little more about herself라고 했으므로 정답은 (A)다.

83-85 WA

Hi, Benjamin. It's Candace. 83)**I'm calling to update you on the progress of our vacuum cleaner print advertisement.** 84)**I finished designing the slogan last night. I fixed one spelling error**, but otherwise, it looks the same as the last time you saw it. Also, the photographer took pictures of the vacuum a couple of days ago and sent me the image that we are supposed to use in our ad. 85)**It's a lot different** than I thought it would be. **The vacuum doesn't look … well, I wonder if we can see all the shots he took.** I e-mailed you the picture, so let me know what you think. Thanks.

안녕하세요, 벤저민. 캔디스예요. 우리 진공청소기 인쇄 광고의 진행 상황에 대해 새로 알려 주려고 전화해요. 어젯밤에 내가 선전 문구의 디자인을 끝냈어요. 철자 오류 하나를 고쳤지만 그 외에는 당신이 지난번에 본 것과 똑같아 보여요. 그리고 사진사가 이틀 전에 진공청소기 사진들을 찍어서 우리가 광고에 사용해야 할 이미지를 보내왔어요. 내가 생각했던 것과는 많이 달라요. 진공청소기가 보기가 좀 … 글쎄요, 우리가 그가 찍은 사진들을 모두 볼 수 있을지 궁금해요. 내가 이메일로 사진을 보냈으니 어떻게 생각하는지 알려 주세요. 고마워요.

어휘 update 최신 정보를 알려 주다 progress 진전, 진행
vacuum (cleaner) 진공청소기 print 인쇄
advertisement 광고 (= ad) finish 끝내다, 완성하다
design 디자인하다, 설계하다 slogan 슬로건, 선전 문구 fix 고치다
spelling 철자(법) error 오류 otherwise 그 외에는
last time 지난번 photographer 사진사
take a picture 사진을 찍다 a couple of days ago 이틀 전에
image 이미지, 영상 be supposed to ~하기로 되어 있다
different 다른, 차이 나는 wonder if ~일지 궁금하다 shot 사진
e-mail 이메일로 보내다

83. 화자가 어디에서 근무하는 것 같은가?
(A) 청소 서비스 회사
(B) 광고 회사
(C) 사진 촬영 스튜디오
(D) 도서 출판사

해설 셋째 문장 I'm calling to update you on the progress of our vacuum cleaner print advertisement.에서 진공청소기 인쇄 광고의 진행 상황에 대해 알려 준다고 했으므로 정답은 (B)이다.

84. 화자가 어제 한 일은 무엇인가?
(A) 기사를 완성했다.
(B) 웹사이트를 업데이트했다.
(C) 실수를 바로잡았다.
(D) 디자이너에게 연락했다.

어휘 finish 끝내다, 완성하다 article 기사 update 업데이트하다, 새로 고치다 correct 바로잡다 mistake 실수 contact 연락하다

해설 세부 사항을 묻고 있다. 전반부의 I finished designing the slogan last night. I fixed one spelling error에서 어젯밤에 화자가 선전 문구 디자인을 끝냈으며 철자 오류를 고쳤다고 했다. 따라서 fixed를 Corrected로, error를 mistake로 바꾸어 표현한 (C)가 정답이다.

85. 화자가 "내가 생각했던 것과는 많이 달라요"라고 말했을 때 암시하는 바는 무엇인가?
(A) 화보에 만족하지 않는다.
(B) 자신의 일을 인정하지 않는다.

(C) 불량품에 대한 환불을 원한다.
(D) 결과물에 열광하고 있다.

해설 화자의 의도 파악 문제이다. 인용문 바로 뒤의 The vacuum doesn't look … well, I wonder if we can see all the shots he took.에서 화자는 사진사가 찍어 보내 준 진공청소기 사진이 별로 좋아 보이지 않아 다른 사진들을 모두 보고 싶다고 했으므로 정답은 (A)이다.

86-88 WB

We'll start our tour in the outdoor sculpture garden—86) **it looks a little cloudy out, so bring your umbrella in case it rains**—and after that I'll walk you through the modern art gallery. I'll try to answer any questions you have about our collections, but, **our normal tour guide is actually out sick today.** 87)**If I, um, can't answer a question, you can leave your e-mail address with me** and she'll send you a better response when she returns. Now, the only rules in the gallery are no food or drinks, and no touching the art. Other than that, 88)**you can take pictures** or chitchat with your friends. Shall we get started?

우리는 야외 조각 정원 관람을 시작할 예정입니다. 바깥 날씨가 약간 흐리기 때문에 비올 때를 대비해 우산을 가져오십시오. 그리고 그 다음에는 여러분께 현대 미술관을 안내해 드리겠습니다. 제가 저희 소장품에 관한 여러분의 모든 질문에 답해 드리도록 노력하겠지만 저희 정규 관람 안내자가 사실은 오늘 아파서 나오지 못했습니다. 만약 제가, 음, 질문에 답할 수 없으면 제게 이메일 주소를 남겨 놓으실 수 있습니다. 그러면 그녀가 돌아와서 더 나은 답변을 보내 드릴 것입니다. 자, 미술관에서의 단 한 가지 규칙은 음식과 음료수 반입이 안 되며 미술품을 만질 수 없다는 것입니다. 그 외에는 사진을 찍거나 친구들과 잡담을 하실 수 있습니다. 시작하실까요?

어휘 tour 관람, 견학 outdoor 야외의, 옥외의 sculpture 조각(품)
cloudy 흐린, 구름이 많은 in case ~할 경우에 대비해
walk ~와 함께 걸으며 안내하다 modern 현대의
art gallery 미술관, 화랑 answer 답변하다 collection 소장품
normal 정규의, 보통의 guide 안내자 be out sick 아파서 결석[결근]하다 actually 사실은 leave 남기다 address 주소
response 답변, 답장 return 돌아오다 gallery 미술관, 그림 전시실
touch 만지다, 건드리다 art 미술 작품 other than that 그 외에는
take pictures 사진을 찍다 chitchat 잡담하다
get started 시작하다

86. 화자는 청자들에게 무엇을 가져오라고 제안하는가?
(A) 모자
(B) 외투
(C) 시계
(D) 우산

해설 세부 사항을 묻고 있다. 첫 문장 it looks a little cloudy out, so bring your umbrella에서 바깥 날씨가 약간 흐리기 때문에 우산을 가져오라고 했으므로 정답은 (D)이다.

87. 화자가 "저희 정규 관람 안내자가 사실은 오늘 아파서 나오지 못했습니다"라고 말했을 때 의미하는 바는 무엇인가?
(A) 관람이 연기될 것이다.
(B) 청자들이 모든 규칙을 지킬 필요는 없다.
(C) 모든 질문에 답해 줄 수는 없다.
(D) 방문객들은 질병을 조심해야 한다.

해설 화자의 의도 파악 문제이다. 인용문 바로 뒤의 If I, um, can't answer a question, you can leave your e-mail address with me에서 만약 자신이 질문에 답할 수 없으면 이메일 주소를 남겨 놓으라고 했으므로 정답은 (C)이다.

88. 화자는 청자들에게 어떤 것이 허용된다고 말하는가?
(A) 카메라 사용하기
(B) 음식 먹기
(C) 미술 작품 만지기
(D) 출입 제한 미술관에 들어가기

해설 세부 사항을 묻는 문제이다. 끝 부분의 you can take pictures에서 사진을 찍을 수 있다고 했다. 따라서 take pictures를 Use a camera로 바꾸어 표현한 (A)가 정답이다.

89-91 MB

It is an honor to introduce Trip Hornby, today's recipient of the Gene Melville Insurance Company Lifetime Achievement Award. ⁸⁹⁾**Trip has been a partner and coworker of mine** for thirty years, and I know how much he deserves this award. ⁹⁰⁾**We started together as salesmen at Gene Melville Insurance** when it was a small company with about 10,000 clients. When Trip became the manager, ⁹¹⁾**he grew the company to ten times that size in less than a decade. No one else could have done that.** His perseverance and dedication to Melville Insurance made it what it is today. Let's all give a round of applause to my friend, Trip Hornby. Come on up, Trip.

오늘 진 멜빌 보험 회사 평생 공로상의 수상자인 트립 혼비를 소개하게 되어 영광입니다. 트립은 30년 동안 저의 파트너이자 동료 직원이었으므로 저는 그가 이 상을 받을 자격이 얼마나 많은지 알고 있습니다. 우리는 진 멜빌 보험의 영업 사원으로 함께 출발했으며 그때 이곳은 약 1만 명의 고객을 보유한 작은 회사였습니다. 트립은 관리자가 되자 10년도 안 되어 회사를 당시 규모의 10배로 키웠습니다. 다른 아무도 그렇게 하지 못했을 것입니다. 그의 인내심과 멜빌 보험에 대한 헌신이 회사를 오늘의 모습으로 만들었습니다. 우리 모두 제 친구인 트립 혼비에게 박수갈채를 보냅시다. 어서 나오십시오, 트립.

어휘 honor 명예, 영광 introduce 소개하다 recipient 수령인, 수취인 insurance 보험 lifetime 일생(의), 평생(의) achievement 업적, 공로 award 상, 상품 partner 파트너, 협력자 coworker 동료 직원 deserve 받을 자격이 있다 salesman 판매원, 영업 사원 client 고객 grow 키우다, 자라게 하다 ten times 10배 decade 10년 perseverance 인내심 dedication 헌신 a round of applause 한 차례의 박수갈채 come on up 나오다, 올라오다

89. 화자는 누구인가?
(A) 혼비 씨의 관리자
(B) 혼비 씨의 동료
(C) 혼비 씨의 고객
(D) 혼비 씨의 조수

해설 둘째 문장의 Trip has been a partner and coworker of mine에서 트립 혼비가 화자의 파트너이자 동료 직원이라고 했다. 따라서 coworker를 colleague로 바꾸어 표현한 (B)가 정답이다.

90. 화자가 혼비 씨에 대해 말한 것은?
(A) 보험 영업 사원이었다.
(B) 자기 회사를 시작했다.
(C) 최근에 새 일을 시작했다.
(D) 다른 지점으로 이동할 것이다.

해설 세부 사항을 묻고 있다. 셋째 문장의 We started together as salesmen at Gene Melville Insurance에서 두 사람이 진 멜빌 보험의 영업 사원으로 함께 출발했다고 했으므로 정답은 (A)이다.

91. 화자는 왜 "다른 아무도 그렇게 하지 못했을 것입니다"라고 말하는가?
(A) 상에 대해 혼비 씨에게 감사하려고
(B) 혼비 씨를 직장에 추천하려고
(C) 혼비 씨가 한 일을 칭찬하려고
(D) 혼비 씨가 문제를 일으켰음을 암시하려고

해설 화자의 의도 파악 문제이다. 인용문 바로 앞의 he grew the company to ten times that size in less than a decade에서 회사의 규모를 10배로 키웠다고 했으므로 혼비 씨의 업적을 칭찬하는 말임을 알 수 있다. 따라서 정답은 (C)이다.

92-94 WA

Thank you for listening to *Book Talk* on WKJT. Today we're speaking to ⁹²⁾**Jenny Gray, the number three best-selling author on *Self Magazine*'s list of books about self development.** Ms. Gray is an expert on lifelong learning, and is known for ⁹³⁾**her belief that employers should set aside funds to invest in their employees' ongoing education through training seminars and classes.** On today's program we'll speak with Ms. Gray about strategies that everyone can use to find opportunities for continuing to develop their skills even after a formal education. Before we begin the interview, **94)let's listen to a brief clip of her reading her book** to an audience at the Mickelson Center.

WKJT의 '북 토크'를 청취해 주셔서 감사합니다. 오늘 우리는 〈셀프〉 지의 자기 계발 분야 베스트셀러 순위 3위로 올라 있는 책의 저자인 제니 그레이 씨와 이야기를 나누겠습니다. 그레이 씨는 평생 학습의 전문가로 고용주들이 자금을 확보해 교육 세미나와 강좌를 통한 직원들의 지속적인 교육에 투자해야 한다는 그녀의 신념으로 유명합니다. 오늘 프로그램에서 우리는 공교육을 마친 이후에도 자기 계발을 지속하기 위한 기회를 찾는 데 모든 사람이 이용할 수 있는 전략들에 관해 그레이 씨와 이야기를 나눌 것입니다. 인터뷰를 시작하기 전에 미컬슨 센터에서 그녀가 청중에게 자신의 책을 읽어 주는 짧은 오디오 클립을 잠시 함께 들어 보도록 하겠습니다.

도서명	〈셀프〉 지의 베스트셀러 순위
〈거래에 착수하기〉	1위
〈더 짧은 주당 근무 시간〉	2위
〈학교는 끝나지 않는다〉	3위
〈인내의 힘〉	4위

어휘 the number three 세 번째의, 3위의 best-selling 베스트셀러의 author 저자, 작가 magazine 잡지 list 목록, 명단 self development 자기 계발 expert 전문가 lifelong 평생의, 일생의 learning 학습 be known for ~로 알려져 있다 belief 믿음, 신념 employer 고용주 set aside 따로 떼어 두다, 확보하다 funds 자금, 돈 invest in ~에 투자하다 ongoing 계속되는, 진행 중인 education 교육 training 훈련, 교육 strategy 전략 opportunity 기회 continue 계속하다 develop 개발하다 skills 기술, 능력 formal 공식적인 interview 인터뷰, 면담 brief 간략한, 짧은 clip 클립 (동영상이나 녹음의 일부를 잘라 낸 부분) read 읽어 주다 audience 청중 get to ~에 착수하다 deal 거래 work week 주당 근무 시간 be out 끝나다 power 힘, 능력

92. 제니 그레이는 어떤 책을 썼는가?
(A) 〈거래에 착수하기〉
(B) 〈더 짧은 주당 근무 시간〉
(C) 〈학교는 끝나지 않는다〉
(D) 〈인내의 힘〉

해설 시각정보 연계 문제이다. 둘째 문장의 Jenny Gray, the number three best-selling author on *Self Magazine*'s list of books about self development에서 제니 그레이가 〈셀프〉 지의 자기 계발 분야 도서 목록 3위에 올라 있는 베스트셀러 저자라고 했다. 표를 보면 〈학교는 끝나지 않는다〉가 3위이므로 정답은 (C)이다.

93. 그레이 씨는 고용주들이 직원들을 위해 무엇을 해야 한다고 믿는가?
(A) 수업료를 지급할 것
(B) 휴가 기간을 늘일 것
(C) 임금을 인상할 것
(D) 작업 마감 기한을 연장할 것

해설 세부 사항을 묻고 있다. 넷째 문장의 her belief that employers should set aside funds to invest in their employees' ongoing education through training seminars and classes에서 그레이 씨는 고용주들이 자금을 확보해 교육 세미나와 강좌를 통한 직원들의 지속적인 교육에 투자해야 한다고 믿는다고 했다. 따라서 set aside funds to invest in을 Pay for로 바꾸어 표현한 (A)가 정답이다.

94. 청자들은 다음에 무엇을 듣게 될 것인가?
(A) 광고
(B) 도서 낭독
(C) 뉴스 보도
(D) 강의

해설 다음 행동을 묻고 있다. 마지막 문장의 let's listen to a brief clip of her reading her book에서 그레이 씨가 청중에게 자신의 책을 읽어 주는 짧은 오디오 클립을 함께 들어 보자고 했으므로 정답은 (B)이다.

95-97 MB

Good evening, this is Jean Millet calling to place a reservation for two people this Thursday evening at six o'clock. **95)The last time I was at your restaurant, I sat at a lovely table next to a window overlooking the bay. If possible, please put us at one of those tables again.** Oh, also, I heard that sometimes you run out of your specials on busy nights, so **96)I'd like to reserve two Thursday Specials.** And last, **97)I plan to pay for the meal using reward points from my Traveler's Friend membership card.** Will that be OK? Thank you, and please call me back at 202-555-0148 to confirm the reservation.

안녕하세요, 저는 장 밀레이며 이번 주 목요일 저녁 6시에 두 사람 자리를 예약하려고 전화합니다. 지난번에 식당에 갔을 때는 만이 내려다보이는 창문 옆의 멋진 테이블에 앉았습니다. 가능하면 저희를 그 테이블들 중 하나에 다시 앉게 해 주시기 바랍니다. 아, 그리고 때로는 바쁜 밤 시간에는 특선 요리가 떨어진다고 들었습니다. 그래서 목요일 특선 요리 두 개를 예약하고 싶습니다. 그리고 마지막으로 제 트래블러스 프렌드 회원 카드의 보상 포인트를 이용해 식사비를 결제할 계획입니다. 그래도 괜찮을까요? 감사합니다. 그리고 202-555-0148번으로 제게 답신 전화를 주셔서 예약을 확인해 주시기 바랍니다.

실베스터스 구오메이 비스트로의 일일 특선 요리	
월요일	파스타
화요일	돈가스
수요일	스테이크
목요일	바닷가재

어휘 place (예약·주문 등을) 하다 reservation 예약
the last time 지난번 lovely 훌륭한, 멋진 next to ~ 바로 옆에
overlooking 내려다보이는 bay 만(灣) If possible 가능한
run out of ~이 떨어지다 special 특별 상품, 특선 요리
reserve 예약하다 last 마지막으로 plan to ~할 계획이다
pay for 결제하다 meal 식사 reward 보상 traveler 여행자
confirm 확인하다 pasta 파스타(이탈리아식 국수)
pork cutlet 돈가스, 포크커틀릿 lobster 바닷가재

95. 화자는 어떤 요청을 하는가?
[A] 창가에 앉게 해 줄 것
[B] 음식을 넣어 갈 상자를 받는 것
[C] 메뉴 항목을 변경하는 것
[D] 신속히 접대해 줄 것

해설 둘째 문장의 The last time I was at your restaurant, I sat at a lovely table next to a window와 셋째 문장의 please put us at one of those tables again에서 지난번에 갔을 때 앉았던 창가 테이블들 중 하나에 다시 앉게 해 달라고 했으므로 (A)가 정답이다.

96. 시각정보에 의하면, 화자는 어떤 음식을 주문하는가?
[A] 파스타
[B] 돈가스
[C] 스테이크
[D] 바닷가재

해설 시각정보 연계 문제이다. 첫 문장의 this Thursday와 후반부의 I'd like to reserve two Thursday Specials에서 목요일 특선 요리를 예약한다고 했다. 표를 보면 Thursdays의 요리는 Lobster이므로 정답은 (D)이다.

97. 화자는 어떻게 식사비를 결제할 것 같은가?
[A] 현금으로
[B] 체크 카드로
[C] 상품권으로
[D] 보상 포인트로

해설 세부 사항을 묻고 있다. 후반부의 I plan to pay for the meal using reward points from my Traveler's Friend membership card에서 회원 카드의 보상 포인트를 이용해 식사비를 결제할 계획이라고 했으므로 정답은 (D)이다.

98-100 MA

First, ⁹⁸⁾**let me thank Allen Rich for putting together this report and slideshow** on the various advertising agencies we're considering to promote our new line of athletic wear. This chart on page two of his presentation materials that compares the different agencies' strengths has been especially useful in considering this decision. Personally, ⁹⁹⁾**I feel like we should go with the agency that has the lowest costs.** Since ¹⁰⁰⁾**we are making entry-level sports clothes that we want to be affordable for all athletes**, it doesn't make sense to advertise them in luxury-lifestyle magazines or with expensive television ads. Of course, if anyone has a different opinion, please let me know.

먼저, 우리의 새 운동복 제품군을 홍보하려고 우리가 고려 중인 다양한 광고 대행사에 관한 이 보고서와 슬라이드쇼를 작성해 준 것에 대해 앨런 리치에게 감사드립니다. 그의 발표 자료 2페이지의 이 도표는 대행사들의 장점들을 비교해 주어 이 결정을 고려하는 데 특히 유용했습니다. 개인적으로 저는 우리가 비용이 가장 낮은 대행사를 택해야 한다고 생각합니다. 우리는 모든 운동선수들이 구입하기에 적당한 가격으로 여겨지는 저가형 스포츠 의류를 만들 것이기 때문에 고급 생활 양식 잡지나 비싼 TV 광고로 광고하는 것은 타당하지 않습니다. 물론, 누군가 다른 의견이 있다면 알려 주시기 바랍니다.

	최저 비용	최다 경력	최고 평가	최대 대행사
벤슨 애즈		✓		
클리어 뷰				✓
마켓 베스트	✓			
애드버트 어필			✓	

어휘 first 우선, 먼저 put together (여러 가지를 모아) 만들다, 준비하다
report 보고서 slideshow 슬라이드쇼 various 다양한
advertising agency 광고 대행사 consider 고려하다
promote 홍보하다 line 제품군 athletic wear 운동복
chart 도표 presentation 프레젠테이션, 발표
material 자료, 재료 compare 비교하다 different 각기 다른
strength 강점, 장점 especially 특히 useful 유용한
decision 결정 personally 개인적으로 feel like ~라고 생각하다
go with (계획·제의 등을) 받아들이다 lowest 가장 낮은
costs 경비, 비용 since ~이기 때문에 entry-level 입문용의, 값싸고 단순한 affordable (값이) 적당한 athlete 운동선수
make sense 타당하다, 말이 되다 advertise 광고하다
luxury-lifestyle 고급 생활 양식의 magazine 잡지
expensive 비싼 ad 광고(= advertisement) opinion 의견

98. 화자는 왜 앨런 리치에게 고마워하는가?
[A] 비용을 절감했기 때문에
[B] 회사를 창업했기 때문에
[C] 회의를 준비했기 때문에
[D] 발표 자료를 작성했기 때문에

해설 세부 사항을 묻고 있다. 첫 문장의 let me thank Allen Rich for putting together this report and slideshow에서 보고서와 슬라이드쇼를 작성해 준 것에 대해 앨런 리치에게 감사한다고 했다. 따라서 putting together this report and slideshow를 creating a presentation으로 바꾸어 표현한 (D)가 정답이다.

99. 시각정보에 의하면, 화자는 어떤 광고 대행사를 이용하자고 제안하는가?
(A) 벤슨 애즈
(B) 클리어 뷰
(C) 마켓 베스트
(D) 애드버트 어필

해설 시각정보 연계 문제이다. 후반부의 I feel like we should go with the agency that has the lowest costs에서 화자는 비용이 가장 낮은 대행사를 택해야 한다고 했다. 표를 보면 Lowest cost 항목에 표시되어 있는 업체는 Market Best이므로 정답은 (C)이다.

100. 화자가 회사의 새 의류 제품군에 관해 언급하는 것은 무엇인가?
(A) 인기 있다.
(B) 비싸지 않다.
(C) 카탈로그에서 판매된다.
(D) 유명한 운동선수들이 홍보한다.

해설 세부 사항을 묻고 있다. 후반부의 we are making entry-level sports clothes that we want to be affordable for all athletes에서 모든 운동선수들이 구입하기에 적당한 저가형 스포츠 의류를 만들 것이라고 했다. 따라서 (B) inexpensive가 정답이다.

Part 5 본책_ p. 376~378

101. (D)	102. (B)	103. (B)	104. (C)	105. (D)
106. (B)	107. (A)	108. (C)	109. (B)	110. (C)
111. (D)	112. (B)	113. (C)	114. (D)	115. (A)
116. (D)	117. (D)	118. (C)	119. (D)	120. (B)
121. (C)	122. (D)	123. (A)	124. (A)	125. (A)
126. (D)	127. (D)	128. (C)	129. (C)	130. (B)

101.
해설 주어 자리 대명사를 선택하는 문제로 주격 형태를 선택해야 한다. 따라서 주격인 (D)가 정답이다.
해석 한 씨는 승진한 후 이 프로젝트를 책임질 것이다.
어휘 promotion 승진   in charge of ~을 책임지다

102.
해설 상관접속사를 고르는 문제로 빈칸 뒤에 'A and B' 구조가 보이므로 빈칸에는 (B) both가 가장 어울린다. (C) either는 either A or B(A나 B 둘 중의 하나) 형태로 쓰인다.

해석 새로 생긴 지역문화회관은 성인과 어린이 모두에게 레크리에이션 기회를 줄 것이다.
어휘 community center 지역문화회관   provide 제공하다   opportunity 기회   adult 성인

103.
해설 빈칸 자리 앞에는 주어, 뒤에는 목적어가 있으므로 빈칸은 동사 자리다. (A)와 (B)가 동사인데 주어가 model로 단수이므로 단수동사인 (B) produces가 정답이다.
해석 아스트로 시스템즈의 신모델은 기존 모델보다 더 깨끗한 소리를 낸다.
어휘 produce 생산하다, 만들다   clear 깨끗한   previous 이전의, 과거의

104.
해설 빈칸 뒤에 information(정보)과 어울려서 '더 많은 정보를 얻으려면'이라는 의미가 적합하므로 (C) For가 정답이다.
해석 더 많은 정보를 얻으시려면 555-0509번으로 본사에 연락하세요.
어휘 information 정보   contact 연락하다   central office 본사

105.
해설 문장 구조상 주어는 contest까지이며 빈칸에는 주어, 즉 명사 상당 어휘가 들어가야 한다. 보기에서 명사는 (D)이다. entry가 '출품작'이라는 의미로 사용되었다.
해석 미술대회 출품작은 5월 13일까지 접수되어야 한다.
어휘 painting 그림, 회화   contest 대회

106.
해설 빈칸 앞에는 조동사 can, 뒤에 동사 access(접근하다)가 이어지므로, 빈칸에는 동사를 꾸미는 부사가 와야 한다. 따라서 부사인 (B) easily가 정답이다.
해석 에이스 은행의 고객들은 하루 24시간 개인 뱅킹 정보에 쉽게 접근할 수 있다.
어휘 access 접근하다   personal 개인적인

107.
해설 어울리는 형용사 어휘를 고르는 문제다. 사장이 칭찬했다(commended)라고 했고 수식을 받는 명사가 work(일, 과업)이므로 어울리는 형용사로 (A) excellent(뛰어난)가 적합하다.
해석 마이텍스 플라스틱스의 사장은 영업사원들의 뛰어난 성과를 칭찬했다.
어휘 commend 칭찬하다   sales staff 영업사원   grievous 통탄스러운   grateful 감사하는   absolute 절대적인

108.
해설 문장의 구조는 〈is + _____ + 과거분사〉로 동사를 수식하는 부사를 선택해야 한다. 따라서 (C)가 정답이다. favorably는 '호의적으로, 좋게'라는 의미로 쓰인다.

해석 새로운 마케팅 캠페인은 그 지역 내의 고객들에게 호의적인 평을 받았다.
어휘 receive 받다   within ~ 내에   region 지역

109.
해설 보기에 접속사와 전치사가 보이므로 문장구조를 파악해야 하는 문제다. 빈칸 뒤에 〈주어+동사〉가 아닌 명사구가 왔으므로 빈칸에는 전치사 와야 한다. 따라서 접속사인 (A)는 제외된다. 문맥상 adverse weather(악천후) 때문에 일정이 조정되었다는 것이 자연스러우므로 (B)가 정답이다.

해석 콤프턴 가의 박람회는 악천후로 일정이 조정되었다.
어휘 fair 박람회, 품평회   reschedule (일정을) 재조정하다
adverse 불리한, 나쁜   even though ~에도 불구하고
since ~ 이래로   besides ~ 이외에도

110.
해설 동사 어휘를 선택하는 문제다. 빈칸 뒤에 전치사 from이 보이므로 from과 어울리는 동사로 prevent A from B(A가 B하는 것을 막다)를 고를 수 있다. 사무 처리가 지연되었으므로 문맥상으로도 (C)가 가장 적합하다.

해석 회계부의 사무 처리 지연으로 조 씨는 금주에 새로운 업무를 시작하지 못할 것이다.
어휘 accounting department 회계부   delay 지연
paperwork 사무 처리, 정리

111.
해설 동사인 review 뒤에 오는 목적어를 골라야 한다. 따라서 목적어 자리에 올 수 있는 명사이자 문맥상 review의 목적어가 될 수 있는 (D)가 어울린다. (C)는 동명사이므로 정답이 되려면 〈arranging+목적어〉 형태로 arranging 뒤에 목적어가 와야 한다.

해석 그 최고경영자는 모든 간부들이 가능한 한 빨리 출장 준비사항을 점검하도록 요구한다.
어휘 CEO 최고경영자   request 요구하다   supervisor 감독자, 간부
review 검토하다   travel arrangement 출장 준비
as soon as possible 가능한 한 빨리

112.
해설 be동사(is) 뒤에 빈칸이 있으므로 보어 자리다. 주어가 résumé(이력서)이며 문맥상 이력서가 인상적이라는 의미가 적합하므로 (B)가 가장 어울린다. (A) impressing은 impress라는 타동사의 동명사이므로 impressing 다음에 목적어가 있어야 하며, (C) impressed(감명 받은)는 'She looked impressed(그녀는 감명 받은 듯했다)'처럼 사람이 주어일 때 어울리는 형용사다.

해석 그 직책의 후보자들은 뛰어난 자격을 갖추고 있지만 Park 씨의 이력서가 특히 인상적이다.
어휘 candidate 후보자, 지원자   highly qualified 상당히 자격을 갖춘
resume 이력서   impressive 인상적인   impressed 감명 받은

113.
해설 빈칸은 형용사 responsible을 꾸미는 자리이므로 부사가 와야 한다. 문맥상 '주로 책임지고 있다'가 자연스러우므로 (C)가 정답이다. 나머지 보기들은 문맥상 어울리지 않는다.

해석 항만운송부의 임 씨는 주로 배송 일정을 조정하는 일을 책임지고 있다.
어휘 be responsible for ~을 책임지다   coordinate 조정하다
delivery schedule 배송 일정

114.
해설 〈동사(check)+목적어(the sales report)〉 뒤에 빈칸이 있으므로 동사를 수식하는 부사 자리다. 따라서 (D)가 정답이다. (A)는 동사, (B)는 명사, (C)는 동사 quicken의 과거형이다.

해석 송 씨는 마감기한이 내일이기 때문에 매출보고서를 점검하라는 요청을 받았다.
어휘 be asked to do ~하라고 요청 받다   check 점검하다
deadline 마감일자

115.
해설 train service(열차 서비스)가 주어이고, 빈칸은 동사 자리다. 또한 while 이후로 선로 일부가 교체된다는 말이 있으므로 문맥상 열차 서비스가 중단된다는 해석이 어울린다. 그런데 service가 주어이므로 수동태가 어울린다. (A)와 (B)가 수동태인데 오후 10시부터 자정까지는 미래를 나타내므로 보기 중에서는 수동태의 미래시제인 (A)가 정답이다. while 등 시간이나 조건을 나타내는 부사절에는 현재가 미래를 대신한다는 점에 유의하자.

해석 울산에서 부산으로 가는 열차 서비스는 일부 철로 구간이 교체되는 동안 밤 10시에서 자정까지 일시 중단될 것이다.
어휘 suspend 일시 중단하다   section 구간   track 철로
replace 교체하다

116.
해설 빈칸 뒤에 〈주어+동사〉가 이어지므로 접속사 자리다. 보기 중 접속사는 (B)와 (D)가 있는데, (B) Where는 이어지는 문장과 해석이 자연스럽게 연결되지 않는다. 문맥상 주문품이 도착했지만 실수로 지연되었다가 자연스러우므로 (D) Although가 정답이다. (A) Despite (비록 ~일지라도)는 전치사, (C) Meanwhile(그러한 동안에)은 부사이므로 정답에서 제외된다.

해석 주문품이 방콕에 도착했지만 배송 기사의 실수로 지연되었다.
어휘 order 주문품   be delayed 지연되다   due to ~때문에
oversight 실수   delivery driver 배송 기사

117.
해설 빈칸 뒤 명사인 preference(기호)와 어울리는 동사를 선택하는 문제다. 설문조사 결과가 선호도를 나타내므로 '선호를 보이다'는 의미로 (D) indicate가 정답이다. 이밖에 정답이 될 수 있는 동사로는 show, reveal이 있다. (C) advise 뒤에는 조언을 받는 사람이 온다는 것을 알아 두자.

해석 설문조사 결과는 흰색 포장보다 붉은색 포장을 선호한다는 것을 보여준다.
어휘 result 결과 survey 설문조사 indicate 보이다, 나타내다
preference 선호 package 포장 over ~보다
designate 지정하다 transfer 이전하다 advise 충고하다

118.
해설 문장 구조상 어울리는 품사를 선택하는 문제다. 〈주어+____+동사〉 구조로 빈칸에는 동사를 꾸미는 부사가 와야 한다. 따라서 (C) frequently가 정답이다.

해설 지역 역사박물관은 지속적인 운영을 위해 기업과 개인의 자발적인 기부금에 자주 의존한다.

어휘 history museum 역사박물관 frequently 자주, 빈번히
rely on ~에 의존하다 voluntary 자발적인 donations 기부금
individual 개인 stay open 계속해서 문을 열다
frequent 잦은, 빈번한 frequency 빈도

119.
해설 보기가 모두 명사이므로 문맥상 어울리는 보기를 선택해야 한다. '호텔 숙박객이 이용할 좋은 기회를 갖는다'가 가장 자연스러우므로 (D)가 정답이다. (B)가 정답이 될 수 없는 이유는 '편의성'이란 의미로 사용될 때는 불가산명사이므로 앞에 a와 어울릴 수 없기 때문이다. a 다음에는 가산명사가 와야 한다. (D) opportunity는 가산명사다.

해설 호텔 숙박객은 커피숍과 넓은 수영장들을 포함하여 많은 시설을 이용할 좋은 기회를 갖는다.

어휘 guest 손님 opportunity 기회 use 사용하다 facility 시설
including ~을 포함하여 attempt 시도 convenience 편리함
appointment 약속

120.
해설 빈칸 앞에 조동사 will이 있고 빈칸 뒤에는 목적어(new programs and updates)가 있으므로 빈칸은 동사 자리다. 조동사 뒤에는 동사원형이 오므로 동명사인 (C)와 명사인 (D)는 정답에서 제외된다. 기술자들은 새로운 프로그램을 설치하는 주체이므로 능동태인 (B)가 정답이다.

해설 우리 기술자들은 3월 3일 화요일에 컴퓨터에 새로운 프로그램과 업데이트를 설치할 것이다.

어휘 technician 기술자 install 설치하다

121.
해설 구조상 어울리는 품사를 선택하는 문제다. 빈칸 앞에 타동사 make가 있으며 빈칸은 타동사 뒤에 이어지는 목적어 명사 자리다. 따라서 (C)가 정답이다. make reservations for(~을 예약하다) 표현을 알아두자.

해설 이 씨는 자원봉사자들을 예우하는 연회를 열기 위해 금주 금요일 예약을 해달라고 요청했다.

어휘 make reservations 예약하다 hold a banquet 연회를 열다
honor 예우하다, 영예를 주다 volunteer 자원봉사자

122.
해설 문맥상 어울리는 동사 어휘를 선택하는 문제다. 빈칸 뒤에 receipts(영수증)가 있고 뒤에 '환급을 받으려면'이 있으므로 영수증을 간직해야 한다는 내용이 어울린다. 따라서 (D)가 정답이다. (B) remain(남아 있다)은 자동사이므로 뒤에 목적어가 올 수 없다.

해설 환급을 받으려면 출장 영수증을 모두 간직하는 것이 현명하다.

어휘 advisable 바람직한, 현명한 receipt 영수증
business travel 출장 so that A can A가 ~할 수 있도록
be reimbursed 환급 받다 resume 다시 시작하다
remain 남아 있다 reply 응답하다

123.
해설 계절적 수요를 수용하기 위해 인력을 충원한다는 내용이므로 (A) additional이 정답이다. (B)는 obtained information(획득된 정보), obtained permission(허가) 등으로 쓰인다.

해설 계절적 수요에 대응하고자 6명의 직원을 서울지사에 파견할 것이다.

어휘 accommodate 수용하다 seasonal 계절에 따른 demand 수요
additional 추가적인 staff 인력을 충원하다 obtained 획득된
approximate 대략 infinite 무한한

124.
해설 빈칸부터 assistant까지가 선행사인 Kim을 수식한다. 관계대명사가 빈칸에 들어갈 자리로 적합한데 선행사가 사람이고, 빈칸 뒤에 works가 동사이므로 빈칸에는 주격 관계대명사가 적합하다. 따라서 정답은 (A)다. (B) which는 선행사가 사물인 경우에 사용되고, (C) whose는 〈명사+whose+명사〉 구조가 되어야 한다. (D) whoever는 'anyone who'의 줄인 표현으로 선행사를 포함하고 있기 때문에 앞에 선행사가 있으면 안 된다.

해설 행정비서로 일하고 있는 김 씨는 기밀문서를 번역한다.

어휘 administrative assistant 행정비서 provide 제공하다
translation 번역 confidential 기밀의

125.
해설 가장 큰 단서는 빈칸 뒤에 〈than+비교대상〉이 이어지므로 〈more ... than〉 구조인 비교급이 와야 한다. 따라서 정답은 비교급을 만드는 (A) more다.

해설 드링크프로 사의 여행용 머그는 시중의 유사 제품들보다 더 비싸다.

어휘 travel mug 여행용 머그 expensive 값비싼 similar 유사한
on the market 시중에

126.
해설 주어가 자동차, 동사는 offers(제공하다)이며 이어지는 목적어를 고르는 문제다. 따라서 exceptional(뛰어난) 성능을 제공하다가 어울리므로 (D) performance가 정답이다.

해설 스피드 Z50 자동차는 최고의 연비 등급을 유지하면서 뛰어난 성능을 제공한다.

어휘 offer 제공하다 exceptional 뛰어난 performance 성능
maintain 유지하다 fuel efficiency 연비 rating 등급
interruption 방해 projection 예측 exhibition 전시, 전시회

127.
해설 빈칸 앞에 부정관사 a가 있고 뒤에는 수식을 받는 명사 contract (계약서)가 있다. 따라서 명사를 수식하는 형용사가 필요하므로 분사인 (A)와 (D)가 정답이 될 수 있다. revise(수정하다)와 contract (계약서)는 수동의 관계이므로 과거분사인 (D) revised가 정답이다.

해석 수정된 계약서는 서면으로 제출되기 전에 관리자가 승인해야 한다.

어휘 revised 수정된 contract 계약서 approve 승인하다
supervisor 감독자 submit 제출하다 in writing 서면으로

128.
해설 해석으로 선택하는 어휘 문제다. '전문지식이 직원들에게 유익하다'는 내용이 자연스러우므로 (C)가 정답이다.

해석 애벗 씨의 마케팅 전문지식은 우리 마케팅부 및 영업부 직원들에게 무척 유익할 것이다.

어휘 expertise 전문지식 extremely 매우 beneficial 유익한, 이로운
alternative 다른 financial 재정의 conclusive 최종적인

129.
해설 보기에 부사, 전치사, 접속사가 있으므로 구조를 보고 품사를 판단해야 한다. 빈칸 뒤에 〈주어+동사〉가 이어지므로 빈칸은 접속사 자리다. 보기 중 접속사로 쓸 수 있는 것은 (C)가 유일하다. (A), (D)는 부사이며 (B)는 전치사다.

해석 공사가 끝나면 무원 아파트의 입주자들이 이사를 시작할 것이다.

어휘 once 일단 ~하면 construction 건축, 건설 resident 주민
move in 입주하다

130.
해설 구조를 파악하는 문제다. 〈be helpful in ~ing〉은 '~하는 데 도움이 되다'의 의미로 사용된다. 빈칸 뒤에 'valuable inventory information(소중한 재고 정보)'이 있으므로 '정보를 찾다'는 동사가 어울린다. 단, 빈칸 앞에 전치사가 있으므로 동명사가 와야 하므로 (B)가 정답이다.

해석 새로운 관리 소프트웨어는 소중한 재고 정보를 찾는 데 상당히 유용하다.

어휘 quite 꽤, 매우 helpful 도움이 되는 locate 찾다
valuable 가치 있는, 소중한 inventory 재고

Part 6 본책_ p.379~382

131. (B) 132. (A) 133. (C) 134. (C) 135. (B)
136. (D) 137. (B) 138. (C) 139. (B) 140. (B)
141. (B) 142. (D) 143. (A) 144. (C) 145. (C)
146. (C)

131-134.

오늘 트라이배릭 피트니스 센터에 가입하세요!
(808) 555-0312 이메일: cus@tribaricfitness.com

건강 향상을 기대하신다면 트라이배릭 피트니스 센터에 가입하는 것을 고려하십시오. 여전히 지역 최고의 피트니스 전문가들에 의해 지역에서 소유되고 운영되는 트라이배릭 피트니스 센터는 트라이배릭 시에서 가장 인정받는 헬스클럽입니다. 바인 가에 있는 저희 헬스클럽이 귀하에게 꼭 필요한 유일한 피트니스 센터입니다. **저희 헬스클럽에서는 다양한 서비스를 제공합니다.** 저희는 영양 상담, 개인별 맞춤 훈련 프로그램, 단체 운동 수업과 기타 훨씬 더 많은 것을 제공합니다. 저희 직원들은 여러분이 어떤 종류의 운동 프로그램이 자신에게 가장 적합할지 결정하도록 도와 드릴 수 있으며 여러분의 특정한 요구에 맞추어 드릴 수 있습니다. 저희에게 이메일을 보내시든, 전화를 하시든, 직접 방문하시든 원하시는 어떤 방식으로든 저희에게 연락 주십시오!

어휘 join 가입하다 fitness center 피트니스 센터, 헬스클럽
look to ~하기를 기대하다 improve 향상되다, 개선되다
fitness 건강, 신체 단련 consider 고려하다 own 소유하다
operate 운영하다 region 지역 expert 전문가
respected 인정받는, 높이 평가되는 single 단 하나의, 하나뿐인
location 위치, 장소 offer 제공하다 nutrition 영양
consultation 상담 customized 맞춤형의, 주문 제작되는
personal 개인의 training 훈련, 교육 exercise 운동, 연습
staff 직원들 decide 결정하다 work best 가장 적합하다
tailor (요구·조건에) 맞추다, 조정하다 specific 특정한, 구체적인
needs 요구 contact 연락하다 in person 직접, 몸소

131.
해설 문맥에 맞는 부사를 고르는 문제이다. 빈칸 뒤의 our region's 가 문제 해결의 단서가 된다. 따라서 '지역적으로, 지역에서'라는 의미의 (B) locally가 정답이다.

132.
해석 (A) 저희 헬스클럽에서는 다양한 서비스를 제공합니다.
(B) 두 번째 장소가 지난주에 문을 열었습니다.
(C) 여러분의 회원 카드가 곧 도착할 예정입니다.
(D) 우리는 그들에게 그 추천에 대해 감사했습니다.

해설 문맥에 맞는 문장을 고르는 문제이다. 빈칸 뒤의 문장 We offer nutrition consultations, customized personal training programs, group exercise classes, and much more.에서 피트니스 센터가 제공하는 다양한 서비스를 구체적으로 설명하고 있다. 따라서 fitness center를 gym으로 바꾸어 표현한 (A)가 정답이다.

133.
해설 적절한 의문사를 고르는 문제이다. 문맥상 빈칸은 뒤에 나오는 명사 kind를 수식할 수 있는 형용사가 들어갈 자리이다. 따라서 형용사 역할을 할 수 있는 의문사인 (C) what이 정답이다.

134.
해설 문맥에 맞는 형용사를 고르는 문제이다. 명사 way를 수식해 가장 자연스럽게 의미가 통하는 형용사를 골라야 한다. 빈칸 뒤의 e-mail us, phone us, or visit in person이 문제 해결의 단서가 된다. 3가지 방법 중에 선택할 수 있으므로 '어떤 ~이라도, 어느 ~이든'이라는 의미의 (C) any가 정답이다.

135-138.

스타브니즈 조리용품사   제품 품질 보증서 (품목 #203)

저희 5피스 바비큐 & 구이 기구 세트를 구입하신 것을 축하드립니다. 이 **품질 보증서와 영수증을 안전한 곳에 보관하십시오.** 스타브니즈 조리용품사는 이 제품이 구입일로부터 3년의 기간 동안 정상적인 사용하에서 재료와 제조 기술에 결함이 없을 것임을 보증합니다. 이 보증 기간 동안 당신의 제품은 무상으로 수리되거나 교체될 것입니다. 제품에 대한 어떤 변경이든 자동으로 품질 보증을 무효로 만들 것입니다. 제품이 부적절하게 관리되거나 취급된 경우에는 품질 보증이 적용되지 않습니다. 품질 보증 반송 요청을 하시려면 555-0004번으로 전화하시기 바랍니다.

어휘 cooking supply 조리용품   warranty 품질 보증(서)
item 품목, 물품   Congratulations on ~을 축하합니다
purchase 구입   5-piece 5개로 구성된   barbecue 바비큐
grilling (옥외에서) 불에 굽기   tool 도구, 기구
warrant (품질을) 보증하다   free from ~이 없는   defect 결함, 하자
material 재료, 원료   workmanship 제작 기술, 솜씨
normal 정상적인, 보통의   period 기간   repair 수리하다
replace 교체하다, 대체하다   at no cost 무료로
modification 변경, 수정   automatically 자동으로
void 무효로 하다, 취소하다   coverage 보장 (범위)
maintain 유지하다   handle 다루다, 취급하다
improperly 부적합하게   return 반송, 반품   request 요청

135.
해석 (A) 그릴을 설치하기 위해 먼저 이 사용 설명서를 읽어 주십시오.
(B) 이 품질 보증서와 영수증을 안전한 곳에 보관하십시오.
(C) 이 제품의 가격 책정은 예고 없이 바뀔 수 있습니다.
(D) 귀하의 의견이 이 제품의 설계를 개선하는 데 도움이 될 것입니다.

해설 문맥에 맞는 문장을 고르는 문제이다. 지문 첫머리에 이 정보문의 종류가 Product warranty라고 명시되어 있다. 따라서 (B)가 정답이다.

136.
해설 적절한 어형을 고르는 문제이다. 빈칸 앞에 형용사 normal이 있으므로 빈칸은 형용사의 수식을 받는 명사가 들어갈 자리이다. 따라서 (D) use가 정답이다.

137.
해설 문맥에 맞는 명사를 고르는 문제이다. 빈칸에는 명사 period를 수식해 가장 자연스럽게 의미가 통하는 형용사가 와야 한다. 앞 문장의 동사 warrants가 문제 해결의 단서가 된다. 따라서 '보증, 보장'이라는 의미의 (B) guarantee가 정답이다.

138.
해설 문맥에 맞는 동사를 고르는 문제이다. 빈칸 앞의 주어 The warranty coverage와 함께 쓰여 의미가 가장 자연스러운 동사를 골라야 한다. 앞 문장의 void the warranty와 같은 뜻이 되어야 하므로 '적용되다, 해당되다'라는 의미의 (C) apply가 정답이다.

139-142.

재노바 사의 대형 품목 배송 정책

부피가 크거나 무게가 60킬로그램 이상인 제품들은 기본 운송료에 더해 25달러의 '대형' 요금이 필요로 합니다. 저희는 주문하신 물건을 입수하는 대로 도착일과 함께 전화를 드릴 것입니다. 대형 품목은 보통 주문일로부터 10일 이내에 도착합니다. **배송 서비스는 설치를 포함하지 않습니다.** 설치 서비스는 일부 품목들에 한해서만 추가 비용으로 이용 가능하며 저희 정책은 대형 품목을 건물의 정문이나 로비에 놓아두는 것입니다. 추가 요금을 내시면 고객 여러분이 직접 선택하신 특정한 스위트룸이나 아파트 번호로 물건들을 배송받으실 수 있습니다.

어휘 shipping 운송, 배송   policy 정책, 방침   oversized 너무 큰, 특대의
bulky 부피가 큰   weigh 무게가 ~이다   require 요구하다
oversize 특대형(의)   charge 요금   base 기본(의)   fee 요금
arrival 도착   once 일단 ~하면, ~하자마자   order 주문(품)
generally 일반적으로   arrive 도착하다   installation 설치
available 이용 가능한   extra 추가의, 가외의   cost 비용
leave 놓아두다   main door 정문   additional 추가의
surcharge 추가 요금   deliver 배송하다, 배달하다
suite 스위트룸   choice 선택

139.
해설 문맥에 맞는 표현을 고르는 문제이다. 문맥상 빈칸 앞의 a $25 "oversize" charge가 뒤의 the base shipping fee에 추가되는 것이므로 '~에 더해'라는 의미의 전치사구인 (B) in addition to가 정답이다.

140.
해설 적절한 동사형을 고르는 문제이다. 빈칸 뒤쪽의 부사절 once your order is picked가 앞으로 진행될 일이므로 빈칸에는 미래형 동사만 들어갈 수 있다. 부사절의 시점에 주절의 동작이 이미 완료되어 있는 것은 아니므로 미래완료형인 (D) will have called는 사용할 수 없다. 따라서 단순미래형인 (B) will call이 정답이다.

141.
해석 (A) 수입세가 이 해외 도착지들에 적용됩니다.
(B) 배송 서비스는 설치를 포함하지 않습니다.

138

(C) 품질 보증서에는 이 점에 관한 세부 사항이 들어 있습니다.
(D) 설치자가 그 물건을 관리하는 것에 대해 조언해 드릴 수 있습니다.

해설 문맥에 맞는 문장을 고르는 문제이다. 빈칸 다음 문장의 Installation service is available at an extra cost only for some items에서 설치 서비스는 일부 품목들에 한해서만 추가 비용으로 이용 가능하다고 했으므로 (B)가 정답이다.

142.

해설 적절한 인칭대명사형을 고르는 문제이다. 빈칸은 뒤에 나오는 명사 choice를 수식하는 형용사가 들어갈 자리이다. 따라서 형용사 역할을 할 수 있는 소유격 인칭대명사인 (D) their가 정답이다.

143-146.

베트남의 수도에 거주하는 외국 국민들을 도울 목적으로 설립된 새 커뮤니티 센터가 하노이 시내에 문을 열 예정이다. 새 센터인 글로벌 빌리지는 최근에 베트남에 이주해 온 사람들과 장기 거주 외국인들에게 베트남에서 편안히 살 수 있도록 지원을 하게 될 것이다. 글로벌 빌리지는 외국인들이 언어, 춤, 요리 수업을 통해 베트남 문화를 접하게 하는 강좌들을 제공할 예정이다. 그곳에서는 또한 은행 계좌 개설 같은 기본적인 일도 도와줄 것이다. 글로벌 빌리지는 호 마이 타워에 있는 외국인 거주자들을 위한 예전 중심지였던 헬로 하노이를 대체할 것이다.

어휘 downtown 시내, 도심 designed to ~하기 위해 고안된[만들어진] foreign 외국의 national 국민 reside 거주하다 capital 수도 provide A with B A에게 B를 제공하다 recent 최근의 transplant 이주민 longtime 장기간의, 오랫동안의 expatriate 국외 거주자 support 지원하다; 지원 comfortably 편안하게 introduce 소개하다, 접하게 하다 culture 문화 culinary 요리의 hub 허브, 중심지

143.

해설 문맥에 맞는 동사 어휘를 고르는 문제이다. 빈칸 뒤의 foreign nationals를 목적어로 취해 의미가 가장 자연스러운 동사를 골라야 한다. 따라서 '돕다, 원조하다'라는 의미의 (A) aid가 정답이다.

144.

해설 문맥에 맞는 접속사를 고르는 문제이다. 문맥상 빈칸에는 recent transplants to Vietnam과 longtime expatriates를 동등한 관계로 연결해 주는 등위접속사가 와야 한다. 따라서 '~와, 그리고'라는 의미의 (C) and가 정답이다.

145.

해설 적절한 동사형을 고르는 문제이다. 빈칸 뒤에 목적어 classes가 있으므로 빈칸에는 수동형 동사는 올 수 없다. 첫 문장 A new community center will open에서처럼 미래 시점의 이야기를 하고 있으므로 (C) will provide가 정답이다.

146.

해석 (A) 베트남은 세계에서 가장 인기 있는 관광지들 중의 한 곳이다.
(B) 많은 외국인 은퇴자들이 베트남의 지원 서비스가 적절하다고 생각한다.
(C) 그곳에서는 또한 은행 계좌 개설 같은 기본적인 일도 도와줄 것이다.
(D) 헬로 하노이는 3월에 개관식을 열 예정이다.

해설 문맥에 맞는 문장을 고르는 문제이다. 빈칸 앞 문장에서부터 글로벌 빌리지가 외국 국민들에게 제공하게 될 서비스들을 구체적으로 나열하고 있으므로 (C)가 정답이다.

Part 7   본책_ p. 383~403

147. (D)	148. (A)	149. (A)	150. (B)	151. (A)
152. (B)	153. (A)	154. (B)	155. (B)	156. (B)
157. (C)	158. (D)	159. (A)	160. (B)	161. (C)
162. (A)	163. (B)	164. (D)	165. (A)	166. (C)
167. (C)	168. (A)	169. (B)	170. (C)	171. (B)
172. (B)	173. (D)	174. (B)	175. (A)	176. (A)
177. (B)	178. (C)	179. (D)	180. (B)	181. (D)
182. (C)	183. (D)	184. (B)	185. (B)	186. (B)
187. (B)	188. (A)	189. (A)	190. (D)	191. (B)
192. (C)	193. (A)	194. (A)	195. (D)	196. (B)
197. (C)	198. (C)	199. (C)	200. (A)	

147-148.

발신: 프레드 재스퍼스 <f_jaspers@vanguardstudios.com>
수신: 위니 프라이스 <w_price@vanguardstudios.com>
제목: 채용 건

위니 씨께,

저는 레베카가 귀하의 면접 진행 업무에 합류했으면 합니다. 괜찮으시다면 레베카에게 통보해 주시고, 귀하의 질문 유형을 검토하도록 해주십시오. 귀하의 업무가 더 수월해지도록 레베카와 빌을 교육하고자 합니다. 우리가 거의 모든 업무를 맡기고 있다는 사실을 잘 압니다. 도움에 감사 드립니다. 월요일과 화요일에 지원자 20명을 면접할 준비가 되었다고 들었습니다. 채용이 수월하게 진행되도록 제가 도울 수 있는 일이 있다면 말씀해 주세요. 그럼 진행 상황 계속 알려주세요.

프레드

어휘 go over 검토하다 rely on 의존하다 appreciate 감사히 여기다 hiring process 채용 과정 run smoothly 수월하게 진행하다 updated 수정된

147. 면접 진행 시 누가 프라이스 씨를 도울 것인가?

(A) 빌
(B) 프레드
(C) 재스퍼스
(D) 레베카

해설 프레드가 보낸 편지에서 I want Rebecca to join you in the interviews(저는 레베카가 귀하의 면접 진행 업무에 합류했으면 합니다)라는 내용이 있으므로 정답은 (D)이다.

139

148. 언제 면접이 진행될 것인가?
[A] 화요일
[B] 수요일
[C] 목요일
[D] 금요일

해설 프레드가 보낸 편지에서 you are ready to interview 20 applicants on Monday and Tuesday(월요일과 화요일에 지원자 20명을 면접할 준비가 되었다)는 말을 들었다는 언급이 있으므로 정답은 (A)다.

149-150.

미치 그린	오전 9:21
데릭, 쉬는 날에 귀찮게 해서 미안하지만 새 윤전 인쇄기에 문제가 있어요. 사용 설명서가 어디에 있는지 알고 있나요?	
데릭 카터	오전 9:24
뭐가 잘못됐나요?	
데릭 카터	오전 9:24
내가 들어가야 하나요?	
미치 그린	오전 9:26
아니요. 그럴 필요는 없어요. 그냥 인쇄기의 속도를 바꿀 수가 없어서요. 인쇄를 너무 느리게 해요. 사용 설명서만 받으면 문제를 해결할 수 있을 것 같아요.	
데릭 카터	오전 9:27
네, 내 책상 위쪽의 캐비닛 안을 들여다봐요. 내가 그곳에 설명서를 넣어 놨어요. 녹색 폴더 안에 있어요.	
미치 그린	오전 9:30
알았어요. 고마워요, 데렉.	

어휘 bother 귀찮게 하다 day off 쉬는 날 problem 문제 printing press 윤전 인쇄기 manual 안내서, 지침 wrong 잘못된, 고장 난 necessary 필요한 speed 속도 print 인쇄물 fix 고치다 look in 들여다보다 cabinet 캐비닛 folder 폴더, 서류철

149. 오전 9:24에 카터 씨가 "내가 들어가야 하나요?"라고 묻는 이유는?
[A] 도움을 제공하려고
[B] 일정을 확인하려고
[C] 직원의 의욕을 북돋우려고
[D] 회의를 피하려고

해설 의도 파악 문제이다. 첫 단락의 we've got a problem with that new printing press에서 새 인쇄기에 문제가 있다고 했으므로 자신이 사무실에 가서 도와줘야 하는지를 묻고 있음을 알 수 있다. 따라서 (A)가 정답이다.

150. 인쇄기의 문제로 지적되는 것은?
[A] 작동 온도
[B] 인쇄 속도
[C] 인쇄물 크기
[D] 기계 소음

해설 세부 사항을 묻고 있다. 넷째 단락의 We just can't change the speed of the printer.에서 인쇄기의 속도를 바꿀 수 없다고 했으므로 (B)가 정답이다.

151-152.

발신: 브라이언 웰스 〈brian_102@hatter.com〉
수신: 수재너 가르시아 〈s.garcia@esp.institute.com〉
제목: 수업
일시: 4월 3일 오후 1시 49분

가르시아 선생님께,
제가 몇 시간 내로 가족을 방문하러 떠나야 하기 때문에 목요일과 금요일 수업에 참석할 수 없다는 말씀을 드리는 걸 깜빡 잊었습니다. 하지만 교재를 갖고 갈 거라서요. 괜찮으시다면, 월요일 수업 준비를 위해 몇 쪽을 읽어가야 할지 알려 주십시오. 수업 진도가 약간 빨라지고 있으니까 최선을 다해 다른 학생들을 따라갈 수 있도록 공부하고 싶습니다.
그럼 주말 잘 보내세요.

브라이언

어휘 forget to부정사 ~하는 것을 잊다 make it to+장소 ~로 가다 prepare for ~을 준비하다 keep up with ~을 따라잡다

151. 웰스 씨는 가르시아 선생님을 언제 볼 것 같은가?
[A] 월요일
[B] 화요일
[C] 수요일
[D] 목요일

해설 학생인 웰스 씨가 선생님 가르시아 씨를 만나게 될 요일을 묻는 문제다. 2번째 단락에서 please let me know what pages I should read to prepare for Monday(월요일 수업 준비를 위해 몇 쪽을 읽어가야 할지 알려 주십시오)라고 묻고 있으므로 월요일 수업에 참석할 예정임을 알 수 있다. 따라서 정답은 (A) 월요일이다.

152. 웰스 씨가 요청한 정보는?
[A] 쓰기 과제
[B] 읽기 과제
[C] 말하기 과제
[D] 듣기 과제

해설 학생이 요청한 정보의 종류를 묻는 문제다. 2번째 단락에서 please let me know what pages I should read(몇 쪽을 읽어가야 할지 알려 주십시오)라는 내용으로 미루어 볼 때 읽기 과제를 묻고 있음을 알 수 있다. 따라서 정답은 (B) 읽기 과제다.

153-154.

발신: 마커스 스미스 (marc_smith382@themail.com)
수신: HT 전자 (customer@htelectronics.com)
제목: 주문 건
일시: 10월 25일 오후 12시 23분

관계자 분께,
10월 3일 목요일 귀사의 온라인 쇼핑몰에서 난방기를 하나 주문했습니다. 대략 3주 전입니다. 빠른 배송을 위한 추가 요금을 지불하지는 않았지만, 육상 운송은 통상 영업일수 기준 3~5일이 소요되기 때문에 이미 난방기를 받았어야 합니다.
주문한 모델은 SafeHeat 5000입니다. 주문번호는 9874입니다. 특히 신용카드로는 이미 대금이 청구된 상황이라 현재 주문 상태에 대해 알고 싶습니다.

감사합니다.
마커스 스미스

어휘 order 주문하다 heater 난방기 extra 추가의 ground 지상의 shipping 운송, 배송 already 이미 working day 영업일수 charge 청구하다

153. 스미스 씨는 언제 물건을 주문했는가?
(A) 10월 3일
(B) 10월 13일
(C) 10월 23일
(D) 10월 30일

해설 스미스 씨의 주문 시점을 묻는 문제다. 스미스 씨가 쓴 이메일 첫 행에 I ordered a heater from your online store on Thursday, October 3(10월 3일 목요일 귀사의 온라인 쇼핑몰에서 난방기를 하나 주문했습니다)라는 내용이 있으므로 정답은 (A)다.

154. 스미스 씨의 주문품에 대해 사실인 것은?
(A) 늦게 받았다.
(B) 신용카드로 결제했다.
(C) 카탈로그를 통해 구입했다.
(D) 익일 배송을 요청했다.

해설 스미스 씨의 주문에 대해 사실인 내용을 찾는 문제다. 2번째 단락 마지막 부분에서 since my credit card has already been charged (신용카드로는 이미 대금이 청구된 상황이라)라는 내용을 통해 신용카드로 대금이 청구된 상황임을 알 수 있으므로 정답은 (B)다.

155-157.

발신: 사우스 이스트 항공 고객서비스팀
수신: 키넌 프래드한 <k_pradhan@klmail.com>
제목: 목요일 항공편
일시: 4월 23일 오후 2시 8분

키넌 씨께,

사우스 이스트 항공은 귀하께 쿠알라룸푸르행 항공편이 예정대로 출발할 예정임을 알리고자 합니다.

FLT 1109 방콕발~쿠알라룸푸르행
4/28(목) BKK 17:15 KUL 20:15 (소요시간: 3시간 0분)

이것은 국제선이므로 최소 2시간 전에는 공항에 도착하시기 바랍니다. 수하물 제한 규정에 관해 궁금한 사항이 있으시다면 저희 웹사이트를 방문하십시오.
출발 8시간 전까지 예약을 변경할 수 있습니다. 예약 변경 수수료는 편당 50달러입니다. 변경 시 총액과 최초 예약 시 총액 사이의 차액도 청구됩니다.
그럼 쿠알라룸푸르에서 즐겁게 지내십시오.
사우스 이스트 항공을 선택해 주셔서 감사합니다.

어휘 remind 상기시키다 depart 출발하다 as scheduled 예정대로 make sure 확인하다 at least 적어도 in advance 사전에 luggage 수하물 restriction 제한 규정 up to ~까지 departure 출발 charge 비용 booking 예약 per flight 편당 be charged 청구되다 at the time ~할 때 originally 처음에

155. 프래드한 씨의 항공편에 대해 사실인 것은?
(A) 국내선이다.
(B) 목요일에 출발할 것이다.
(C) 2시간 비행이 될 것이다.
(D) 쿠알라룸푸르에서 출발할 것이다.

해설 항공편과 관련해서 올바른 사실을 묻고 있다. 1번째 단락에서 쿠알라룸푸르로 가는 항공편이 예정대로 출발한다고 언급했고 바로 아래 단락에 구체적으로 4/28(THU)라고 표시되어 있다. THU는 Thursday (목요일)의 약자이므로 정답은 (B)다.

156. 사우스 이스트 항공의 예약 변경 수수료는 얼마인가?
(A) 25달러
(B) 50달러
(C) 75달러
(D) 100달러

해설 사우스 이스트 항공의 예약 변경 수수료를 묻는 문제다. 4번째 단락의 두 번째 문장을 보면, The charge for changing a booking is $50 per flight(예약 변경 수수료는 편당 50달러입니다)라는 표현이 있으므로 정답은 (B) 50달러다.

157. 프래드한 씨가 예약을 변경할 수 있는 마지막 날은?
(A) 2월 28일
(B) 3월 28일
(C) 4월 28일
(D) 5월 28일

해설 프래드한 씨가 예약 변경을 할 수 있는 마지막 날짜를 묻는 문제다. 4번째 단락의 첫 번째 문장에서 출발 8시간 전까지 예약 변경을 할 수 있다고 했는데, 2번째 단락의 비행 스케줄에 따르면 비행기는 4월 28일 17시 15분에 출발한다. 따라서 출발 8시간 전은 여전히 4월 28일이므로 정답은 (C)다.

158-160.

디트로이트 (6월 15일) — 글로벌 컨벤션 센터(GCC)는 6월 24일 월요일에 있을 개관식을 기념하고자 제10차 연례 디트로이트 전국 모터쇼를 6월 30일 일요일까지 개최할 예정이다. GCC의 소유주인 듀마스 사는 이번 모터쇼를 통해 자동차 딜러, 자동차 제조업체, 정비사 및 잠재구매자 등 자동차를 애호하는 수많은 관람객을 유치할 것으로 내다보고 있다.

시설관리자인 파울루 파머는 이에 동의를 표하면서 GCC에서 동시에 여러 행사를 진행할 수 있다고 덧붙이면서 "실은 6월 24일 컨벤션센터에서 다채로운 행사가 열립니다. 모터쇼와 더불어 네트워킹 관련 세미나와 시 규모의 채용박람회가 열립니다." 모터쇼 기간 동안 워리어스 밴드의 콘서트도 열립니다. 유명 요리사인 리처드 안이 관리하는 컨벤션센터의 연회 요리 서비스와 더불어 "GCC는 연회와 기타 모임을 위한 아주 매력적인 장소가 될 수 있지요"라고 파머 씨는 말했다.

모터쇼에 참석을 원하는 사람은 GCC 매표소 또는 웹사이트 www.gcc.org에서 미리 입장권을 구입할 수 있다. 입장권 가격은 성인은 15달러, 어린이는 10달러다. 성인 입장권 3달러 할인 쿠폰은 디트로이트 내에 전 자동차 대리점에서 받을 수 있다. 쿠폰 수량이 한정되어 있기 때문에 선착순으로 배포될 예정이다.

어휘 celebrate 축하하다 grand opening 개관식 serve as ~로서 역할을 하다 annual 연례의, 매년의 owner 소유자 foresee 예견하다 draw(= attract) 유치하다 spectator 관중, 관객 car dealer 자동차 딜러 mechanic 정비사 prospective 잠재적인 agree 동의하다 add 덧붙여 말하다 event 행사 at the same time 동시에 job fair 채용박람회 along with ~와 함께 feature ~을 특징으로 이루다, 포함하다 in-house 사내의, 회사 내의 catering 출장 요리 famous 유명한 chef 요리사(특히 주방장) attractive 매력적인 obtain 얻다, 구하다 provide 제공하다 on a first-come, first-served basis 선착순으로

158. 기사의 목적은 무엇인가?
(A) 자동차 제조사를 광고하기 위해
(B) 센터를 어떻게 확장했는지 설명하기 위해
(C) 새로 나온 출장 요리 서비스에 대한 리뷰를 제공하기 위해
(D) 다가오는 행사를 알리기 위해

해설 기사의 목적을 묻는 문제다. 목적을 묻는 문제는 보통 첫 번째 단락에서 내용을 파악할 수 있다. 첫 번째 문장을 보면 개관식을 기념해 글로벌 컨벤션 센터(GCC)가 모터쇼를 주최한다는 내용과 행사가 6월 30일까지라는 내용이 있다. 따라서 기사의 목적은 행사를 소개하는 것으로 정답은 (D)다.

159. 6월 24일 GCC에서 열릴 예정인 행사에 해당되지 않는 것은?
(A) 연회
(B) 세미나
(C) 콘서트
(D) 모터쇼

해설 6월 24일 열릴 행사가 아닌 것을 묻는 문제다. (A) A banquet(연회)은 6월 24일에 해당되는 행사가 아니라 GCC가 연회(banquet)를 위한 매력적인 장소라는 설명을 위해 언급된 것이다.

160. 모터쇼 할인 쿠폰은 어디서 받을 수 있는가?
(A) 컨벤션 센터의 웹사이트에서
(B) 지역에 있는 자동차 대리점에서
(C) 컨벤션 센터의 매표소에서
(D) 듀마스 사의 본사에서

해설 모터쇼 할인 쿠폰을 구할 수 있는 장소를 묻는 문제다. 3번째 단락 3번째 문장에서 3달러 할인 쿠폰을 디트로이트 지역에 있는 전 자동차 대리점(all the car dealers)에서 받을 수 있다고 언급되었으므로 정답은 (B)다.

161-163.

갠틀리 게임즈 퍼스
헤이 가 4050
퍼스, 서부 호주 6000

8월 13일

피터 웬
캔터베리 로 381
댈키스, 서부 호주 6001

친애하는 웬 씨께

귀하에게 저희 갠틀리 게임즈 퍼스 지사의 마케팅 인턴직을 제안하게 되어 기쁩니다. 만일 수락하신다면 귀하의 인턴십은 9월 1일에 시작해 11월 30일에 끝나게 됩니다. 귀하의 주된 책무에는 주로 경쟁사들에 대한 연구 및 분석 돕는 일, 지역 홍보 행사에 직접적인 도움 제공, 블로그, 웹사이트, 소셜 미디어에 게재할 글의 초고 작성이 있습니다.

이 인턴십에 급여는 없지만, 저희 회사에서는 적은 금액의 월별 수당을 지급할 것입니다. 이것은 귀하의 식대와 교통비를 보조해 드리기 위한 것입니다. 그보다 더 중요한 것은, 저희 회사는 귀하가 전자 게임 마케팅 분야에서 값진 경험을 얻으실 기회를 드리고, 인턴십이 끝나신 후에 정규 직원이 되실 수 있을 가능성이 있다는 것입니다.

첨부해 드리는 계약서는 이 인턴십의 조건들에 대해 상세히 설명해 주므로 주의 깊게 읽어 주시기 바랍니다. 제가 고대하는 것처럼 저희 회사에 들어오시기로 결정하시면 마지막 페이지에 서명하시고 동봉된 편지봉투에 담아 우편으로 보내 주시기 바랍니다.

엘리자베스 톰슨
마케팅부 대리

어휘 be pleased to + 동사원형 ~하게 되어 기쁘다 offer A the position of ~ A에게 (일자리를) 제안하다 intern 인턴 branch 지사, 지점 accept (제의를) 수락하다 duty 직무, 임무 consist of ~로 구성되어 있다 assist with ~하는 것을 돕다 analysis 분석 competitor 경쟁사, 경쟁자 in-person 직접의 draft ~의 초고를 쓰다 publicity 홍보 unpaid 급여가 지급되지 않는 allowance 수당 gain 얻다 valuable 귀중한 full-time 정규직의 terms 조건, 규정 by post 우편으로

161. 인턴십의 직무로 언급되지 않은 것은?
(A) 온라인 플랫폼들에 글을 쓰기
(B) 경쟁사들을 평가하기
[C] 배급사들과 연락하기
(D) 홍보 행사들에 참가하기

해설 첫 번째 단락에 인턴십의 직무들이 설명되어 있다. 언급되지 않은 것은 (C)이다.

162. 웬 씨는 인턴십을 수락하려면 무엇을 해야 하는가?
[A] 서류를 우편으로 보내기
(B) 전화하기
(C) 톰슨 씨의 사무실에 방문하기
(D) 웹사이트 방문하기

해설 편지의 맨마지막 문장을 보면 수신자가 인턴직을 수락하기로 결정한다면 계약서 마지막 페이지에 서명을 하고 우편으로 보내달라고 했다. 정답은 (A)이다.

163. [1], [2], [3], [4]로 표시된 곳 중에서 다음 문장이 들어가기에 가장 적절한 곳은 어디인가?
"이것은 귀하의 식대와 교통비를 보조해 드리기 위한 것입니다."
(A) [1]
[B] [2]
(C) [3]
(D) [4]

해설 문장 삽입 유형 문제이다. 제시문의 This는 두 번째 단락의 a small monthly allowance임을 알 수 있다. 정답은 (B)이다.

164-167.

Privacurity

가족과 자산을 보호하십시오.
사기와 개인정보 도용으로부터 보호를 받으십시오.
프리미어 은행의 Privacurity 프로그램은 한 달에 단돈 12.99달러로 개인정보 도용과 사기로부터 귀하의 신용 정보를 보호하는 데 도움을 드립니다.
Privacurity에는 주요 신용 기관의 온라인 정보, 신용 알림 정보, 포괄적인 요약 보고서에 대한 무제한 이용, 비상 시 24시간 지원 서비스, 최고 3만 달러까지 보장하는 개인정보 도용 대비보험이 포함되어 있습니다.
1월 1일 이전에 등록하시면 한 달간 무료 사용 기회를 드립니다. 기다리지 마시고 더 자세한 내용을 위해 지금 전화 주십시오.

어휘 protect 보호하다   asset 자산   protect oneself 자신을 보호하다   fraud 사기   identity 신원   theft 절도   unlimited 무제한의   access 접근, 접속   leading 주요한   credit agencies 신용 기관   alert 경고   comprehensive 광범위한   summary 요약(서)   personal 개인의   in case of ~할 경우를 대비하여   emergency 비상사태   insurance 보험   enroll 신청하다   free 공짜로

164. 무엇을 광고하고 있는가?
(A) 주택 보험
(B) 투자 은행
(C) 주택 보안 시스템
[D] 금융 보안 프로그램

해설 광고의 내용을 묻는 문제다. Premier Bank's Privacurity program will help you protect your credit from identity theft and fraud(프리미어 은행의 Privacurity 프로그램은 개인정보 도용과 사기로부터 귀하의 신용 정보를 보호하는 데 도움을 줄 것입니다)라는 내용이 있으므로 신용 정보를 보호하는 프로그램이다. 따라서 정답은 (D)다. (C)는 주택 보안 시스템으로 광고 내용은 주택과는 관련이 없다. 토익에서는 단어 하나 차이로 오답인 보기가 함정으로 간혹 출제된다.

165. 월별 청구 요금은 얼마인가?
[A] 12.99달러
(B) 22.99달러
(C) 32.99달러
(D) 42.99달러

해설 월별 청구 요금을 묻는 문제다. 보기 중에 유일하게 지문에 나온 숫자는 12.99달러로 정답은 (A)다. 토익에서는 보기에 나온 숫자가 지문에 모두 나오는 경우도 있는데 이때 함정 보기와 헷갈리지 않도록 주의하며 문제를 풀어야 한다.

166. 상품에서 제공되는 것은?
(A) 무료 거래
(B) 생명 보험
[C] 신용 보고서
(D) 저축 계획

해설 상품의 포함 내용을 묻는 문제다. 3번째 단락을 보면 Privacurity 프로그램을 통해 신용 보고서(credit report)를 무제한 이용(unlimited access) 할 수 있다는 내용이 있으므로 정답은 (C) 신용 보고서다. 나머지 보기는 언급되지 않았다.

167. 고객이 특별 혜택을 받기 위해 신청할 수 있는 마지막 날은?
(A) 12월 29일
(B) 12월 30일
[C] 12월 31일
(D) 1월 1일

해설 특별 혜택 신청 기한을 묻는 문제다. 마지막 단락에 If you enroll before January 1, you will get one month free more information(1월 1일 이전에 등록하시면 한 달간 무료 사용 기회를 드립니다)이라는 내용이 있으므로 신청 기한은 하루 전날인 12월 31일까지다. 따라서 정답은 (C)다. 지문에 전치사 before (~ 전에)가 있으므로 하루 전날을 찾아야 한다.

168-171.

> ### 정원에서부터 접시까지
>
> 요리사 아지즈 구에린이 '정원에서부터'라는 프로젝트에서 지역민들을 그의 주방에 관여하도록 초청하고 있다. 그는 단골손님들에게 토론토 시내에 있는 그의 식당인 알-칼라드의 스토브를 조작하게 하지는 않을 것이다. 그가 원하는 것은 그들의 농산물이다.
>
> 건강한 식사에 대한 의식을 고취하려고 구에린 씨는 주민들에게 그들이 기른 과일이나 채소를 자기 식당에 가져오라고 부탁하고 있다. 그런 다음에 그는 그 재료에서 영감을 받은 요리를 그들에게 만들어 준다. 이 기사를 위해 구에린 씨와 함께 오후 시간을 보내는 동안 나는 그가 아티초크를 굽고 당근을 퓌레로 만들고 시금치의 숨을 죽이는 것을 보았다. 그 요리사는 어떤 채소로든 훌륭한 음식을 만들 수 있는 듯하다.
>
> 하지만 '정원에서부터'를 추진하는 것은 미식가 요리를 만드는 그의 사명이 아니다. 구에린 씨는 캐나다인들이 빠르고 값싼 가공 처리 식품을 선호해 신선하고 완전한 식품을 무시하고 있는 것을 두려워한다. "물론, 상자에 든 마카로니와 치즈가 편리하고 맛이 좋지요. 하지만 신선한 재료에서 준비되는 식사와 동일한 영양가가 들어 있지는 않습니다." 그의 말이다. 그는 계속해서 말하기를 가능한 가장 신선한 식품을 얻는 최선의 방법은 그것을 직접 기르는 것이라고 했다.
>
> 매일 밤 알-칼라드의 문밖에 이어져 있는 고객들의 줄로 미루어 보면 그 실험은 성과를 내고 있다. 식사 손님들은 자신의 식사에 재료를 기부한다는 생각에 흥분한다. "그는 내 정원에서 난 토마토들로 놀라운 수프를 만들었어요. 내가 수개월 동안 키운 식물이 맛있는 식사로 변한 것을 보면 기분이 좋아요." 토론토 토박이인 가브리엘라 마르케스의 말이다.
>
> "사람들에게 그들이 기르는 식품이 맛있고 고급스럽고 건강에 좋은 식사로 변할 수 있다는 것을 보여 줄 수 있어서 기뻐요." 구에린 씨의 말이다. 그는 '정원에서부터'가 종료될 11월 말까지 계속 방문객들을 계몽할 예정이다.

어휘
chef 요리사 invite 초청하다 local 지역민
get involved in ~에 관여하다 patron 단골손님
operate 조작하다, 운전하다 stove 스토브, (오븐이 딸린 요리용) 가스[전기]레인지 diner 작은 식당; 식사 손님
produce 농산물; 생산하다 raise 키우다, 고취하다
awareness 의식, 인식 healthy 건강한, 건강에 좋은
eating 먹기, 식사 grow 기르다, 재배하다 spend (시간을) 보내다
article 기사 roast 굽다 artichoke 아티초크 (꽃봉오리를 식용하는 국화과 식물) puree 퓌레로 만들다 carrot 당근
wilt (채소의) 숨을 죽이다 spinach 시금치 meal 식사
mission 사명, 임무 gourmet 미식가용의, (음식이) 고급스러운
cuisine 요리 drive 움직이다, 추진하다 fear 두려워하다
ignore 무시하다 whole 완전한 in favor of ~을 선호해
cheap 값싼 processed 가공 처리한 macaroni 마카로니 (짤막한 대롱 모양의 파스타) convenient 편리한 taste fine 맛이 좋다
contain 함유하다, 들어 있다 nutritional 영양의 value 가치
prepare 준비하다 ingredient 재료
judging by ~로 미루어 보면 customer 고객
stretch 뻗어 있다, 이어지다 experiment 실험
pay off 성공하다, 성과를 내다 contribute 기부하다
turn A into B A를 B로 바꾸다 plant 식물 tasty 맛있는
native 토박이, 원주민 delicious 맛있는 continue 계속하다
enlighten 계몽하다 conclude 끝나다, 종료되다

168. 구에린 씨의 특별한 능력으로 언급되는 것은?
(A) 신선한 농산물로 고급 요리 만들기
(B) 냉동식품 제품군을 광고하기
(C) 식당에서 쓸 식품을 직접 기르기
(D) 여러 코스로 식사를 준비하기

해설 세부 사항을 묻고 있다. 둘째 단락 마지막 문장 It seems the chef can make a great meal out of any vegetable.에서 기자가 구에린 씨는 어떤 채소로든 훌륭한 음식을 만들 수 있는 듯하다고 평했으며 넷째 단락의 He turned tomatoes from my garden into an incredible soup.에서는 식사 손님이 자기 정원에서 가져온 토마토들로 구에린 씨가 놀라운 수프를 만들었다고 했다. 그리고 마지막 단락의 I can show people that the food they grow can be turned into a delicious, gourmet and healthy meal에서 구에린 씨 자신도 사람들이 기르는 식품이 맛있고 고급스럽고 건강에 좋은 식사로 변할 수 있다는 것을 보여 줄 수 있다고 했다. 따라서 (A)가 정답이다.

169. 구에린 씨가 포장 식품에서 부족하다고 말하는 것은?
(A) 맛
(B) 영양분
(C) 창의성
(D) 적당한 가격

해설 세부 사항을 묻고 있다. 셋째 단락의 macaroni and cheese from a box is convenient and tastes fine, but it just doesn't contain the same nutritional value as a meal prepared from fresh ingredients에서 상자에 든 마카로니와 치즈에는 신선한 재료로 만드는 식사와 동일한 영양가가 들어 있지 않다고 했다. 따라서 nutritional value를 Nutrients로 바꾸어 표현한 (B)가 정답이다. 참고로 macaroni and cheese from a box를 질문에서는 packaged food로 바꾸어 표현했다.

170. 알-칼라드에 관해 추론할 수 있는 것은?
(A) 요리사가 해마다 바뀐다.
(B) 임시 식당이다.
(C) 식사 손님들이 자주 자리 나기를 기다려야만 한다.
(D) 실외 좌석을 이용할 수 있다.

해설 추론 문제이다. 넷째 단락의 the line of customers stretching out Al-Khalad's door every night에서 매일 밤 알-칼라드의 문밖에 고객들이 줄을 서 있다고 했으므로 자리 나기를 기다려야 함을 알 수 있다. 따라서 (C)가 정답이다.

171. [1], [2], [3], [4]로 표시된 자리들 중에서 다음 문장이 들어가기에 가장 알맞은 곳은?

"그런 다음에 그는 그 재료에서 영감을 받은 요리를 그들에게 만들어 준다."

(A) [1]
(B) [2]
(C) [3]
(D) [4]

해설 문맥상 제시문이 들어갈 알맞은 자리를 찾는 문제이다. 제시문의 ingredient가 문제 해결의 단서가 된다. 둘째 단락에서 구에린 씨가 건강한 식사에 대한 의식을 고취하려고 주민들에게 직접 기른 과일이나 채소를 자기 식당에 가져오도록 부탁한다고 말하고 있으므로 (B)가 정답이다.

172-175.

애런 루번   오후 2:41
자, 여러분. 우리에게 큰 문제가 생겼어요. 우리 엔지니어들이 방금 우리가 도서관을 지으려고 선정한 부지가 그렇게 큰 건물을 지탱하지 못한다고 알려 줬어요. 나는 우리 일정이 늦어지게 하고 싶지 않아요. 그래서 우리는 가능한 한 빨리 도서관을 지을 다른 장소를 찾아야 합니다. 누가 무슨 아이디어라도 있나요?

크레이그 와일드   오후 2:42
그 부지가 큰 건물을 지탱할 수 없다구요? 하지만 버스 정류장이 길 건너편에 있고 아주 넓은데요…

리스 캘훈   오후 2:44
그 부지는 기획 위원회에 의해 취합된 유망한 부지 목록에 마지막으로 올라 있던 거예요. 시내에 그 밖에 다른 곳이 남아 있을지 모르겠네요.

수 핑   오후 2:45
그 목록은 빈 부지밖에 포함하지 않았어요, 크리스. 나는 우리가 철거할 수 있는 건물이 있는 부동산을 찾을 수 있다고 확신해요.

애런 루번   오후 2:46
그 사람들 말로는 그 땅의 여러 가지 토양 종류와 관련이 있는데, 그래서 거리의 한쪽은 건축하기에 안전하지만 반대쪽은 불안정하다고 하네요. 나도 이해가 안 되지만 지금은 그게 중요한 것이 아니에요.

수 핑   오후 2:46
맞아요, 우리는 그냥 빨리 새 건설 부지를 찾아야 해요.

새러 그린   오후 2:47
스몰빌 레인 외곽의 쇼핑몰 옆에 있는 버려진 주유소는 어떨까요? 소유주들이 오랫동안 팔려고 애써 왔지요.

애런 루번   오후 2:47
나는 그곳은 몰라요, 새러. 세부 내용을 보내 줄 수 있나요?

새러 그린   오후 2:50
그 장소의 부동산 페이지에 대한 링크가 <u>여기에</u> 있어요. 그곳에서 사진들과 다른 세부 정보를 보실 수 있어요.

어휘   challenge 어려운 문제   site 부지, 현장   select 선정하다
library 도서관   support 지탱하다, 떠받치다
fall behind on schedule 일정이 늦어지다   place 장소, 곳
as soon as possible 가능한 한 빨리   huge 거대한
prospective 유망한   assemble 취합하다   planning 기획
committee 위원회   include 포함하다   empty 비어 있는
lot 부지, 용지   property 부동산   tear down 철거하다
have something to do with ~와 관련이 있다
different 각기 다른, 여러 가지의   soil 토양   land 토지, 땅
safe 안전한   unstable 불안정한   get it 이해하다   point 요점
anymore 더 이상, 지금은   spot 장소, 자리, 터
abandoned 버려진, 유기된   gas station 주유소

next to ~ 바로 옆에   mall 쇼핑몰   owner 소유주
forever 오랫동안   details 세부 사항   link 링크
location 장소, 소재지   real estate 부동산   photo 사진

172. 논의의 중심 주제는 무엇인가?
(A) 자금 조달 방법
(B) 건물을 건축할 장소
(C) 작업 현장의 연락 대상
(D) 시작할 사업의 종류

해설 온라인 채팅 지문의 주제를 묻고 있다. 첫 단락의 the site we selected for the library is unable to support such a large building과 we need to find another place to build it as soon as possible. Does anyone have any ideas?에서 도서관 예정 부지에 건물을 지을 수 없게 되어 가능한 한 빨리 다른 건축 장소를 찾아야 한다며 사람들의 아이디어를 구하고 있다. 따라서 (B)가 정답이다.

173. 오후 2:46에 루번 씨가 "지금은 그게 중요한 것이 아니에요."라고 썼을 때 의도하는 바는?
(A) 위원회가 화제를 오해했다.
(B) 회사 소재지가 바뀌었다.
(C) 광고주들이 새 전략을 이용하고 있다.
(D) 채팅 참여자들이 해결책을 찾는 데 집중해야 한다.

해설 의도 파악 문제이다. 인용문 바로 앞에 기존 부지에 건축할 수 없게 된 이유를 말했으므로 문제의 이유가 아니라 해결책을 찾는 것이 중요하다고 말하는 것임을 알 수 있다. 따라서 (D)가 정답이다.

174. 오후 2:46에 루번 씨가 답변하는 대상은?
(A) 크레이그 와일드
(B) 크리스 캘훈
(C) 수 핑
(D) 새러 그린

해설 세부 사항을 묻고 있다. Aaron Reuben 2:46 P.M. 위쪽의 채팅 내용을 살펴보면 Craig Wild 2:42 P.M.의 The site can't support a large building?에서 기존 부지가 건물을 지탱할 수 없는지 되묻고 있으므로 (A)가 정답이다.

175. 옛날 주유소에 관해 지적되는 것은?
(A) 소유주가 팔기를 원한다.
(B) 버스 정류장에 가깝다.
(C) 불안정한 땅에 지어졌다.
(D) 기획 위원회에 의해 검토되었다.

해설 세부 사항을 묻고 있다. Sarah Green 2:47 P.M.의 What about that abandoned gas station과 The owners have been trying to sell it forever.에서 버려진 주유소가 있으며 소유주들이 오랫동안 팔려고 애써 왔다고 했으므로 (A)가 정답이다.

176-180.

```
고객 요청 양식

이름: 퍼트리샤 이스턴
전화번호: 374-4892
이메일: patty@wemail.com
품목: 루이지애나식 하바네로 핫소스
제조사: 미시시피 리버 식품 회사, 뉴올리언스, 루이지애나
항목 설명: 하바네로 고추로 만든 핫소스. 상자는 검정색으로 불타는 하바네로 고추가 그려져 있음.
상품 UPC 코드 (알고 있을 경우): 확실하지 않음
구매 빈도: 매주/한 달에 두 번
의견: 우리 가족은 핫소스를 매우 좋아합니다. 케첩보다 더 많이 먹어요. 루이지애나에 있는 제 고향에서 매우 인기가 있어요.
```

```
발신: grocery_request@windhammarket.com
수신: patty@wemail.com
제목: 고객 요청 양식
날짜: 6월 9일 오후 4시 3분

이스턴 씨께,

루이지애나식 하바네로 핫소스에 대한 요청에 감사합니다.
귀하께서 원하시는 제품을 찾아서 발주했다는 사실을 알려드리게 되어 기쁩니다. 제품을 재고로 둘지 여부를 판단하고자 판매 추이를 확인할 것입니다.
제품은 수요일 밤에 도착할 예정이오니 매장에는 목요일 아침에 진열되어 있을 것입니다.
윈드햄 마켓에 대한 귀하의 후원에 감사드립니다.

감사합니다.
롭 하우스웰
식품부
대리
```

어휘 habanero pepper 하바네로 고추 on fire 불타고 있는
description 설명 frequency 빈도, 주기 popular 인기 있는
request 요청(서) inform 알리다 place an order 주문하다
in stock 재고가 있는 scheduled 예정된 shelf 선반
patronage 후원

176. 이스턴 씨는 어떤 제품을 요청하고 있는가?
[A] 핫소스
(B) 과일 음료
(C) 혼합 조미료
(D) 케첩의 일종

해설 이스턴 씨가 요청한 제품의 종류를 묻는 문제다. 첫 번째 지문인 요청 양식에서 작성자가 이스턴 씨임을 알 수 있고 아래 Item(물품) 부분에 Hot Sauce가 있으므로 정답은 (A)다.

177. 이스턴 씨에 대해 사실인 것은?
(A) 그녀는 미시시피 출신이다.
[B] 그녀는 매운 양념을 즐긴다.

(C) 그녀는 최근에 윈드햄으로 이사했다.
(D) 그녀가 요청한 제품은 신제품이다.

해설 이스턴 씨에 대해 사실인 내용을 묻는 문제다. 첫 번째 지문에서 Comments(의견) 부분을 보면 가족이 핫소스를 좋아하고 케첩보다 더 많이 애용한다고 언급했으므로 정답은 (B)다.

178. 제품에 대해서 사실인 것은?
(A) 케첩과 비슷하다.
(B) 빨간색 상자에 담겨 있다.
[C] 루이지애나에서 제조된다.
(D) 할라피뇨 고추로 만든다.

해설 제품에 대한 정보로 올바른 것을 묻는 문제다. 첫 번째 지문에서 Manufacturer(제조사) 부분을 보면 New Orleans, Louisiana 부분을 보고 루이지애나에서 제조됨을 알 수 있다. 따라서 정답은 (C)다.

179. 하우스웰 씨가 제품에 대해 언급하는 것은?
(A) 제품을 구하기 어려웠다.
(B) 제품은 인기가 있을 것이다.
(C) 제품은 특별 주문이 되어야 한다.
[D] 매장에서 판매 추이를 파악할 것이다.

해설 윈드햄 마켓 식품부 대리인 롭 하우스웰이 제품에 대해서 언급한 사항을 찾아보아야 한다. 두 번째 지문, 두 번째 단락에 이메일 수신인인 이스턴 씨에게 고객이 요청한 제품이 앞으로 재고를 운영할지 여부는 판매 추이에 따라 달라질 거라고 언급하고 있다. 따라서 정답은 (D)다.

180. 이스턴 씨가 제품을 구입할 수 있는 가장 빠른 요일은?
(A) 월요일
(B) 화요일
(C) 수요일
[D] 목요일

해설 이스턴 씨가 요청한 제품의 재고가 입고되는 요일을 찾는 문제다. 두 번째 지문 마지막 부분에서 제품이 수요일 밤에 도착해 목요일 아침에 매장에 진열될 거라고 언급했다. 따라서 목요일이 고객 입장에서 제품을 구입할 수 있는 가장 빠른 시점이므로 정답은 (D)다.

181-185.

```
주차 클래스
E
본 주차증은 차량 앞 유리에 보이도록 붙이셔야 합니다. 그렇게 하지 않으면 주차 위반 스티커를 부착합니다. 본 주차증은 양도할 수 없으며 승인된 차량의 번호판 정보가 명시되어 있어야 합니다.
주차증에 표시된 지정된 구역에 주차하지 않을 경우 주차 위반 스티커를 부착합니다.

주차증 만료일: 8월 9일
번호판: 820-HIZ
```

사원번호: 13-8573

귀하의 주차증이 8월 9일 수요일에 만료 예정임을 알려드립니다. 직원 할인을 받으시려면 만료일 이전에 주차증을 갱신하셔야 함을 양지하시기 바랍니다.

만료일까지 갱신을 하지 않으시면, 정가 300달러를 지불하셔야 합니다. 추가로 궁금한 사항이 있으시면 총무과로 저를 찾아오십시오. 내선번호 9374 또는 이메일 e_miller@coopercarry.com으로 연락 주셔도 됩니다. 협조에 감사드립니다.

감사합니다.
에밀리 밀러

어휘 permit 허가서, 주차증 display 전시하다, 보여주다
windshield (차의) 앞유리, 방풍유리 failure 실패
result in ~의 결과가 되다 non-transferable 양도할 수 없는
feature 포함하다 license plate number 번호판
authorized 승인된 designated 지정된 expire 만료되다
parking permit 주차증 renew 갱신하다
expiration date 만료일 discount price 할인가
pay the full price 정가를 지불하다 General Affairs 총무과
reach 연락하다 extension 내선번호

181. 주차증에 어떤 정보가 표시되는가?
(A) 운전자의 전화번호
(B) 운전자의 면허번호
(C) 차량의 등록번호
(D) 운전자의 국가 식별번호

해설 첫 번째 지문에 나오는 주차증에 표시되는 정보를 고르는 문제다. 마지막 줄에 License Plate(차량 번호판)가 언급되어 있으므로 정답은 (C)다.

182. 주차증에 대해 사실인 것은?
(A) 주차증 소지자는 어디든 주차 할 수 있다.
(B) 매달 구입해야 한다.
(C) 다른 사람이 사용할 수 없다.
(D) 차량 뒤편에 보이도록 해야 한다.

해설 첫 번째 지문에 나오는 주차증에 대해 사실인 내용을 고르는 문제다. 2행에 non-transferable(양도할 수 없는)이라고 했으므로 정답은 (C)다.

183. 공지의 목적은 무엇인가?
(A) 새로운 규정을 발표하기 위해서
(B) 특별 판매 가격을 제공하기 위해서
(C) 정책 변경을 확인하기 위해서
(D) 만료일을 확인시키기 위해서

해설 공지의 목적을 묻는 문제다. 두 번째 지문 첫 번째 문장에서 주차증이 수요일에 만료 예정임을 알리고 있다. 따라서 정답은 (D)다.

184. 공지에서 무엇을 추론할 수 있는가?
(A) 할인 주차요금은 300달러다.
(B) 직원은 주차요금을 지불해야 한다.
(C) 주차장은 직원만 사용할 수 있다.
(D) 외부인은 특별 할인을 받을 수 있다.

해설 두 번째 지문을 통해 파악할 수 있는 내용을 묻는 문제다. 두 번째 단락에서 주차증을 만료일까지 갱신하지 않으면 정가를 지불해야 한다고 했으므로 직원 주차비가 유료임을 추론할 수 있다. 따라서 정답은 (B)다.

185. 밀러 씨에게 연락할 수 있는 방법이 아닌 것은?
(A) 이메일을 보낸다.
(B) 편지를 보낸다.
(C) 사무실로 전화한다.
(D) 사무실을 방문한다.

해설 직원이 주차증 업무를 담당하는 밀러 씨에게 연락할 수 있는 방법이 아닌 것을 고르는 문제다. 마지막 부분에 연락 방법을 언급하면서 방문, 전화, 이메일은 언급했지만 편지(letter)를 보내달라는 부분은 없다. 따라서 정답은 (B)다.

186-190.

토요일 컨트리 뮤직계에서 돌풍을 일으키고 있는 리타 스키너가 오랜 역사를 자랑하는 음반사인 사운드 프라이드와의 결별을 선언했다. 이번 결별은 양측이 그동안 함께해 온 긴 시간 때문에 놀라움을 주고 있다. 스키너는 10년도 훨씬 전부터 사운드 프라이드에서 경력을 쌓아 왔으며, 사운드 프라이드 레이블로 더블 플래티넘 음반을 4장이나 내놓았던 바 있다. 사운드 프라이드는 스키너가 독자적으로 발행했던 첫 앨범인 〈올 턴드 아웃〉을 통해 그녀를 처음 발굴했었다. 오늘 아침에 있었던 기자 회견에서 스키너 씨는 결별 이유는 밝히지 않았으나, 앞으로의 계획을 밝히는 데는 보다 적극적인 자세를 보였다. "제가 진정한 예술인으로 성장할 기회입니다"라고 스키너는 말했다. "저의 다음 앨범에서 어떤 음악을 들려 드릴지는 모르겠으나, 여러분이 예전에 저에게서 들었던 그런 종류의 음악은 절대 아니리라는 것을 약속합니다." 그녀는 올해 말까지 앨범을 자비로 발행하겠다고 밝혔는데, 그 곡은 그녀의 개인 웹사이트 www.ritaskinner.com을 통해 들어 볼 수 있게 될 것이다.

온 비트 매거진   247호

리타 스키너가 최근에 뉴스에 많이 등장했으나, 그 내용이 항상 긍정적이지는 않았다. 그렇기에 그녀의 최신 앨범인 〈상처받기 쉬운 마음〉에 대해 좋은 소식을 전하게 되어 기쁘게 생각한다. 한마디로 이 앨범은 환상적이다. 이 앨범은 스포트라이트의 조명을 받는 신인의 순수한 감성을 손상시키는 일 없이, 경험이 풍부한 음악인의 전문가적인 세련된 기교를 모두 담고 있다. 이 앨범은 때로는 자서전적인데, 〈상처받기 쉬운 마음〉의 싱글곡 '누가 그들을 필요로 하는가?'와 같은 경우에 그렇고, 때로는 변화 무쌍한 모습을 보여주기도 하는데, 마지막 곡인 '가면 무도회'의 경우에 그러하다. 이 앨범에 실린 곡들을 통합해 주는 것은 그들의 뛰어난 작곡 실력과 역동적인 가사이다. 전반적으로 이 앨범은 매우 훌륭하므로, 이제까지 그녀가 내놓은 앨범 중 최고의 자리를 놓고 이 앨범이 그녀의 첫 앨범에 도전을 하고 있다고 말할 수 있을 정도이다. 이 앨범에서 팬들이 가장 좋아하는 곡은 단연 빠른 템포의 발라드 곡인 '리타의 왈츠'이다. 이 노래는 라디오에서 가장 빈번하게 신청이 되고 있는 곡이라는 보도가 전해지고 있다. 스키너 씨

의 앨범이 그녀의 새로운 페르소나에서 나올 것들을 예고해 주는 것이라면, 나는 기쁜 마음으로 이 앨범에 더욱 귀를 기울일 것이다.
– 캐롤 세릴리

스키너 씨에게,

우리 오센틱 뮤직은 당신의 앨범 〈상처받기 쉬운 마음〉의 성공에 축하의 말씀을 드리는 바입니다. 우리는 당신의 음악을 오랫동안 들어 온 팬으로서, 당신을 우리 회사의 아티스트로 받아들이는 것을 제의하고자 합니다. 우리가 무슨 생각을 하고 있는지 알려 드리자면, 당신과 12개국 순방 투어를 시작하고, 앞으로 6년간에 걸쳐 당신이 세 장의 앨범을 낼 수 있도록 도움을 드리고 싶습니다. 가장 먼저 하고 싶은 것은 〈상처받기 쉬운 마음〉에서 가장 인기가 높은 곡의 뮤직 비디오를 찍는 것입니다. 그 노래의 인기를 이용하는 것이 중요하므로, 녹음을 위해 당신을 스튜디오로 일찍 모시고 올 수 있을수록 좋겠습니다. 관심이 있으시면 직접 만나서 보다 상세한 내용에 대해 논의하면 되겠습니다. 당신이 어떤 결정을 내리든, 우리 오센틱 뮤직은 당신을 응원하며, 새롭게 방향을 튼 흥미로운 당신의 경력에 행운이 함께하기를 빕니다.

대릴 스타노우스키
프로듀서, 오센틱 뮤직

어휘
- sensation 돌풍을 불러 일으키는 사람[것]
  record label 음반 회사, 음반 레이블   split 분열, 쪼개짐
  extensive 광범위한, 막대한   release (음반 등을) 발매하다, 공개하다   double-platinum 더블 플래티넘, 음반 판매량이 200만 장을 넘긴   independently 독립적으로   press conference 기자 회견   forthcoming 기꺼이 말하는[밝히는]   self-publish 자비로 발행[출간]하다   available 이용[입수] 가능한   via ~을 통해
- fragile 깨지기[부서지기] 쉬운   manage to+동사원형 (용케) ~해내다, (어떻게든) ~하다   polish (기교의) 세련, 광택
  vulnerability 연약함, 취약성   autobiographical 자서전적인
  whimsical 기발한, 변덕스러운   masquerade 가면[가장] 무도회
  unify 통일하다   composition 작곡   lyric (노래의) 가사
  challenge 도전하다, 싸움을 걸다   up tempo 빠른 템포의
  request 요청하다   preview (앞으로의 일에 대한) 맛보기, 예고
  persona 페르소나, 외적 인격: 개인이 특정 상황에서 연출하는 성격 또는 인상   be eager to+동사원형 기꺼이 ~하고 싶다
- authentic 진품[진본]인   congratulate A on ~ A에게 ~에 대해 축하해 주다   propose ~ing ~하는 것을 제의하다
  represent (단체 등을) 대표하다   capitalize on ~을 이용하다
  fine 미세한   in person 직접 (만나서)   cheer for ~를 응원하다

186. 기사에 따르면, 사운드 프라이드에 대해 옳게 설명한 것은?
(A) 사운드 프라이드에서 스키너 씨의 첫 앨범을 제작했다.
(B) 사운드 프라이드와 스키너 씨의 결별은 놀라운 일이다.
(C) 평론가들은 사운드 프라이드가 스키너 씨를 대했던 태도를 못마땅하게 생각했다.
(D) 사운드 프라이드는 다른 음반사와 합병을 했다.

해설 기사 시작 부분을 보면, 리타 스키너가 사운드 프라이드 음반사와의 결별을 선언했으며, 이러한 결별은 놀라움을 주고 있다고(The split

is shocking) 했다. shocking을 surprising으로 바꾸어 표현한 (B)가 정답이다.

187. 논평의 첫 번째 단락 3행의 'seasoned'와 의미상 가장 가까운 것은?
(A) 향이 있는
(B) 경험이 있는
(C) 운이 좋은
(D) 일시적인

해설 seasoned는 '경험이 많은', '노련한'이라는 의미의 형용사이다. 보기를 살펴보면, flavored는 '(~의) 향이[맛이] 나는', fortunate은 '운이 좋은', '다행스러운', 그리고 temporary는 '일시적인', '잠정적인'이라는 뜻으로, '경험이 있는'을 뜻하는 (B) experienced가 정답이다.

188. 편지를 쓴 주 목적은?
(A) 비즈니스 거래를 제의하기 위해
(B) 소개해 줄 곳을 찾기 위해
(C) 노래의 사용 요청을 위해
(D) 이전 계약을 취소하기 위해

해설 편지는 Authentic Music이라는 회사의 프로듀서가 Ms. Skinner에게 자사의 아티스트가 되어 줄 것을 요청하는 내용을 담고 있다. 순방 투어를 시켜주고 새로운 앨범을 낼 수 있게 해 주겠다고 했고, 우선 인기가 높은 곡의 뮤직 비디오를 찍고 싶다는 등의 제안을 하고 있으므로 (A)가 정답으로 적합하다.

189. 세릴리 씨는 〈상처받기 쉬운 마음〉에 대해 뭐라고 말을 하는가?
(A) 〈올 턴드 아웃〉만큼 훌륭하다.
(B) 작품집에 포함되어 발매될 것이다.
(C) 사운드 프라이드에 의해 제작되었다.
(D) 라이브 투어 녹음으로 제작되었다.

해설 세릴리 씨가 쓴 것은 두 번째 지문인 논평문이다. 새 앨범(Fragile Heart)이 매우 훌륭해서 이제까지 Ms. Skinner가 내놓은 앨범 중 최고의 자리를 놓고 이 앨범이 그녀의 첫 앨범(All Turned Out)에 도전을 하고 있다는 말을 했다. 즉 두 앨범이 막상막하라는 것이므로 정답은 (A)이다.

190. 오센틱 뮤직이 비디오를 만들고 싶어하는 곡은?
(A) '상처받기 쉬운 마음'
(B) '누가 그들을 필요로하는가?'
(C) '가면 무도회'
(D) '리타의 왈츠'

해설 비디오와 관련해서는 편지 내용 중간 부분에서 언급되고 있다. 오센틱 뮤직에서는 앨범 Fragile Heart에서 가장 인기가 높은 곡의 뮤직 비디오를 찍고 싶다고 했는데, 두 번째 지문의 The clear crowd favorite from the record is her up tempo ballad "Rita's Waltz." 부분을 보면 그 앨범의 최고 인기곡이 발라드곡인 Rita's Waltz임을 알 수 있다. 따라서 정답은 (D)이다.

191-195.

운동에 관심이 있으세요? 다른 사람들과 함께 일하기를 즐기시나요? 도너휴스 헬스클럽이 머리에 있는 우리의 최신 장소에서 우리 팀과 함께할 정력적인 필라테스 강사들을 찾고 있습니다.

우리는 다음 자격 조건들을 모두 충족하는 지원자들을 찾고 있습니다.
1. 공인 필라테스 자격증
2. 최소한 3년의 헬스 강사 경력
3. 오전에 가르칠 시간이 있음
4. 사람들의 의욕을 북돋아 주기를 아주 좋아하는 훌륭한 의사 전달자

여러분의 이력서를 careers@donahuehc.com으로 보내 주십시오.

---

www.donahuehc/groupclasses/schedule

단체 수업	개인 훈련	장소	인재 채용

월: 9월
장소: 머레이

단체 수업은 모든 회원에게 무료입니다. (회원들은 다른 도너휴스 헬스클럽 장소들에서 수업에 참석하는 것이 허용됩니다.) 일정표에는 수업, 방, 강사가 적혀 있습니다. 우리는 헬스클럽 회원 여러분께 각 수업 시작 5분 전에 도착하실 것을 부탁드립니다.

	월요일 (20일)	화요일 (21일)	수요일 (22일)	목요일 (23일)
오전 6:00	필라테스 코어 룸 케일라		스피닝 스핀 룸 시어도어	필라테스 코어 룸 케일라
오전 7:00	복싱 터프 룸 에이리	필라테스 코어 룸 케일라	필라테스 코어 룸 케일라	
오후 8:00				스피닝 스핀 룸 에이리
오후 9:00		댄스 팝 룸 잭슨		

수업 일정은 매달 바뀐다는 것을 유의해 주십시오. 금요일, 토요일, 일요일에는 수업이 없습니다. 모든 수업, 시간, 강사는 변경 및 취소가 될 수 있습니다.

수신: theodore@donahuehc.com
발신: airi@donahuehc.com
주제: 대체 수업
날짜: 9월 23일

시어도어,

나와 수업을 바꿔 줘서 정말 고마워요. 내 차는 수리됐고 더 이상 아무런 차 고장도 나지 않으면 좋겠어요. 그 수업이 아주 잘 진행됐다고 들었어요. 나는 당신이 평소에 시작하는 것보다 한 시간 늦게 시작했기 때문에 생긴 그 여분의 한 시간 동안 꿀잠을 잤기를 바라요. 어제 당신 수업도 잘 진행됐어요. 모두가 운동을 훌륭하게 했어요. 그들에게 당신이 다음 주 수요일에 돌아올 거라고 이야기했어요. 다시 한 번 고마워요. 그리고 즐거운 하루 보내세요!

에이리

어휘
- interested in ~에 관심 있는 exercise 운동, 연습 look for 찾다, 구하다 energetic 정력적인 pilates 필라테스 (근육 강화 운동법의 일종) join 함께하다 applicant 지원자 meet 충족하다 following 다음의 qualifications 자격 요건 accredited 공인된, 인가받은 certificate 자격증 at least 최소한, 적어도 experience 경험, 경력 fitness 헬스, 체력 단련 available to ~할 시간이 있는 communicator 의사 전달자 motivate ~의 의욕을 북돋아 주다 résumé 이력서

- personal 개인의 training 훈련, 교육 career 직업, 경력 free 무료인 be allowed to ~하는 것이 허용되다 list 명단에 언급하다, 열거하다 arrive 도착하다 prior to ~ 전에 spinning 스피닝 (운동용 자전거 타기) boxing 복싱 note 유의하다 subject to ~을 받기[당하기] 쉬운 cancellation 취소

- substitute 대체의 appreciate 감사하다, 고마워하다 switch 바꾸다, 교환하다 fix 고치다, 수리하다 hopefully 바라건대 trouble 문제, 고장 go well 잘되다 extra 여분의, 가외의 since ~이기 때문에 later than ~보다 늦게 normally 일반적으로, 평소에 workout (헬스클럽에서의) 운동 be back 돌아오다

191. 광고 둘째 단락 1행의 단어 'meet'과 의미상 가장 가까운 것은?
(A) 맞이하다
(B) 충족하다
(C) 방문하다
(D) 함께하다

해설 동의어 문제이다. applicants who meet all of the following qualifications에서 meet은 '충족하다'라는 의미로 쓰였으므로 '채우다, 충족하다'라는 뜻의 (B) fulfill이 정답이다.

192. 케일라에 관해 사실인 것은?
(A) 오전에 스피닝 수업을 가르친다.
(B) 체육 학위를 받을 것이다.
(C) 강사가 된 지 3년이 넘었다.
(D) 금요일에는 도너휴스에서 가르치지 않는다.

해설 웹페이지와 광고를 연계해 풀어야 하는 문제이다. 웹페이지 안의 The schedule lists the class, room, and instructor.에서 일정표는 수업, 방, 강사를 나타낸다고 했으므로 명단에 있는 Pilates / Core Room / Kayla에서 그녀가 필라테스 강사임을 알 수 있다. 광고의 2. At least 3 years of experience as a fitness instructor에서 도너휴스 헬스클럽의 필라테스 강사가 되려면 최소한 3년의 헬스 강사 경력이 있어야 한다고 했으므로 (C)가 정답이다.

193. 도너휴스 헬스클럽에 관해 사실이 아닌 것은?
(A) 무료 개인 교육을 제공한다.
(B) 매달 운동 일정을 바꾼다.
(C) 주말 수업이 없다.
(D) 여러 장소가 있다.

해설 내용 일치 문제이다. (B)와 (C)는 웹페이지 끝부분의 the class schedule changes every month와 No classes on Fridays, Saturdays, and Sundays.에, (D)는 첫 단락의 other Donahue's Health Club locations에 언급되어 있다. 따라서 지문에 언급되지 않은 (A)가 정답이다.

194. 이메일의 목적은?
(A) 감사를 표시하려고
(B) 부탁을 하려고
(C) 수업을 설명하려고
(D) 서비스를 제공하려고

해설 세 번째 지문의 목적을 묻고 있다. 이메일 첫 문장 I really appreciate you switching classes with me.에서 수업을 바꿔 주어 정말 고맙다고 했고 마지막 문장의 Thanks again에서 다시 한 번 고맙다고 했으므로 (A)가 정답이다.

195. 이번 주에 시어도어가 가르친 방은?
(A) 코어 룸
(B) 팝 룸
(C) 스핀 룸
(D) 터프 룸

해설 이메일과 웹페이지를 연계해 풀어야 하는 문제이다. 이메일을 보면 시어도어는 편지를 보낸 에어리와 수업을 바꾸었음을 알 수 있다. 웹페이지를 보면 에어리의 수업은 Monday (20) 7:00 A.M.과 Thursday (23) 8:00 P.M.에 있다. 이메일의 I hope you enjoyed that one extra hour of sleep since you started one hour later than you normally do.에서 시어도어가 평소에 시작하는 시간(6:00 A.M.)보다 한 시간 늦게 시작했다고 했으므로 Monday (20) 7:00 A.M.의 교실인 (D)가 정답이다.

196-200.

셰넌도어 계곡에서 가장 큰 모험 관광 업체인 셰넌도어 익스트림이 이번 여름에 관광 상품을 확대할 예정이다. 셰넌도어 계곡에 평생 거주해 온 크리스 한스위스에 의해 설립된 그 그룹은 관광객들이 생생한 기억에 남을 경험을 통해 그 지역의 독특한 풍경을 접하게 하는 것으로 잘 알려져 있다. 많은 관광객들이 도로변의 사진 촬영용 높고 평탄한 장소나 박물관에 있는 풍경 디오라마가 있는 박물관을 찾아가게 되는 반면에 셰넌도어 익스트림은 고객들을 땅에 내려놓거나 물에 집어넣는다. 10여 년 전에 문을 연 이후로 그들은 예약이 필요 없는 3가지 관광을 똑같이 제공해 왔다. 즉 도보 및 캠핑 여행, 산악자전거 관광, 래프팅 여행이다. 이 세 가지 관광 모두가 엄청나게 인기가 많아서 방문객들의 가장 일반적인 요구에 부응하고 있는 듯하다. 그러나 한스위스 씨는 봄에 그가 말하는 "극한의 스릴을 추구하는 관광객들을 위한" 새 관광을 시작할 것임을 시사했다. 셰넌도어 계곡의 모험 관광에 관해 더 자세히 알고 싶은 사람은 그 업체의 웹사이트 www.shenxtreme.com을 방문해 보기 바란다.

셰넌도어 익스트림에 오셔서 셰넌도어 계곡이 장엄한 풍경의 땅이라고 불리는 이유를 발견하십시오. 이곳은 거대한 산들, 반짝이는 호수들, 그리고 수백 킬로미터의 자전거 코스와 도보 여행 코스의 고향입니다. 야외 활동 애호가들은 멋진 야외의 극단적인 면을 보여 드리는 저희 관광들 중 어느 것이든 기뻐할 것입니다.

세 봉우리 트레킹
이틀간의 도보여행을 하는 동안 셰넌도어의 블루리지 산맥의 정상에 오르십시오. 그 산맥의 각기 다른 세 봉우리들로 여러분을 모실 것입니다. 텐트와 캠핑 용품이 제공됩니다.

거친 급류 래프팅
이것은 모험 애호가가 할 수 있는 최고의 여행입니다. 아랫부분에서 계곡을 보며 셰넌도어 강의 포효하는 급류에 용감히 맞서는 가운데 심장 박동이 빨라지는 걸 느껴 보십시오.

산악자전거 역사 관광
자전거 안장에 앉아서 우리 지역의 과거를 탐사하십시오! 이 관광은 여러분을 프레드릭 카운티의 숲속으로 모십니다. 그곳에서 박학다식한 저희 안내자들 중 한 명이 그 지역의 매혹적인 역사를 가르쳐 드릴 것입니다.

고공 항공기 관광
오후에 셰넌도어 카운티가 제공해야 할 모든 것을 볼 유일한 방법은 공중에서 보는 것입니다. 저희 복엽 비행기들 중 한 대의 승객 좌석에 안전벨트를 매고 앉으시면 계곡을 조감하면서 독특한 비행 경험도 하실 것입니다.

정말 멋진 관광에 감사드립니다!
저는 귀사의 뛰어난 관광 안내자인 제리 반스 씨를 칭찬하려고 이 편지를 씁니다. 반스 씨는 우리가 함께하는 시간 동안 내 기대를 뛰어넘었습니다. 처음부터 그가 실제로 재미있고 유익했던 철저한 안전 브리핑을 할 때 나는 그가 자기 일에 능숙하다는 것을 알 수 있었습니다. 그는 우리의 탑승 헬멧이 모두 맞는지 그리고 타이어가 문제없는지 확인했습니다. 그 다음에 그는 우리가 생물학 전공 학생들인 것을 알자 우리가 관광하는 동안에 셰넌도어 계곡의 역사에 더하여 그곳의 야생 생물과 식물에 관한 개요 설명을 확실히 해주었습니다. 이번 여행은 재미있고 유익했으며 제가 친구들에게 꼭 추천할 경험이었습니다. 귀사와 반스 씨에게 다시 한 번 감사드립니다.

말리카 아메드

어휘 • valley 계곡 adventure 모험 tourism 관광(업)
outfit 회사 expand 확대하다 tour 관광 (여행)
offering 제공 상품, 매물 found 설립하다 lifelong 평생의
resident 거주자, 주민 be well known for ~로 잘 알려져 있다
introduce 접하게 하다 tourist 관광객 unique 독특한
landscape 풍경, 지형 region 지역 memorable 기억에 남을
photography 사진 촬영 platform 높고 평탄한 장소
museum 박물관 diorama 디오라마, 실사 모형
reservation 예약 require 필요로 하다 hiking 하이킹, 도보 여행(= hike) mountain biking 산악자전거 타기
rafting 래프팅, 급류타기 excursion 짧은 (단체) 여행, 소풍
immensely 엄청나게, 굉장히 address 다루다, 처리하다
common 흔한, 일반적인 demand 요구, 수요
indicate 시사하다 launch 시작하다 seek 추구하다
ultimate 궁극적인, 극한의 thrill 스릴, 전율
interested in ~에 관심이 있는

• discover 발견하다 splendor 화려함, 장관(壯觀) giant 거대한
sparkling 반짝이는 trail 산길, 코스 outdoor 옥외의, 야외의
lover 애호가 be delighted with ~을 기뻐하다
outdoors 옥외, 야외 peak 산정, 봉우리 trek 트레킹, 산악 도보 여행 climb 오르다 mountain range 산맥
wild 사나운, 거친 whitewater 급류를 타고 가는
bottom 밑바닥, 아랫부분 heart rate 심장 박동
dare ~에 용감히 맞서다 roaring 포효하는 rapids 급류

historical 역사의, 역사를 다루는   explore 탐사하다
area 지역, 구역   past 과거   saddle 안장   woods 숲, 산림
knowledgeable 아는 것이 많은, 박식한   fascinating 매혹적인
airplane 항공기   from the air 공중에서
strap in 안전벨트를 매다   bi-wing plane 복엽 비행기
aviation 비행   bird's-eye view 조감, 전경
- splendid 정말 멋진, 훌륭한   note 짧은 편지, 메모
commend 칭찬하다   remarkable 비범한, 뛰어난
exceed one's expectations ~의 예상을 뛰어넘다
from the beginning 처음부터   tell 알다, 분간하다
thorough 철저한   briefing 브리핑 (간략한 설명)
actually 실제로   informative 유익한   fit (모양·크기가) 맞다
properly 알맞게   learn 알게 되다   biology 생물학
overview 개관, 개요   wildlife 야생 생물
vegetation (특정 지역의) 식물, 식생   in addition to ~에 더해

196. 기사에 의하면 사실인 것은?
(A) 셰넌도어 계곡은 비행기로만 접근할 수 있다.
(B) 셰넌도어 계곡 지역민이 셰넌도어 익스트림을 소유하고 있다.
(C) 셰넌도어 익스트림은 환경 보존에 집중하고 있다.
(D) 셰넌도어 익스트림 관광들은 모두 사전 예약을 필요로 한다.

해설 내용 일치 문제이다. 기사 둘째 문장의 The group, founded by Chris Harnsworth, a lifelong Shenandoah Valley resident에서 셰넌도어 익스트림 그룹이 셰넌도어 계곡에 평생 거주해 온 크리스 한스워스에 의해 설립되었다고 했다. 따라서 resident를 local로 바꾸어 표현한 (B)가 정답이다. 기사 후반부의 they have offered the same three tours with no reservations required에서 그 업체가 예약이 필요 없는 3가지 관광을 제공해 왔다고 했으므로 (D)는 사실과 다르다.

197. 고공 항공기 관광에 관해 추론할 수 있는 것은?
(A) 여름에만 운용된다.
(B) 특별 안전 교육을 필요로 한다.
(C) 셰넌도어 익스트림의 최신 관광이다.
(D) 역사 설명회를 포함한다.

해설 기사와 광고를 연계해 풀어야 하는 문제이다. A hiking and camping trip, a mountain biking tour, and a rafting excursion에서 셰넌도어 익스트림의 기존 관광 상품으로 도보 및 캠핑 여행, 산악자전거 관광, 래프팅 여행을 소개하고 있으며 광고에도 Three Peaks Trek / Historical Mountain Bike Tours / Wild Whitewater Rafting을 동일하게 제시하고 있다. 따라서 광고에 처음 등장한 Sky High Airplane Tour가 최신 관광 상품임을 알 수 있으므로 (C)가 정답이다.

198. 광고 셋째 단락 2행의 단어 'rate'와 의미상 가장 가까운 것은?
(A) 요금
(B) 점수
(C) 속도
(D) 감정

해설 동의어 문제이다. get your heart rate up에서 rate는 '속도, 정도'라는 의미로 쓰였으므로 (C) speed가 정답이다.

199. 아메드 씨가 했을 관광은?
(A) 세 봉우리 트레킹 관
(B) 거친 급류 래프팅 관광
(C) 산악자전거 역사 관광
(D) 고공 항공기 관광

해설 편지와 광고를 연계해 풀어야 하는 문제이다. 편지 중간의 He made sure that all of our riding helmets fit properly and that our tires were OK.에서 탑승 헬멧과 타이어를 언급했으며 후반부의 in addition to its history에서 지역의 역사를 언급했다. 따라서 아메드 씨가 광고에 나온 관광들 중의 Historical Mountain Bike Tours에 참여했음을 알 수 있으므로 (C)가 정답이다.

200. 반스 씨의 신분은?
(A) 관광 안내자
(B) 항공기 조종사
(C) 관광객
(D) 기자

해설 세부 사항을 묻고 있다. 편지 첫 문장의 a remarkable tour guide of yours, Jerry Barns에서 반스 씨가 셰넌도어 익스트림의 관광 안내자라고 했으므로 (A)가 정답이다.